더 디자인

❶

* 『더 디자인』은 2010년 출간되었던 『디자인 캐리커처』의 개정 증보판입니다.

지 식
만 만
시리즈
0 0 1

THE DESIGN
더 디자인

만화로 읽는 현대 디자인의 지도

글 · 그림 **김재훈**

21세기북스

서문

『디자인 캐리커처』라는 제목을 달고 이 책의 초판이 세상에 나왔을 때만 해도 '디자인'이라는 주제로 할 얘기가 참 많았다. 또 할 만했다. 디자인이라는 포괄적이고 연역적인 개념 아래 널린 어떤 분야에 관한 이야기에도 사람들은 꽤 주목하는 편이었고, 누구나 익히 들어 알지만 친숙한 단어 속에 담긴 세세한 의미와 설명들은 제법 신선한 지식이 될 만하다고 여겨진 외래어가 '디자인'이었다.

생활상의 바로 곁에 다다른 디자인의 효능을 믿어 의심치 않았기에 디자인에 관해서는 뭐 하나라도 더 자기 생의 교양 상자 안에 담길 희망했던 사람들은 애플 디자인을 진두지휘한 조너선 아이브가 선보인 단순한 미학의 원류를 거슬러 올라가면 브라운사의 가전제품을 다듬은 디터 람스를 만나게 된다는 설명에 귀 기울였고, 자동차의 화룡정점은 누가 뭐래도 디자인이 잘 된 외모라는 점을 깊이 공감한 도시인들은 한국 최대 완성차 메이커가 세계 몇 대 자동차 디자이너라는 명성을 내세우며 영입한 피터 슈라이어가 유례없는 대우를 받는다는 소식을 접하면서도 그럴 만하다고 납득했고, 천혜의 섬 제주도를 방문하는 사람들은 자연의 바람을 느끼기 위해 들판에 서 있기보다 안도 다다오가 설계한 구조물의 내부에 들어가 어슬렁거렸다.

서체를 만드는 디자이너들은 유감없는 실력을 발휘해 대중의 읽기 환경에 새바람을 불어넣었고, 재능 좋은 펜글씨 전문가들뿐 아니라 붓을 든 서예가들도 캘리그래피라는 서양 용어를 본격적으로 사용하면서 디자인의 분야에서 두각을 나타냈다.

좋은 시절이었다.

그리고 곧 거품은 사라졌다.

채 십년이 안 되어 디자인에 쏠렸던 시선이 분산되고 관심도가 하락한 건 왜 일까? 경기가 악화되어 부가가치를 높이는 기술에 들이던 비용이 줄어들어서? 파란만장했던 정치 상황이 하도 드라마틱해서 일상의 문화에 눈 돌릴 틈이 없어져서?

아니다. 우리 사회의 놀라운 학습 능력은 짧은 기간에 디자인을 보고 읽는 방법을 체화했고 세세하고 전문적인 영역에서 다루어지던 것들까지 대중의 눈높이로 끌어내렸다. 그 바람에 이제 어떤 디자인 분야의 종사자라 할지라도 특별하고 차별된 전문가를 자처하기 어렵다. 디자인 전문가를 양성하는 아카데미의 전술이 닿지 않는 곳곳에서 예기치 못한 창의성이 빈번하게 발휘되고 의장등록이나 저작권이 무색할 정도로 생기발랄한 기술 복제가 성행하며 사리분별이 뛰어난 디자이너들이 팝아트나 아방가르드 시장으로 발길을 옮길 만큼 디자인 시장은 빛나는 아마추어들로 넘쳐나게 되었다.

예전이 디자이너들에게 좋은 시절이었다면 지금은 소비하던 대중이 생산과 설계까지 즐겁게 주무르는 전혀 다른 양상의 좋은 시절이다.

이 좋은 시절에 『디자인 캐리커처』는 『더 디자인』으로 개명을 하게 되었다.

『디자인 캐리커처』가 디자인이라는 특정 분야에 관심을 갖거나 디자이너의 진로를 모색하는 사람들에게 사전 지식을 요약하고 압축해서 보여준다는 의미였다면 『더 디자인』은 누구나 다 알고 누구나 다 하는 디자인의 개념 보여주기가 아닌 이제까지의 디자인이 각각의 항목에서 언제 누구에 의해 어떤 모양으로 명멸했는지를 더듬는 회상이 될 것 같다.

지금 상황과 맞지 않는 꼭지들은 빼고 몇 개의 새로운 꼭지를 새로 추가했다. 새로 엮은 이 책을 통한 회상이 독자들에게 소소한 재미가 되기를 희망하며, 책이 다시 연명하는 데 도움을 준 지난 독자들을 포함한 많은 분들께 감사드린다.

2019년 5월 김재훈

차례

DESIGNER | 틀 밖으로 나간 디자이너들

ARCHITECTURE | 디자인을 건설하다

FURNITURE | 일상의 퀄리티를 올리는 디자인

AIRCRAFT | 날아오르는 것은 아름답다

P.S 디자인

BRAND DESIGN

좋은 디자인이 곧 경쟁력이다

스티브 잡스에게는 영감을 현실로 만드는 디자인 팀이 있었다

스티브 잡스가 CEO로 재직하던 중 써내려간
애플의 신화는 곧 디자인의 승리라 해도 과언이 아닙니다.
그렇다면 애플의 대표 디자이너는 누구일까요?

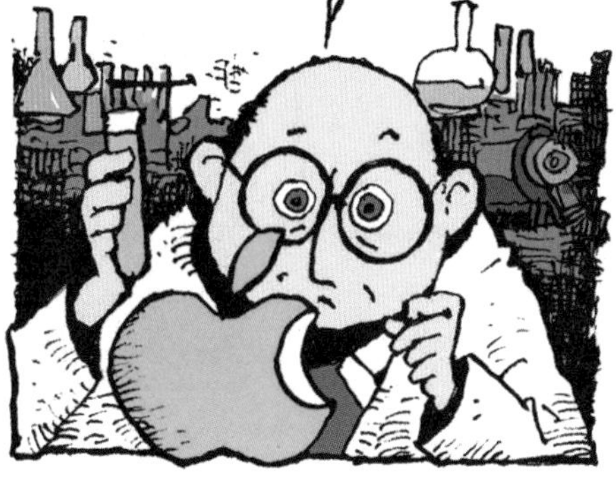

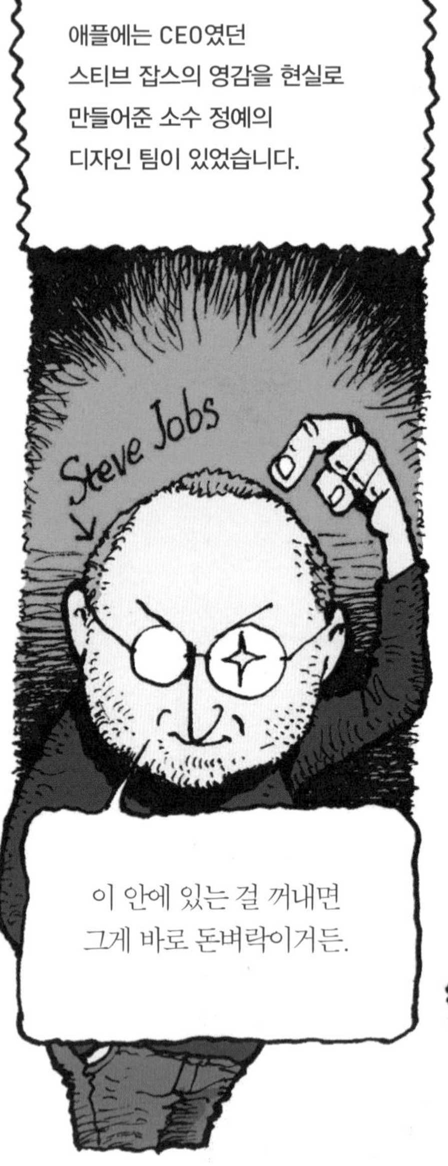
애플에는 CEO였던
스티브 잡스의 영감을 현실로
만들어준 소수 정예의
디자인 팀이 있었습니다.
Steve Jobs
이 안에 있는 걸 꺼내면
그게 바로 돈벼락이거든.

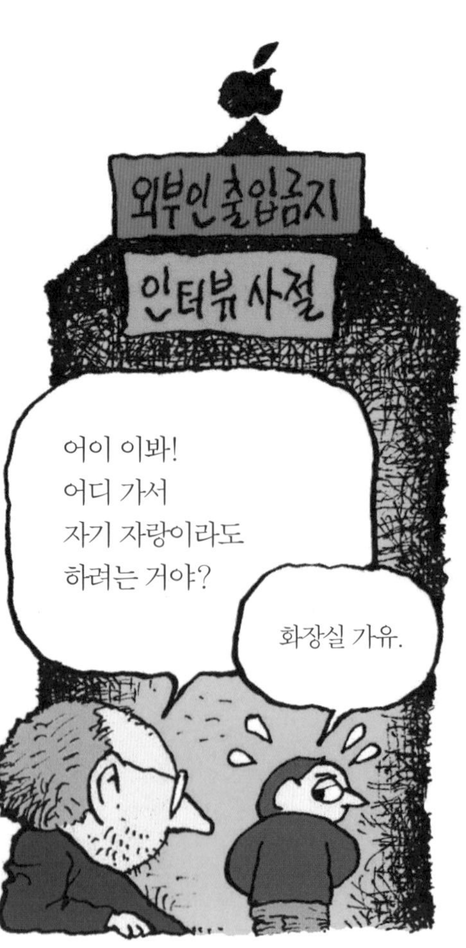
그리고 그 조직의 멤버들은
자신들의 공로를 결코
드러내지 않고 잡스가 쳐놓은
커튼 뒤에서 묵묵히 활동했죠.
외부인 출입금지
인터뷰 사절
어이 이봐!
어디 가서
자기 자랑이라도
하려는 거야?
화장실 가유.

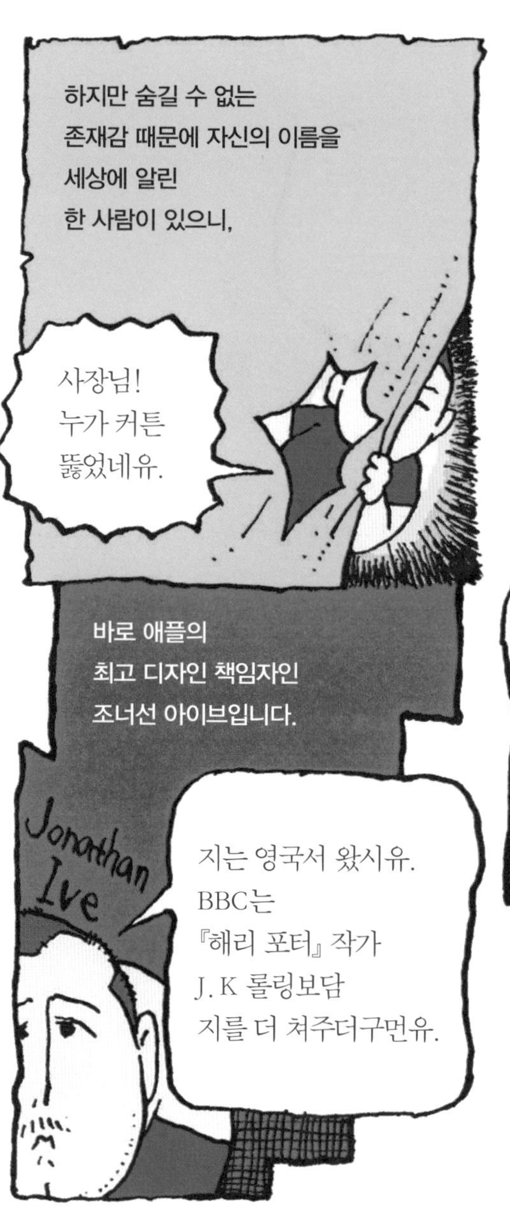

그는 아이맥, 아이팟, 아이폰 등
애플의 대표 제품디자인에서
핵심 역할을 했습니다.
재미있는 것은 그가 애플 디자인의
원천이 다름 아닌
스티브 잡스라고 말했다는 것이죠.

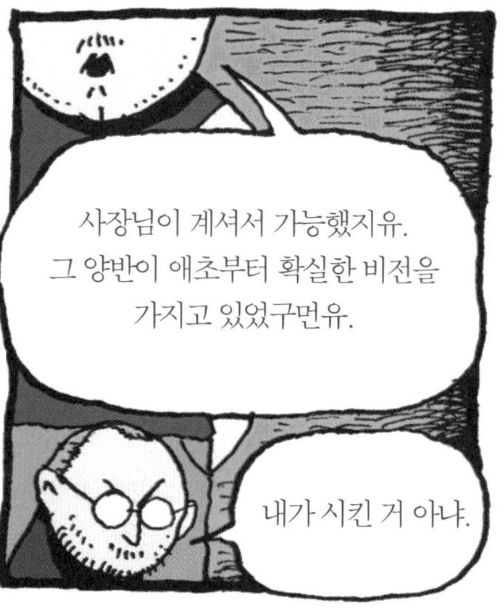

그야말로 잡스에겐
커튼 뒤의 보석 같은 인재였던 셈입니다.

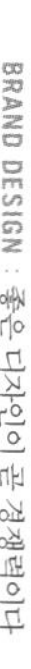

이쯤에서 우리 사장님들의 한마디

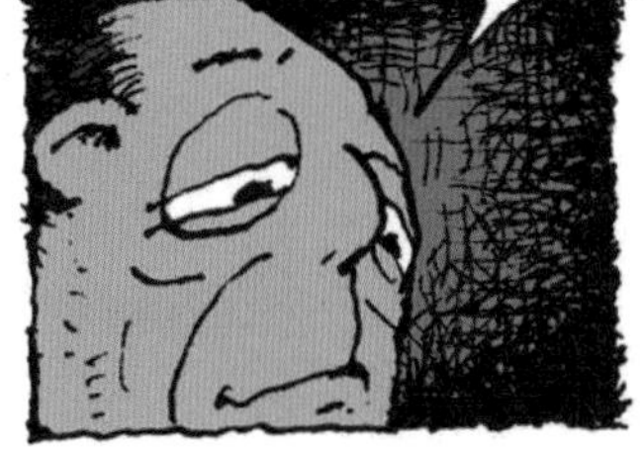

거기에 대한 디자이너들의 말대꾸

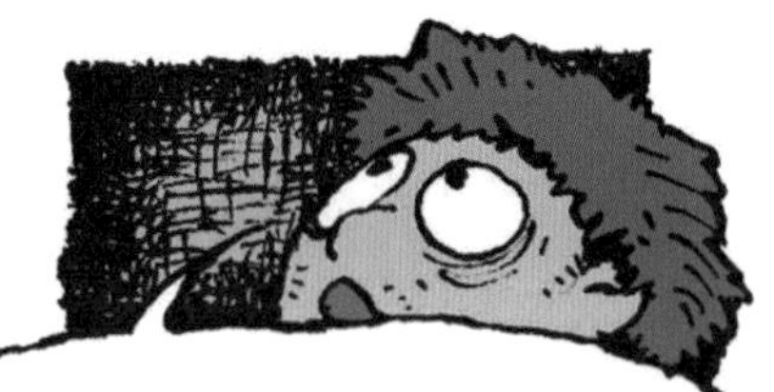

시대의 아이콘이 된 애플 로고

1976년 스티브 잡스는 스티브 워즈니악
그리고 뒤이어 합류한 로널드 웨인과 함께
컴퓨터 사업을 시작했습니다.
이 회사가 바로 애플입니다.

이들은 회사와 제품을 세상에 알리기 위한 심벌의 디자인 작업을
로널드 웨인에게 맡기게 됩니다.

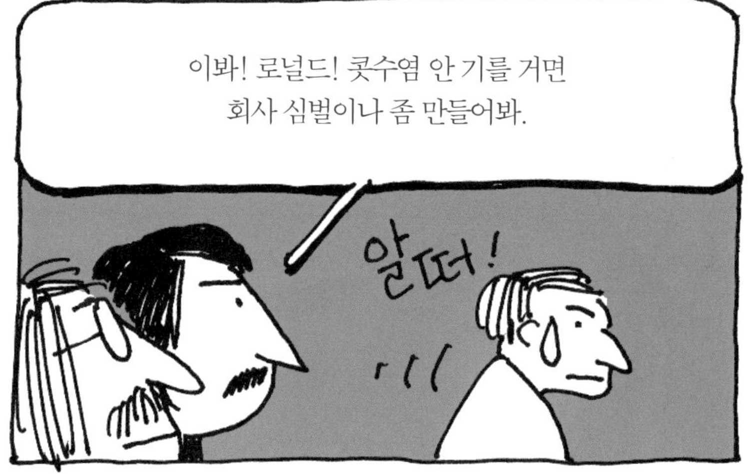

그래픽디자이너가 아니라
엔지니어였던 웨인은 회사의 이념과 가치,
그리고 목표 등을 함축적으로 표현하지 못하고
과학자 뉴턴이 사과나무 아래에서 책을 읽는 광경과 함께
펄럭이는 회사 이름을 손으로 그려 넣었습니다.
당연히 이 복잡한 심벌은 오래가지 못했죠.

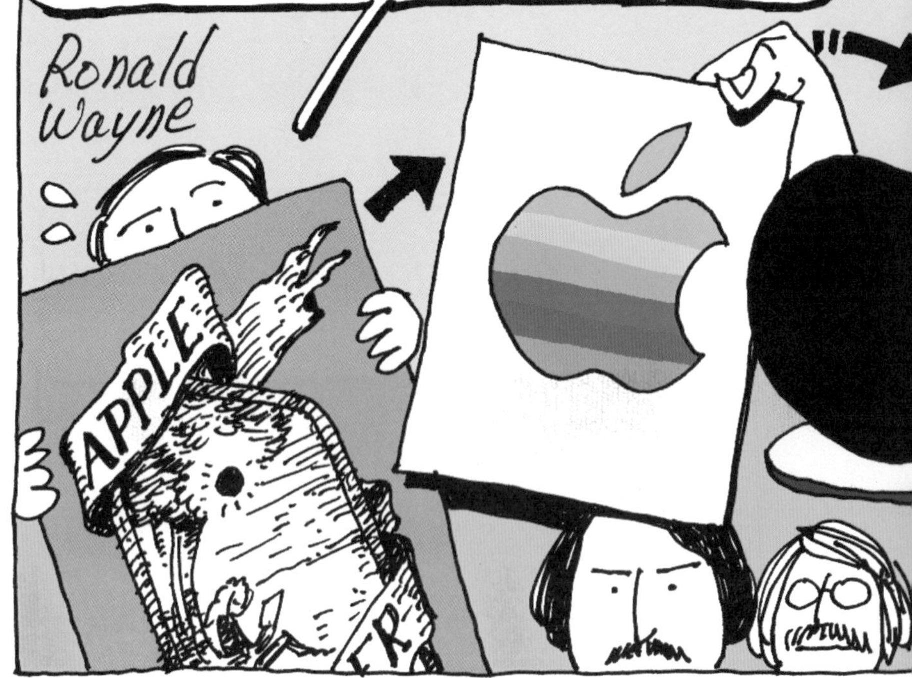

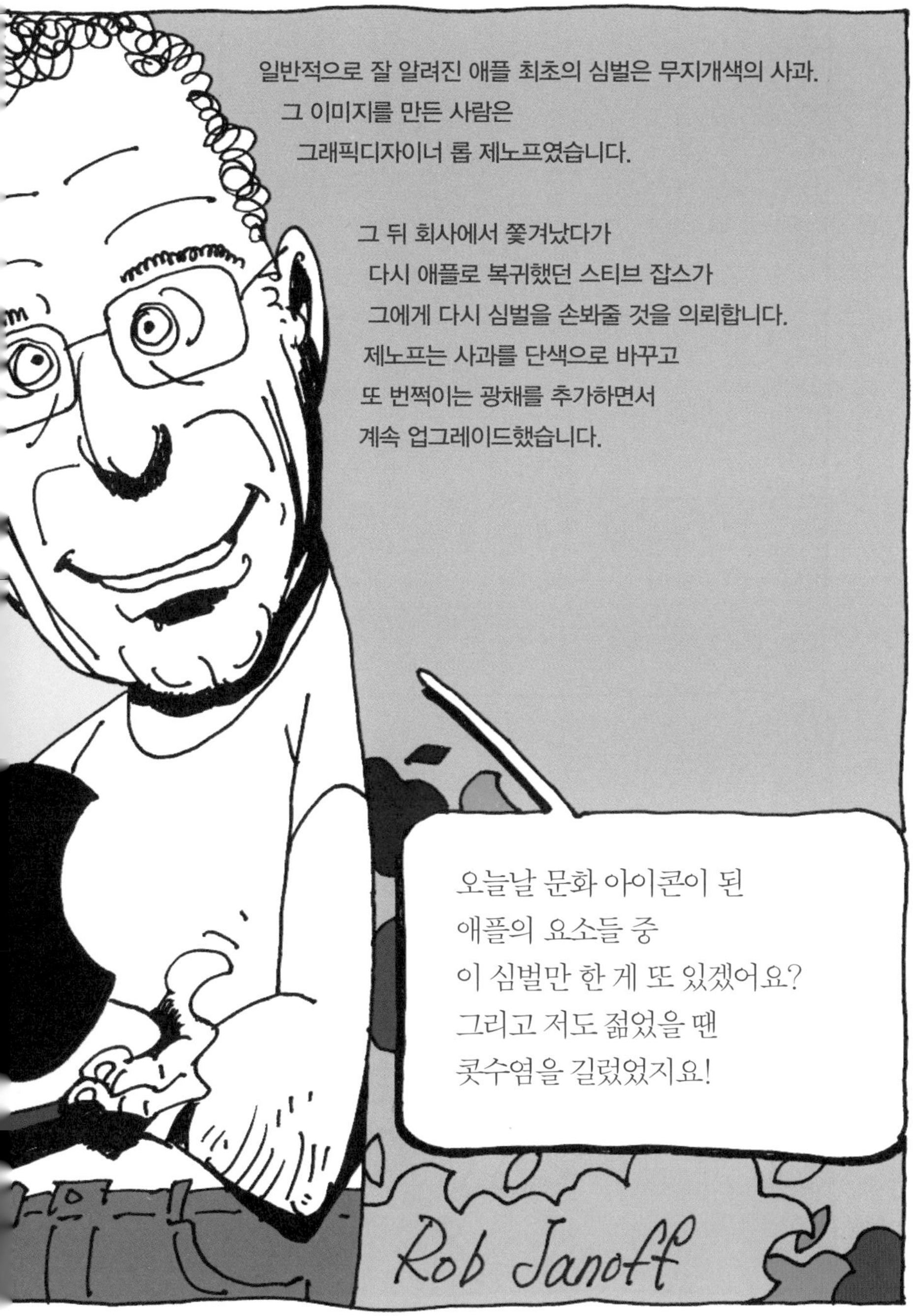

일반적으로 잘 알려진 애플 최초의 심벌은 무지개색의 사과.
그 이미지를 만든 사람은
그래픽디자이너 롭 제노프였습니다.

그 뒤 회사에서 쫓겨났다가
다시 애플로 복귀했던 스티브 잡스가
그에게 다시 심벌을 손봐줄 것을 의뢰합니다.
제노프는 사과를 단색으로 바꾸고
또 번쩍이는 광채를 추가하면서
계속 업그레이드했습니다.

오늘날 문화 아이콘이 된
애플의 요소들 중
이 심벌만 한 게 또 있겠어요?
그리고 저도 젊었을 땐
콧수염을 길렀었지요!

Rob Janoff

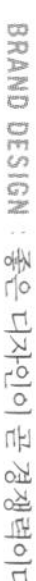

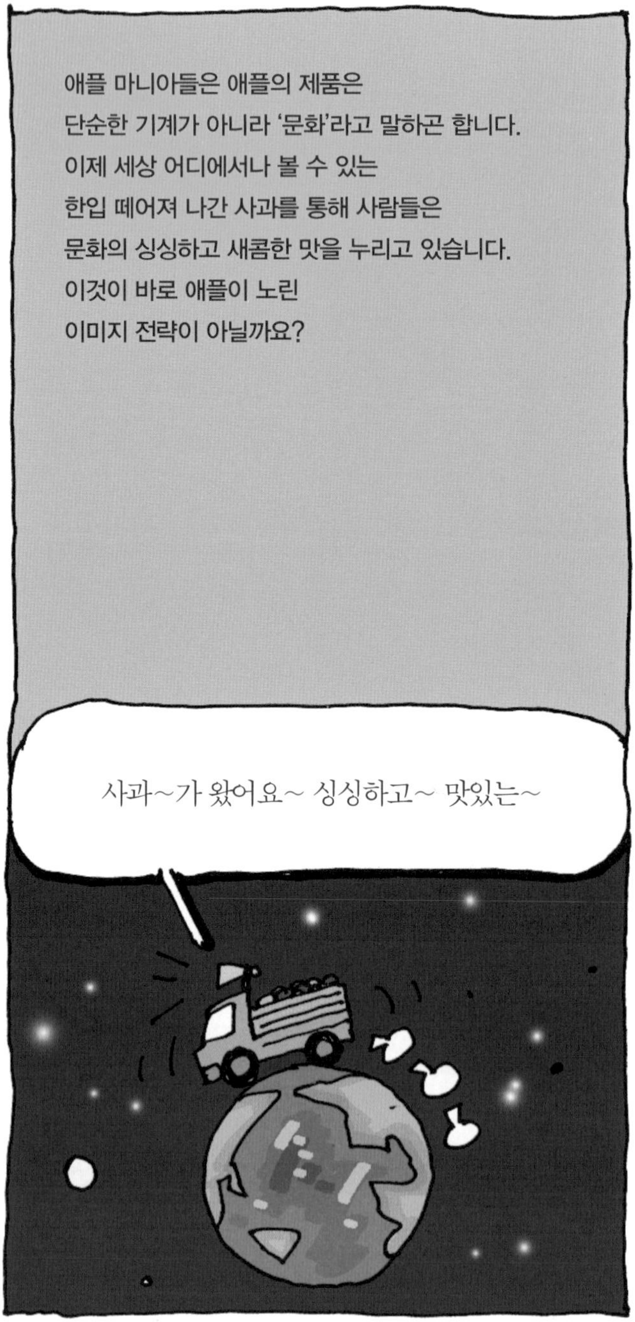

애플 마니아들은 애플의 제품은
단순한 기계가 아니라 '문화'라고 말하곤 합니다.
이제 세상 어디에서나 볼 수 있는
한입 떼어져 나간 사과를 통해 사람들은
문화의 싱싱하고 새콤한 맛을 누리고 있습니다.
이것이 바로 애플이 노린
이미지 전략이 아닐까요?

사과~가 왔어요~ 싱싱하고~ 맛있는~

애플에 입힌 눈부신 백색의 옷

스티브 잡스가 동업자와 함께 만든 개인용 컴퓨터 시스템은
더할 나위 없이 혁신적인 것이었지만 잡스는 거기에서 만족하지 않았습니다.
그는 애플이 미래에 문화 아이콘으로 자리매김하기 위해서
진보된 기술에 걸맞는 감성적 이미지가 필요하다고 판단했고
그 마지막 과제를 풀어줄 디자이너를 찾았습니다.

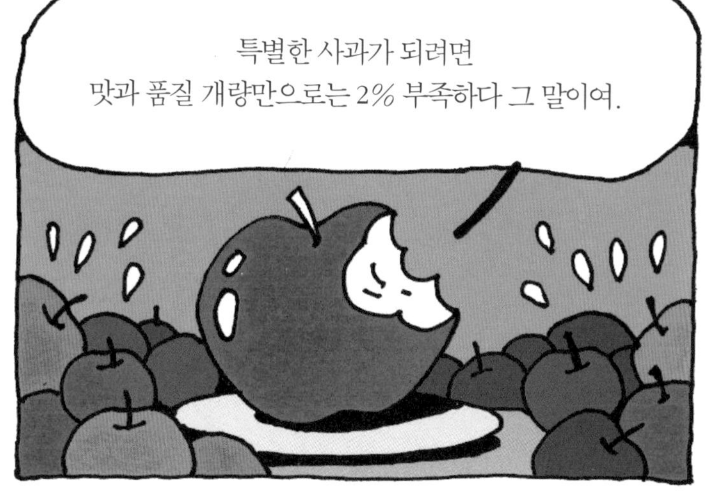

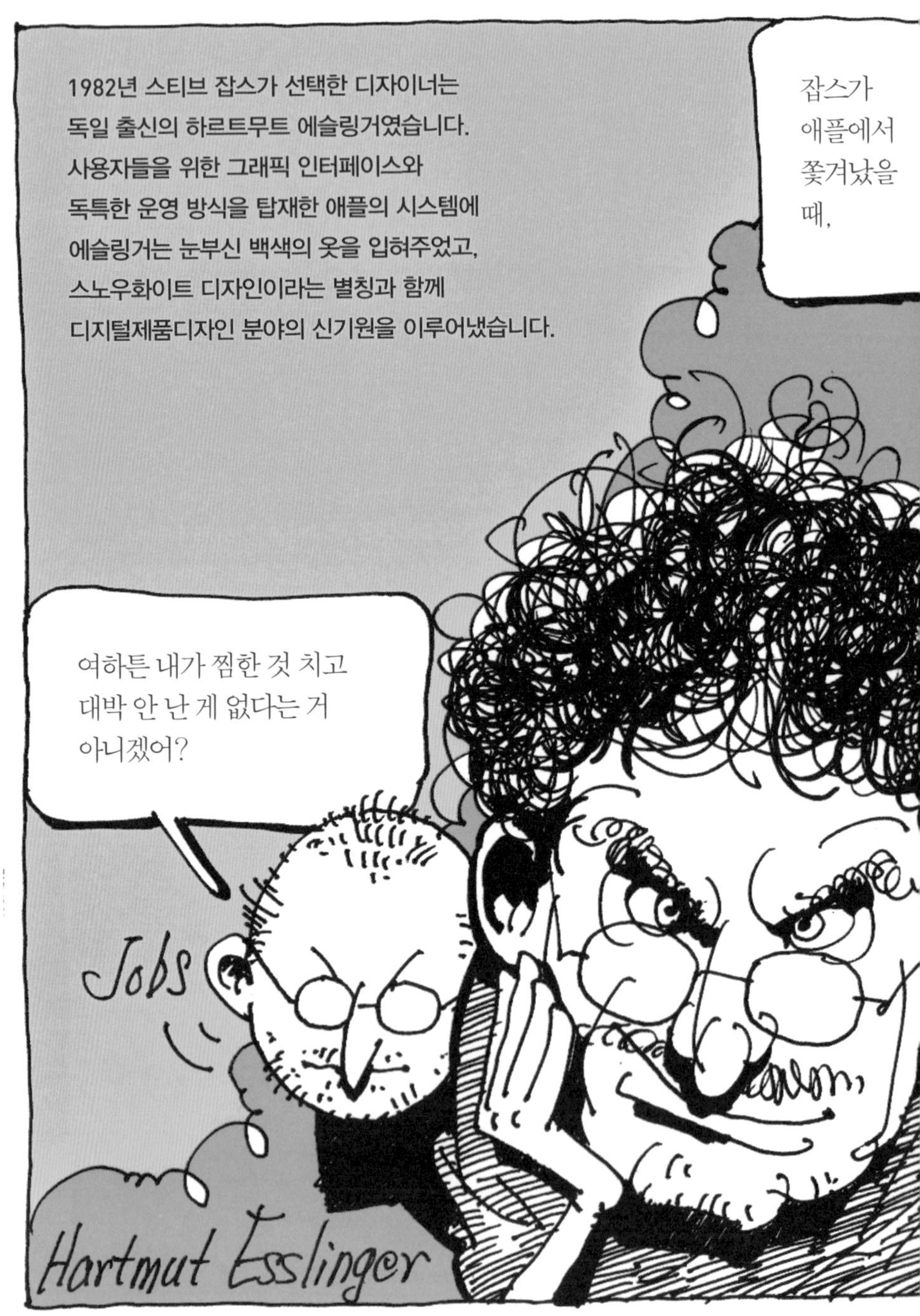
1982년 스티브 잡스가 선택한 디자이너는
독일 출신의 하르트무트 에슬링거였습니다.
사용자들을 위한 그래픽 인터페이스와
독특한 운영 방식을 탑재한 애플의 시스템에
에슬링거는 눈부신 백색의 옷을 입혀주었고,
스노우화이트 디자인이라는 별칭과 함께
디지털제품디자인 분야의 신기원을 이루어냈습니다.
잡스가 애플에서 쫓겨났을 때,
여하튼 내가 찜한 것 치고 대박 안 난 게 없다는 거 아니겠어?
Jobs
Hartmut Esslinger

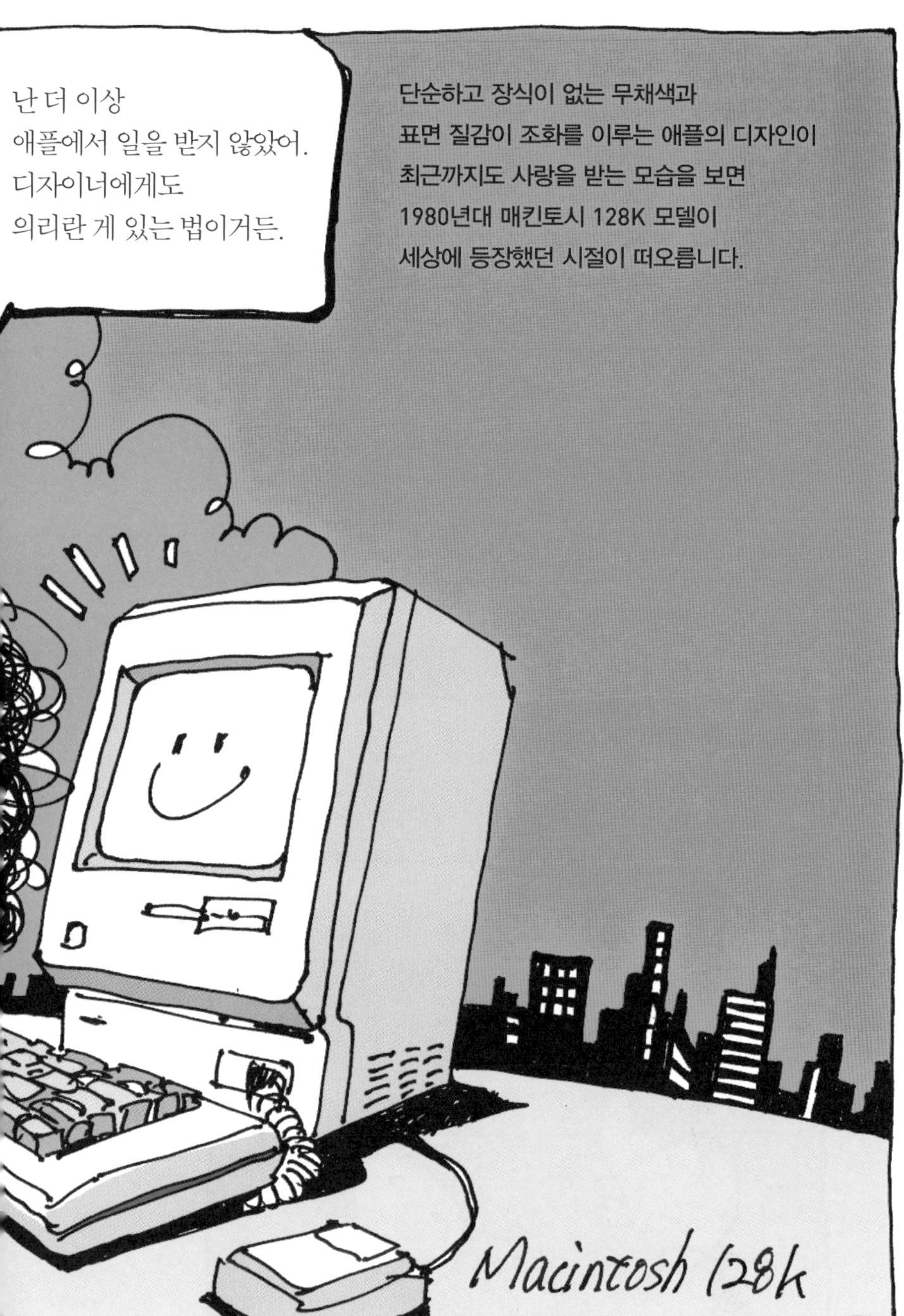
난 더 이상
애플에서 일을 받지 않았어.
디자이너에게도
의리란 게 있는 법이거든.
단순하고 장식이 없는 무채색과
표면 질감이 조화를 이루는 애플의 디자인이
최근까지도 사랑을 받는 모습을 보면
1980년대 매킨토시 128K 모델이
세상에 등장했던 시절이 떠오릅니다.
Macintosh 128k

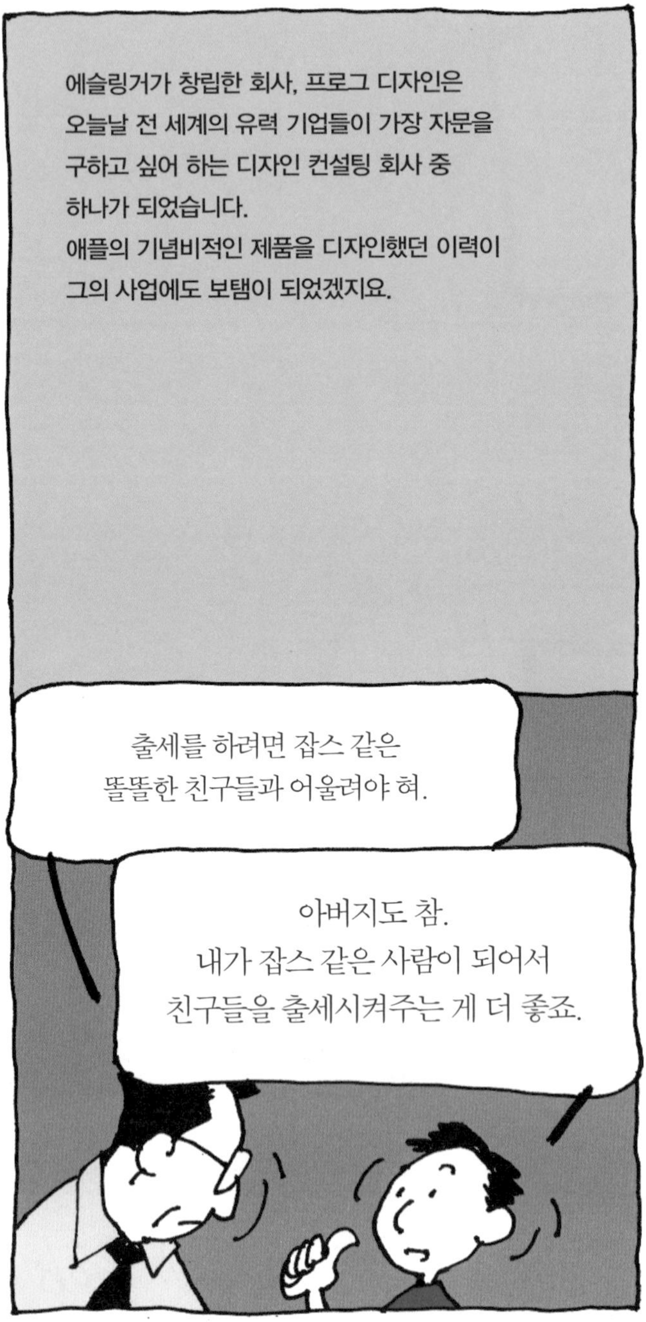

에슬링거가 창립한 회사, 프로그 디자인은
오늘날 전 세계의 유력 기업들이 가장 자문을
구하고 싶어 하는 디자인 컨설팅 회사 중
하나가 되었습니다.
애플의 기념비적인 제품을 디자인했던 이력이
그의 사업에도 보탬이 되었겠지요.

출세를 하려면 잡스 같은
똘똘한 친구들과 어울려야 혀.

아버지도 참.
내가 잡스 같은 사람이 되어서
친구들을 출세시켜주는 게 더 좋죠.

아이팟
: 심플한 디자인으로 성공을 견인하다

애플의 히트 상품인 아이팟은 제품의 기능에 대한
통념과 대중들의 요구에 부합하지 않아도
훌륭한 디자인이 탄생할 수 있다는 것을 보여준 좋은 사례입니다.

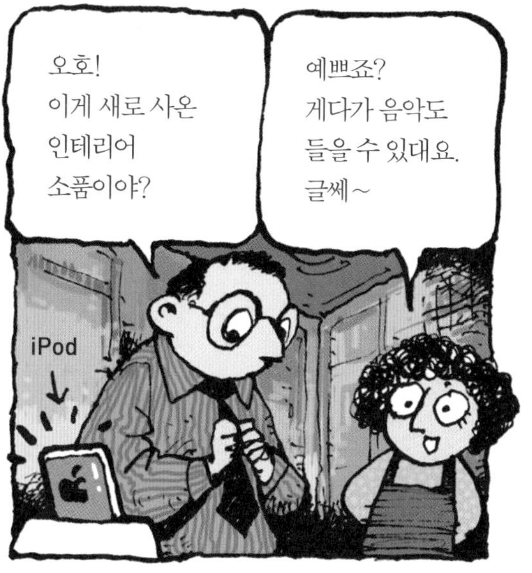

신제품의 디자인 과정에서는
말도 많고 원하는 것들도 많습니다.

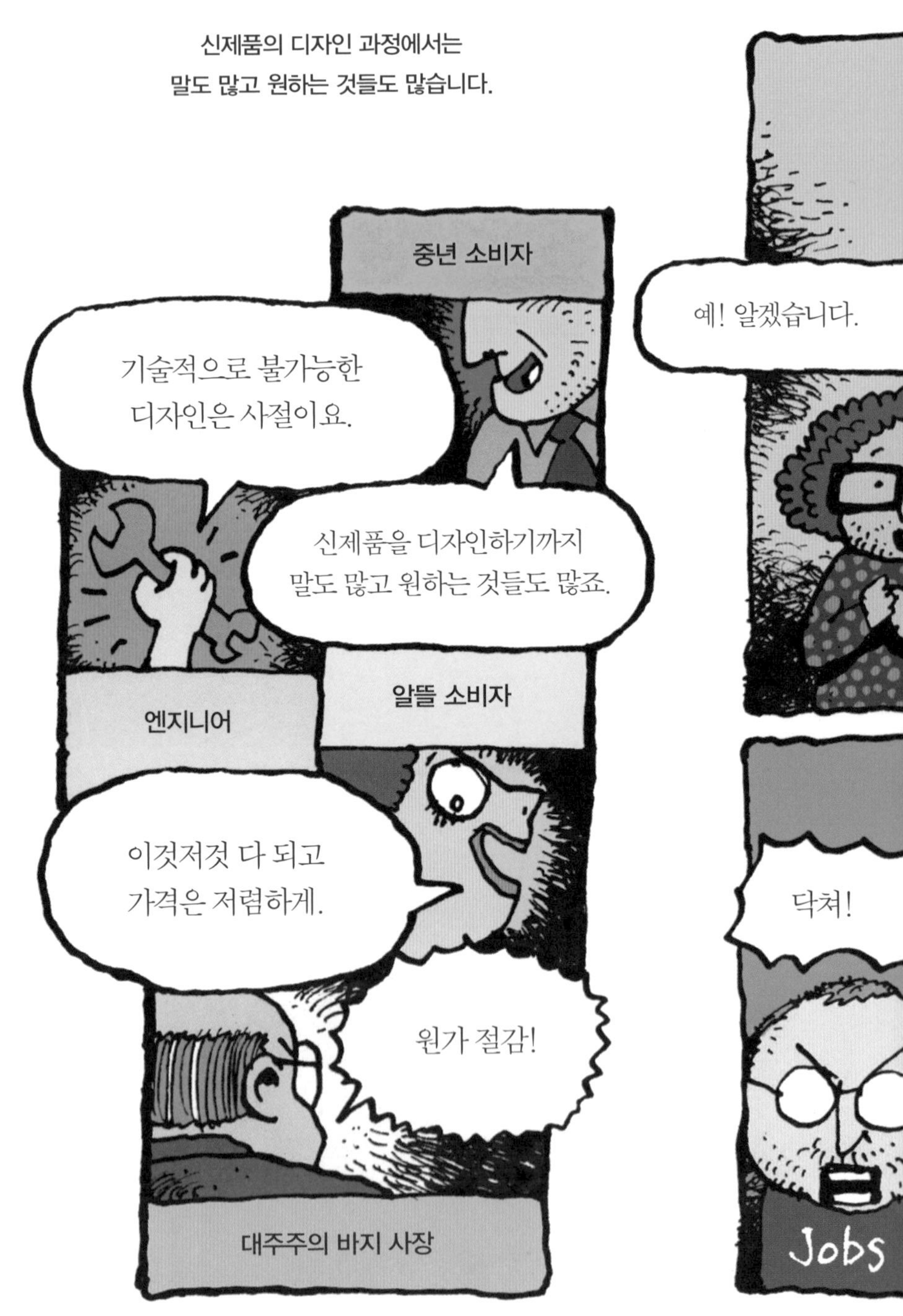

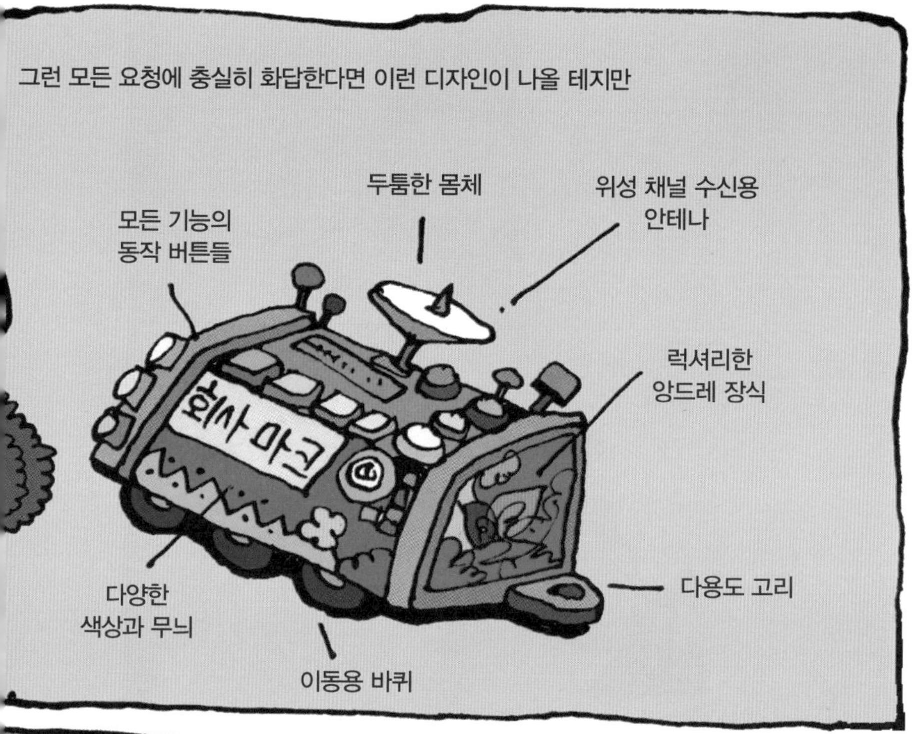

그런 모든 요청에 충실히 화답한다면 이런 디자인이 나올 테지만

두툼한 몸체

위성 채널 수신용
안테나

모든 기능의
동작 버튼들

럭셔리한
앙드레 장식

회사 마크

다양한
색상과 무늬

다용도 고리

이동용 바퀴

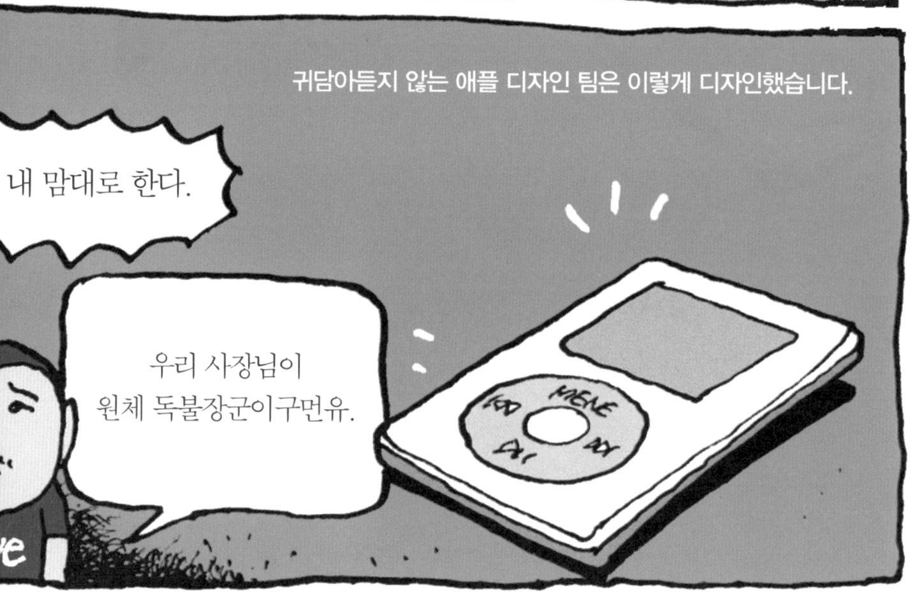

결국 대중들의 선택은?

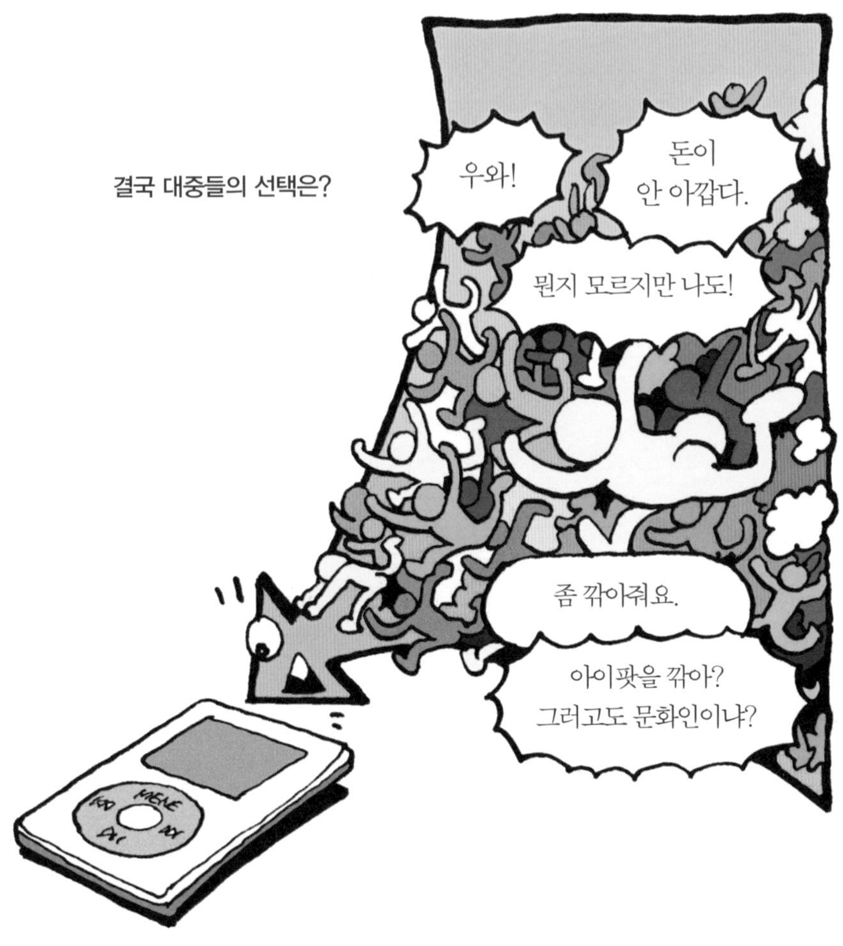

훌륭한 디자인을 원한다면
때로는 꼭 필요한 것들마저 빼버려야 합니다.

굿 디자인이 굿 비즈니스다

디자이너들은 너그러운 클라이언트를 찾고 있듯
클라이언트도 좋은 디자이너를 찾고 있습니다.

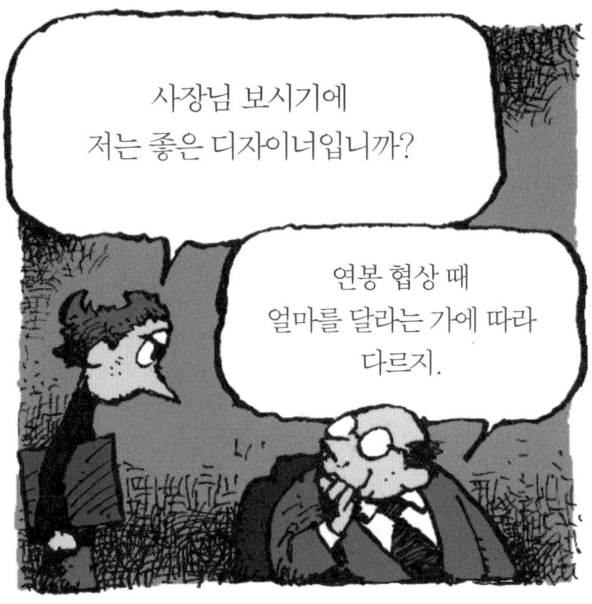

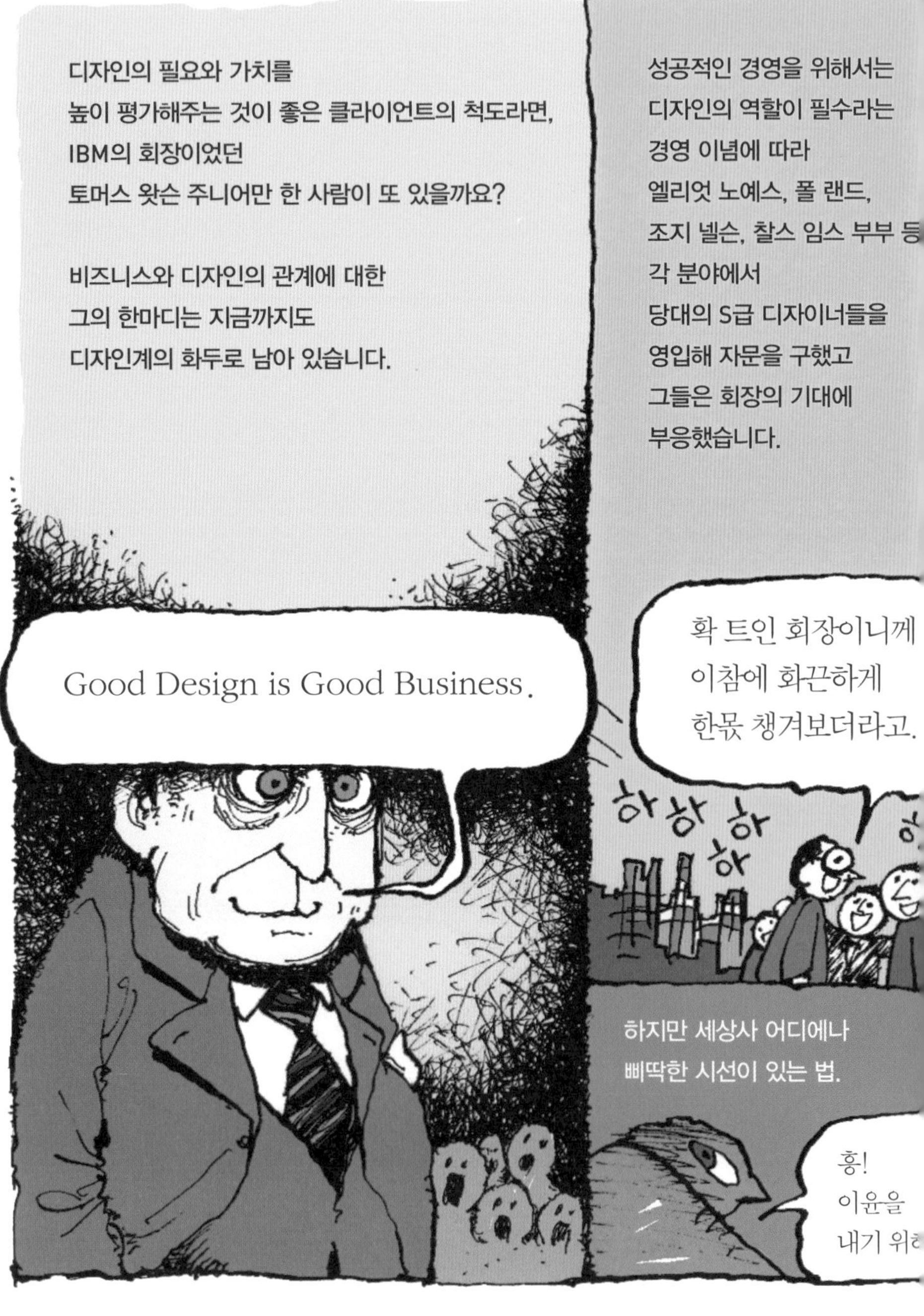
디자인의 필요와 가치를
높이 평가해주는 것이 좋은 클라이언트의 척도라면,
IBM의 회장이었던
토머스 왓슨 주니어만 한 사람이 또 있을까요?
비즈니스와 디자인의 관계에 대한
그의 한마디는 지금까지도
디자인계의 화두로 남아 있습니다.
Good Design is Good Business.
성공적인 경영을 위해서는
디자인의 역할이 필수라는
경영 이념에 따라
엘리엇 노예스, 폴 랜드,
조지 넬슨, 찰스 임스 부부 등
각 분야에서
당대의 S급 디자이너들을
영입해 자문을 구했고
그들은 회장의 기대에
부응했습니다.
확 트인 회장이니께
이참에 화끈하게
한몫 챙겨보더라고.
하 하 하
하
하지만 세상사 어디에나
삐딱한 시선이 있는 법.
흥!
이윤을
내기 위

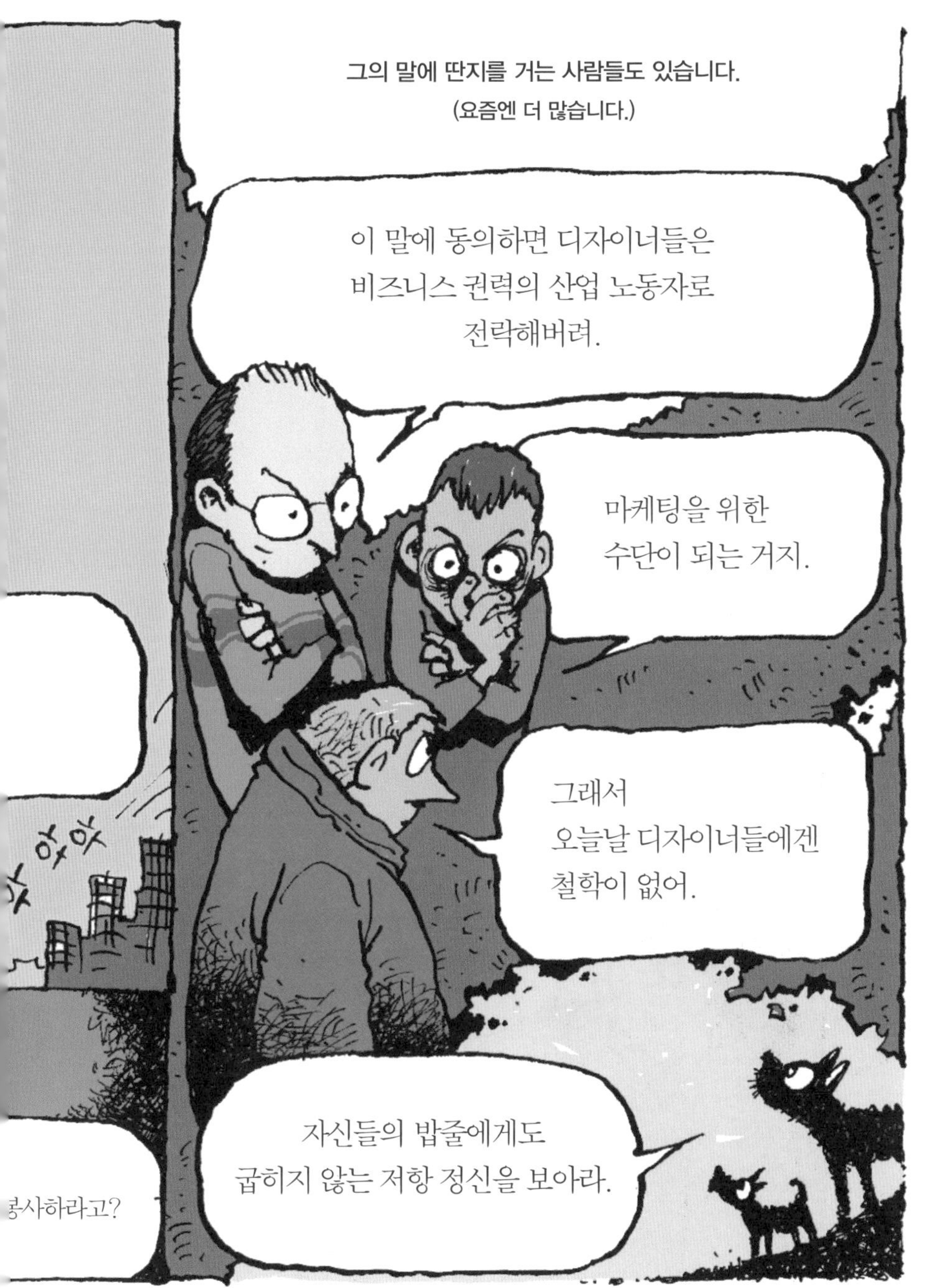
그의 말에 딴지를 거는 사람들도 있습니다.
(요즘엔 더 많습니다.)
이 말에 동의하면 디자이너들은 비즈니스 권력의 산업 노동자로 전락해버려.
마케팅을 위한 수단이 되는 거지.
그래서 오늘날 디자이너들에겐 철학이 없어.
자신들의 밥줄에게도 굽히지 않는 저항 정신을 보아라.

그런데 토머스 회장의 말이 디자인을 자본으로
구속하려는 불순한 의도만 지녔는지에 대해서는
다시 생각해볼 필요가 있습니다.
디자인은 창의성과 미학이 요구되는 직종이지만 그렇다고
무작정 자본을 외면할 수는 없는 분야.
자율성을 얼마나 지킬지는 개별 디자이너들 스스로 시기와
정도를 선택할 문제가 아닐까요?

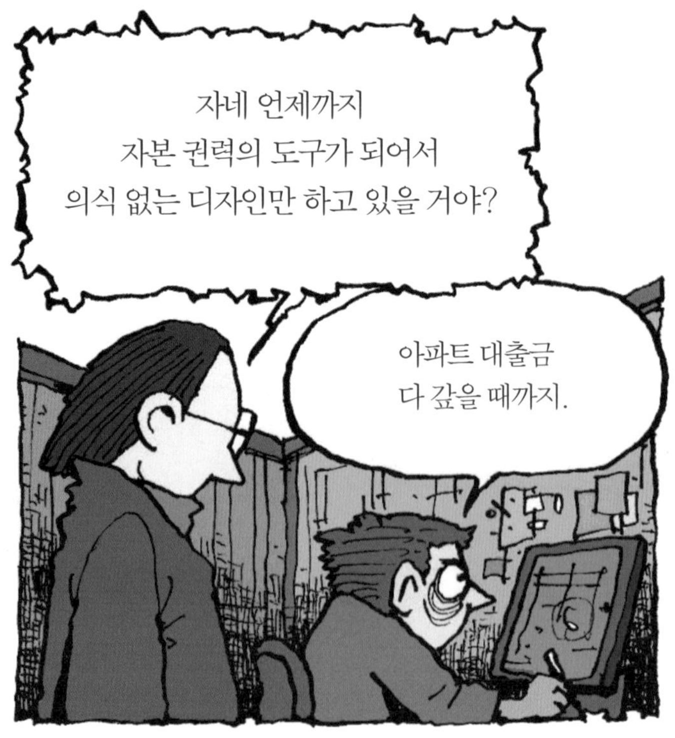

I♥뉴욕,
말하는 대로 이루어진다

디자인으로 인해 도시의 삶이
정말 행복해질 수 있다면 얼마나 좋을까요?

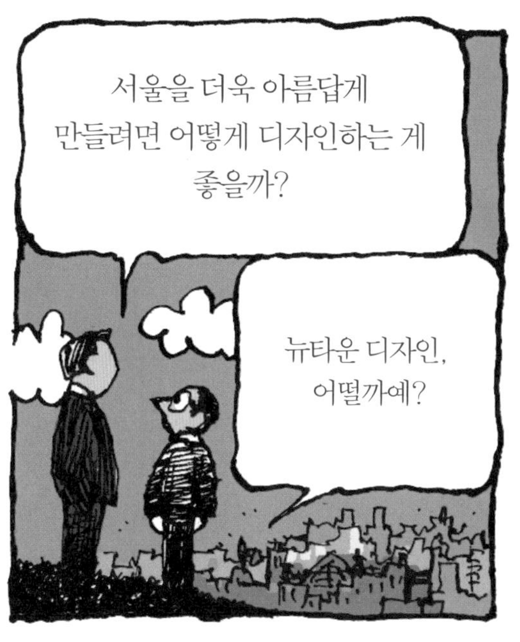

뉴욕, 하면 뭐가 먼저 떠오르시나요?

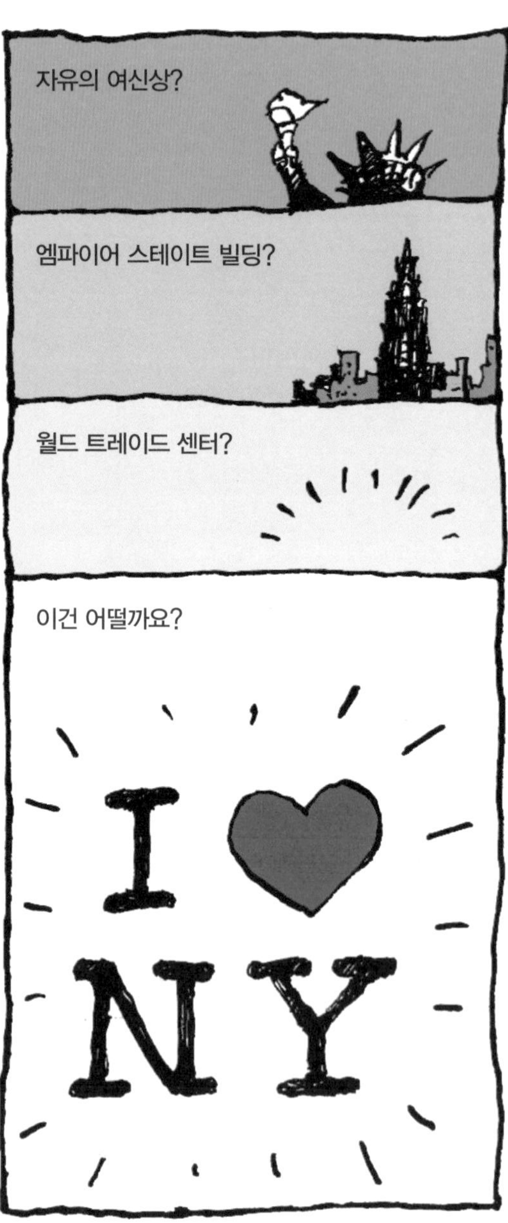

뉴욕이 사랑하는
그래픽디자이너 중 한 명인
밀턴 글레이저가 1975년 시 당국의
의뢰를 받아 제작한 이 도안은
하나의 이미지가 얼마나 시민들의
생각과 삶을 풍요롭게 만들 수
있는지 보여줍니다.

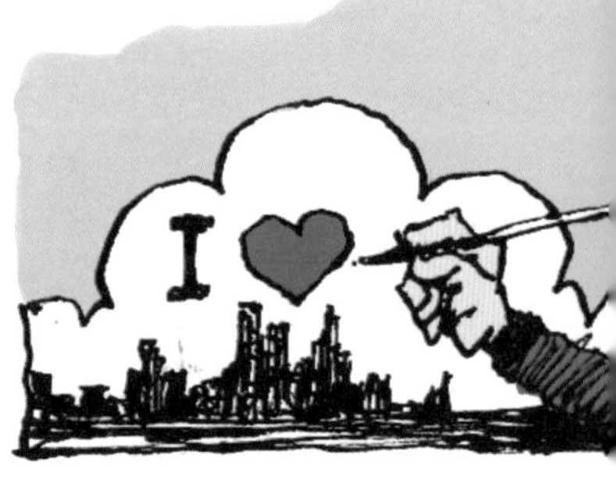

뿐만 아니라 이 도안은
이제 뉴욕 시민들의 가슴을 넘어
전 세계인들의 시선을 유혹하는
뉴욕의 상징이 되었습니다.

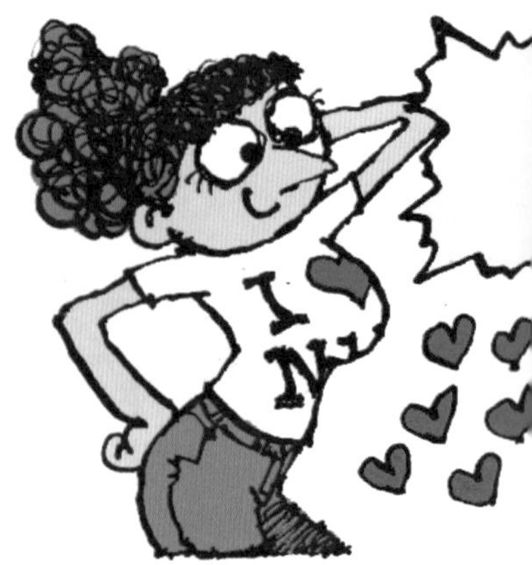

그리고 지난 9·11 사태로
공포와 실의에 빠진 시민들의 상처를 치유하기 위해
글레이저는 다시 특유의 감성으로 자신의 디자인을
개량해서 도시에 배포하였습니다.

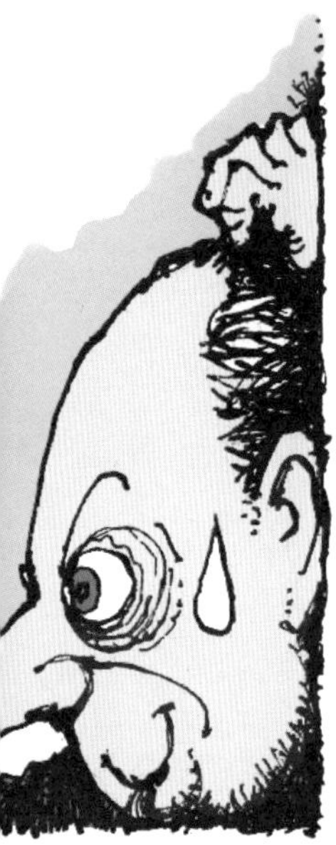

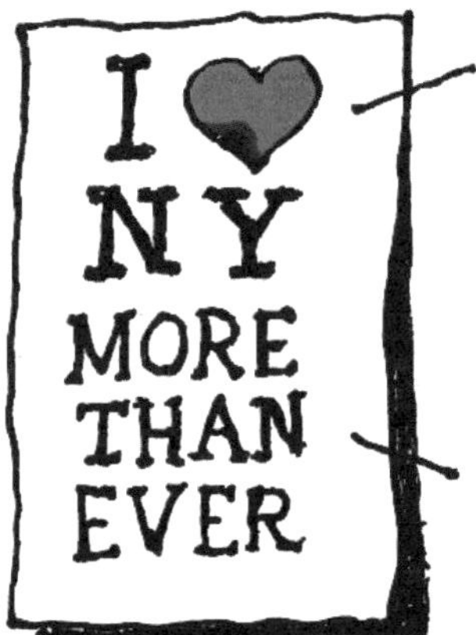

뉴욕의 상처를 표현한
얼룩 자국

추가시킨 구절
"어느 때보다 더"

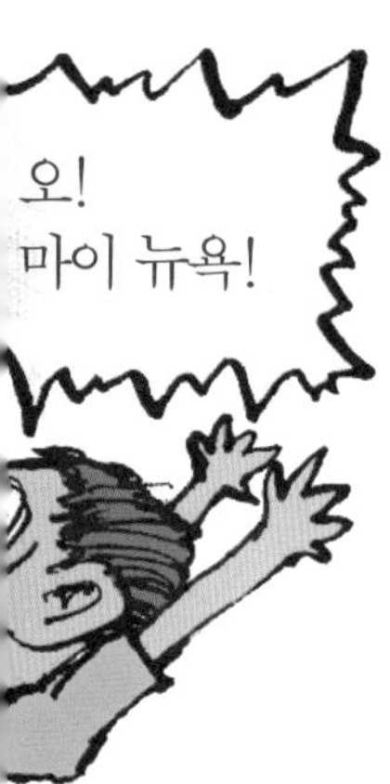

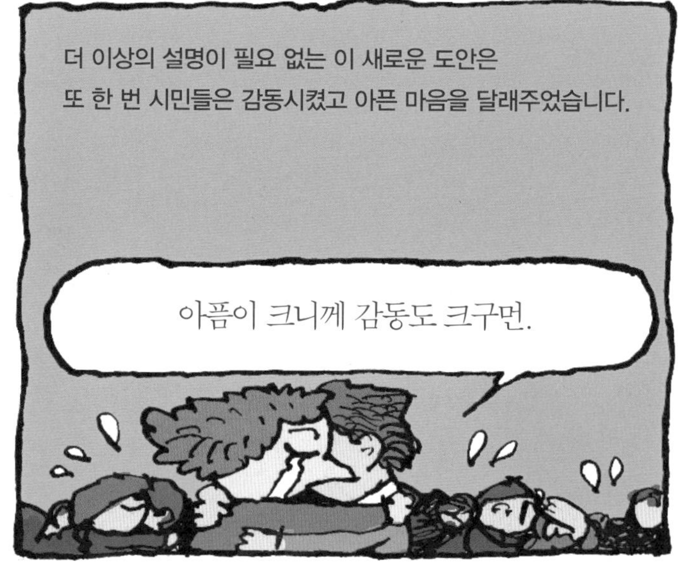

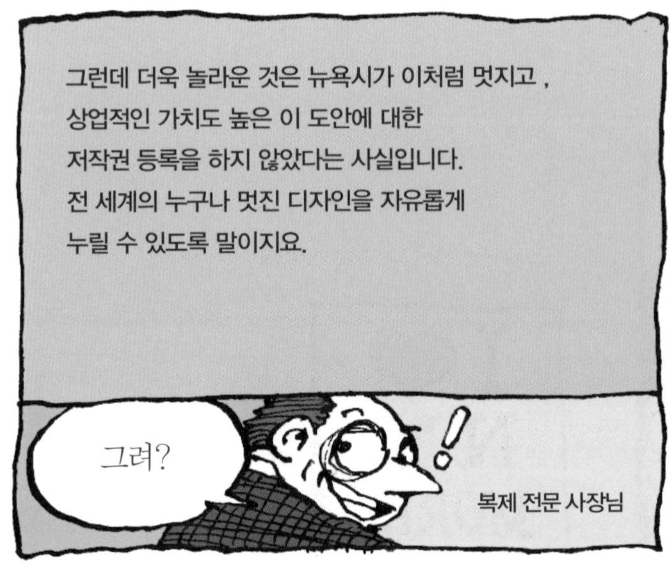

도시디자인은 이렇듯, 외부에 알리고 뽐내기 위한
물질적인 새 단장이 아니라 시민들의 마음을 어루만질 수 있는
따스한 감성의 디자인이어야 하지 않을까요?

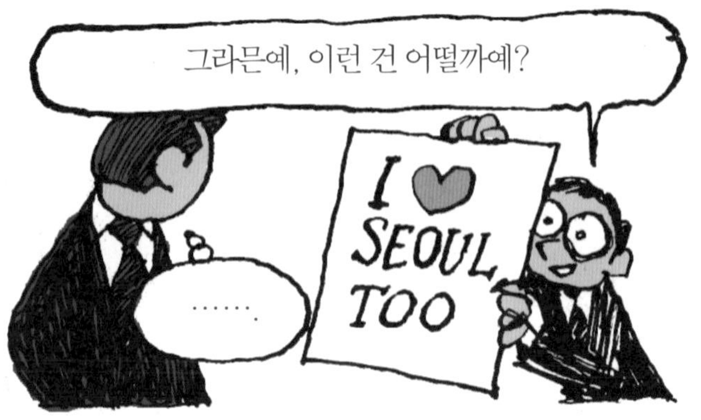

살바도르 달리의 가장 유명한 작품

이 사탕에는 달콤한 맛뿐만 아니라
먹는 이들을 위한 아이디어와 시각적인 예술성이
함께 들어 있습니다.

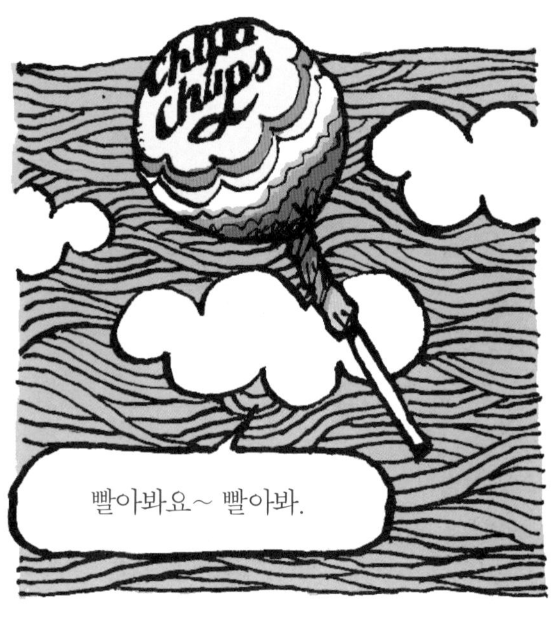

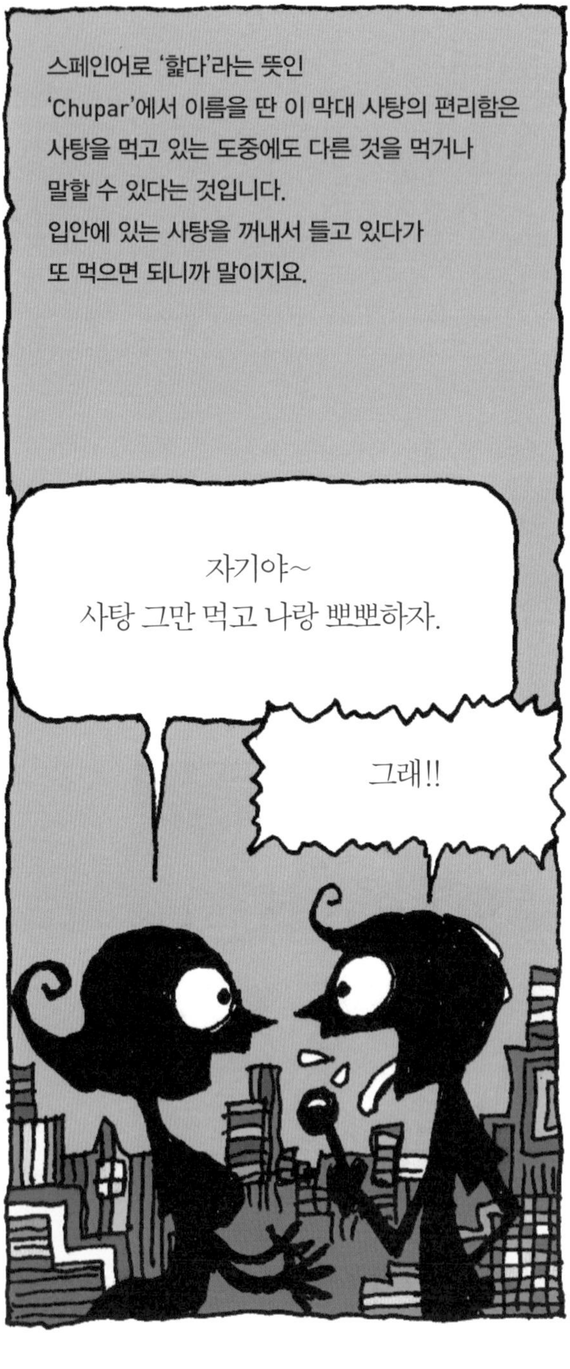

스페인어로 '핥다'라는 뜻인
'Chupar'에서 이름을 딴 이 막대 사탕의 편리함은
사탕을 먹고 있는 도중에도 다른 것을 먹거나
말할 수 있다는 것입니다.
입안에 있는 사탕을 꺼내서 들고 있다가
또 먹으면 되니까 말이지요.

자기야~
사탕 그만 먹고 나랑 뽀뽀하자.

그래!!

스페인 출신인
엔리크 베르나는
아이들이
사탕을 먹으면서도
손을 더럽히지 않을
방법을 찾다가 1958년,
마침내 막대를 꽂은
기막힌 아이디어의
사탕을 만들었습니다.
대박이 났죠.

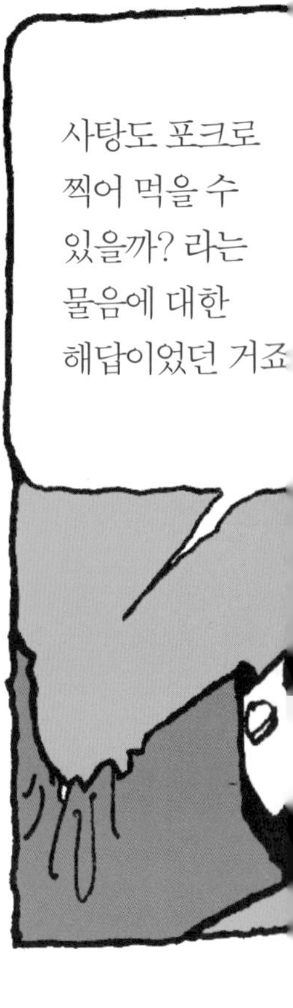

사탕도 포크로
찍어 먹을 수
있을까? 라는
물음에 대한
해답이었던 거죠

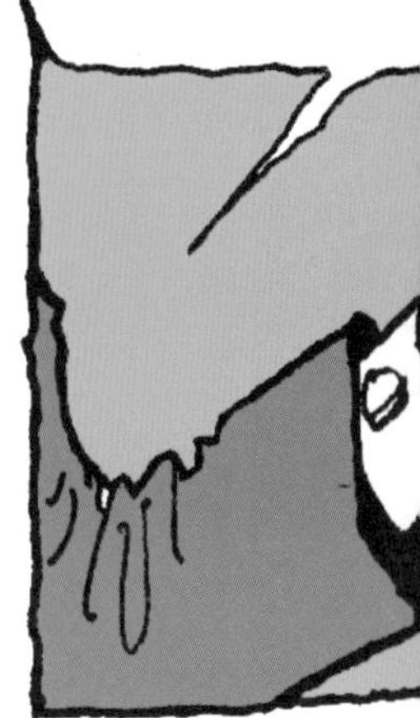

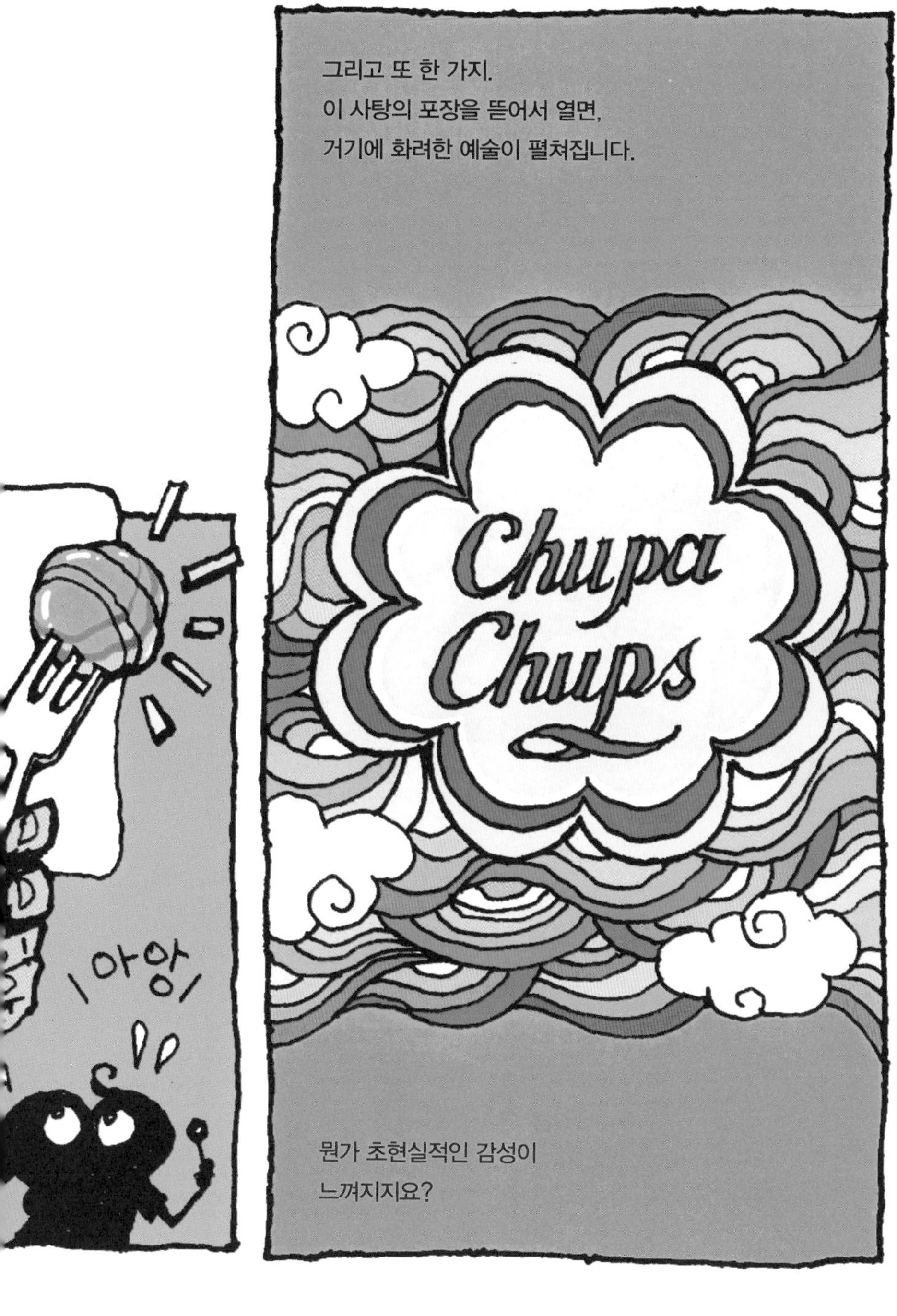

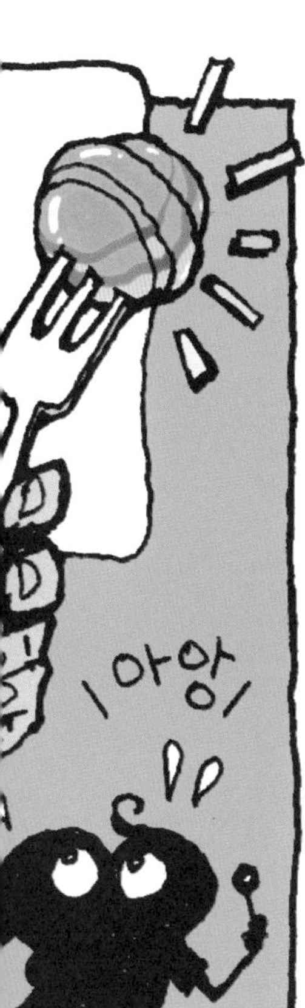

그리고 또 한 가지.
이 사탕의 포장을 뜯어서 열면,
거기에 화려한 예술이 펼쳐집니다.

뭔가 초현실적인 감성이
느껴지지요?

예쁜 꽃구름 문양의
이 로고를 스케치해준 사람이
바로 그 유명한 스페인의 국보급 화가,
살바도르 달리이기 때문입니다.

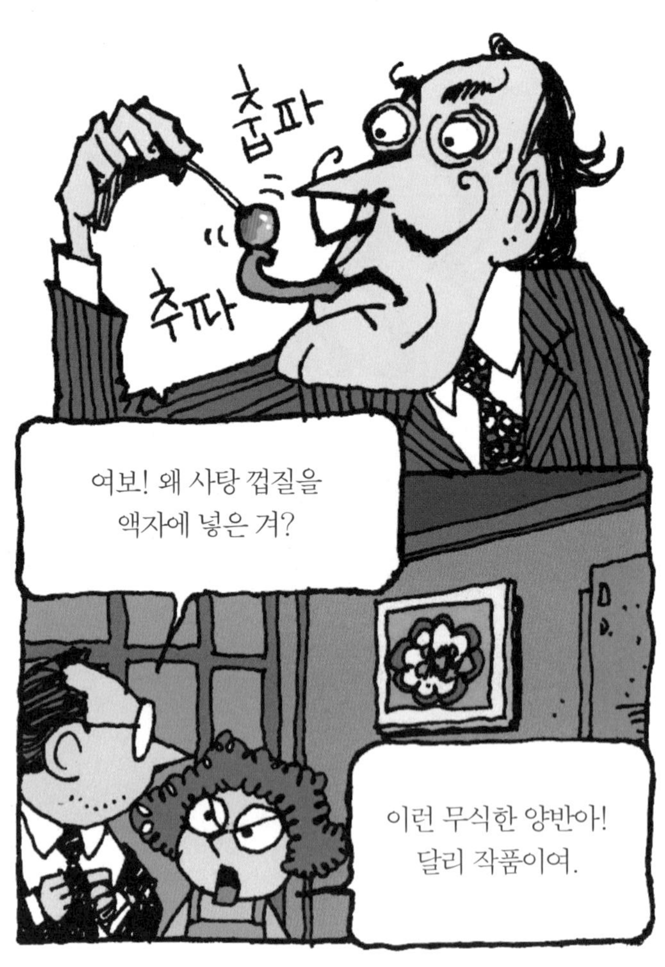

현대 로고디자인의 축,
폴 랜드

'삼성'이나 'LG' 같은 회사 이름을 들었을 때,
상품이나 공장 건물이 아닌 파란 타원이나 빨간 동그라미의 로고를
먼저 떠올리는 것처럼, 기업의 CI(Corporate Identity)를 시각적으로
구현하는 작업인 로고디자인은 기업의 주력 업종과 이념 등을
이미지로 표현하는 회사의 얼굴이라고 할 수 있습니다.

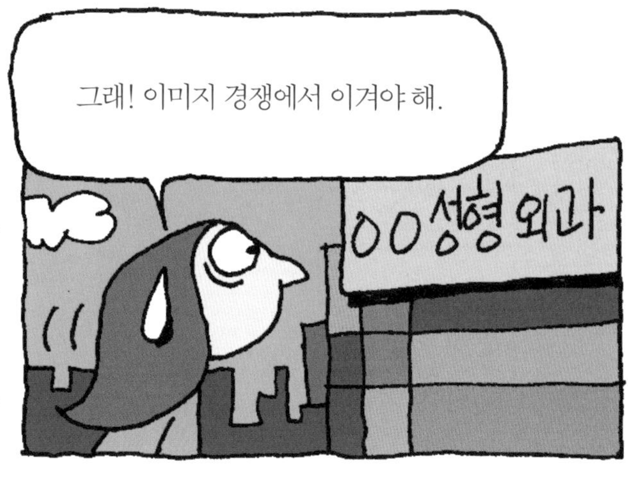

현대 로고디자인의 역사를 이야기할 때
우리는 폴 랜드로부터 시작해야 합니다.
로고디자인계의 아버지로 불리는 그는
IBM, 웨스팅 하우스, ABC 방송국, UPS 등
지금까지 우리의 눈에도 익숙한 기업 로고로
기념비적인 디자인을 남겼습니다.

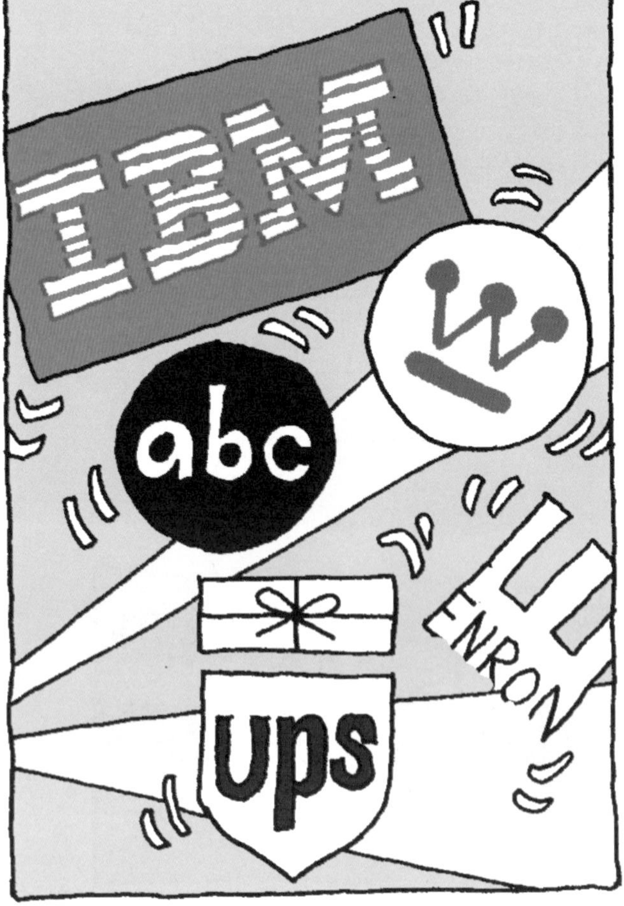

그는 기업의 업종과
경영 이미지를 함축적으로
디자인합니다.
폴 랜드가 디자인한
로고를 보는 사람들은
강한 인상을 받습니다.
더불어 폴 랜드의
로고디자인에는
아주 중요한
특징이 있는데,
바로 흘러가는 유행을
쫓지 않고 합리적인
모더니즘을
추구한다는 것입니다.

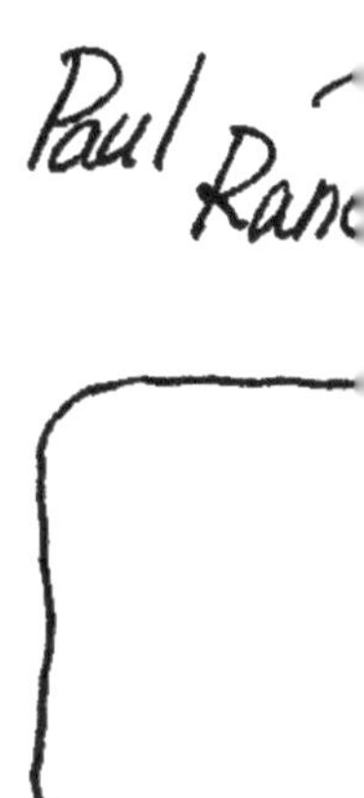

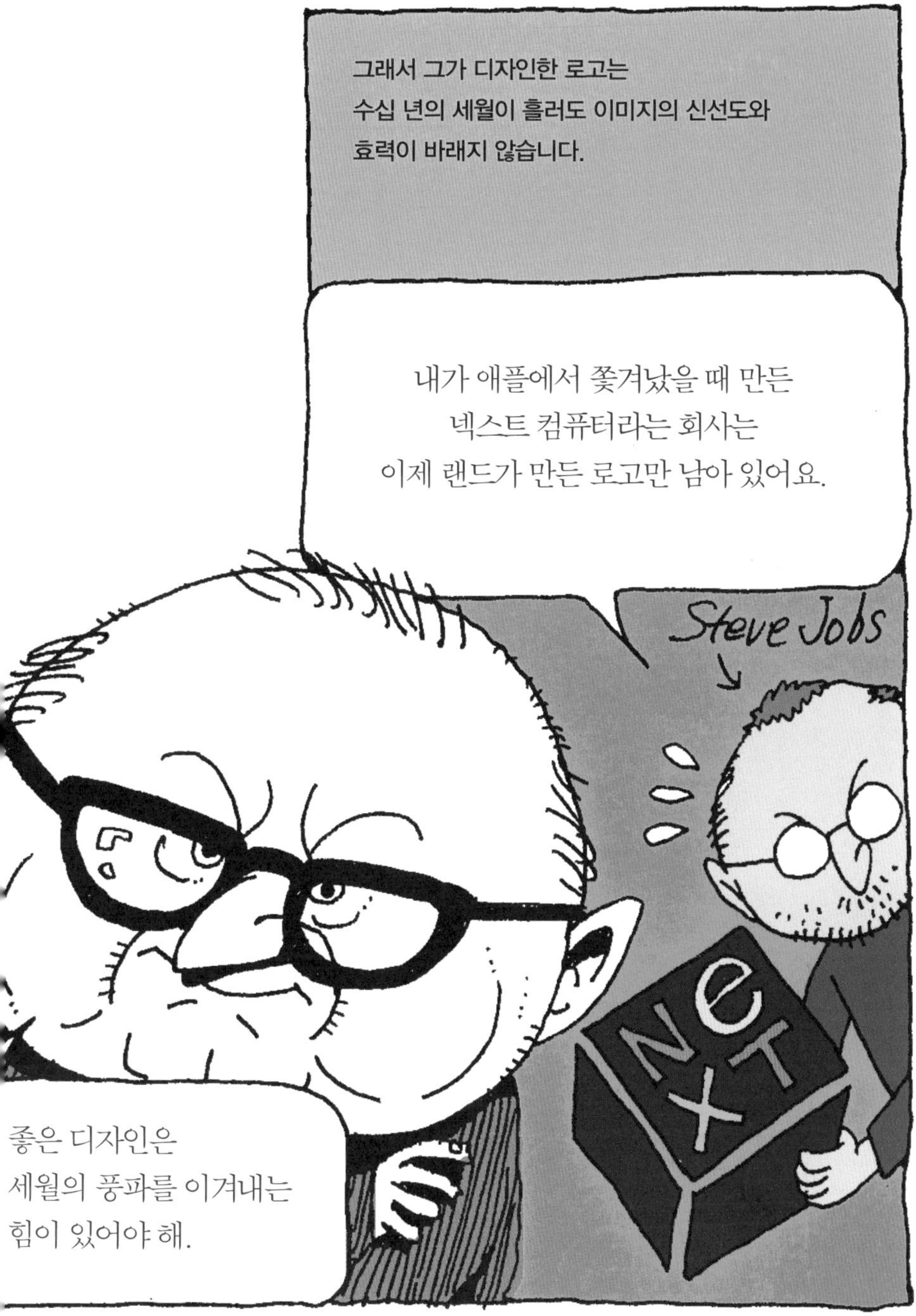

그래서 그가 디자인한 로고는
수십 년의 세월이 흘러도 이미지의 신선도와
효력이 바래지 않습니다.

내가 애플에서 쫓겨났을 때 만든
넥스트 컴퓨터라는 회사는
이제 랜드가 만든 로고만 남아 있어요.

Steve Jobs

NeXT

좋은 디자인은
세월의 풍파를 이겨내는
힘이 있어야 해.

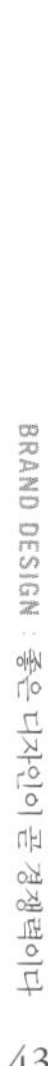

이처럼 잘 만들어진 로고디자인은
한 회사의 이미지 홍보와 경영 전략에 큰 보탬이 되며
성장과 발전에도 기여하는 법입니다.

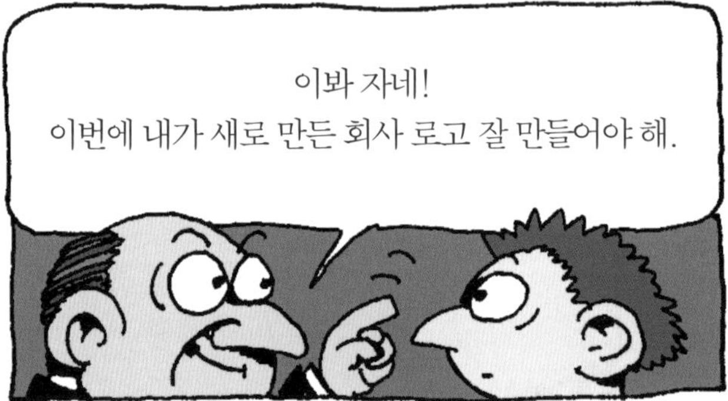

그런데 거꾸로 생각해보면 로고디자인이
사람들에게 인정받으려면 그 기업의 건실하고
지속적인 경영 실적이 또 필요한 건 아닐까요?

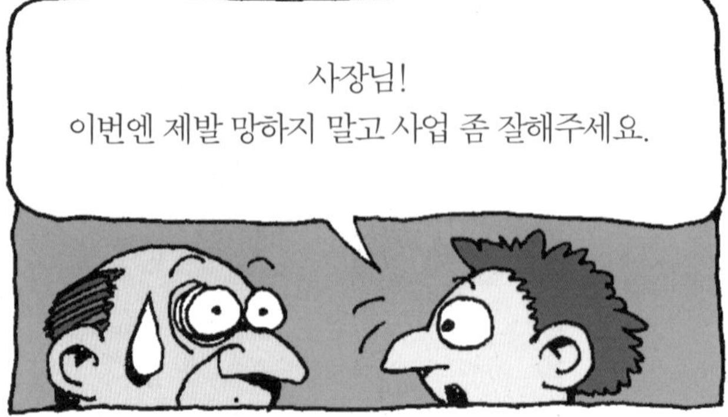

마시는 문명, 코카콜라

글로벌 기업들 중에서도 브랜드 가치에 순위를 매길 때
단골로 1위를 차지하는 코카콜라는 전 세계인들이
1초에 4만 병씩 사서 마시는 대형 히트 음료입니다.
이 정도면 코카콜라는 단지 음료수가 아니라 문화이며
인류 역사에 기록될 하나의 문명이라 해도 과언이 아니죠.

그런데 그 코카콜라는 최초에 정체불명의 약물로 탄생했다는 사실!

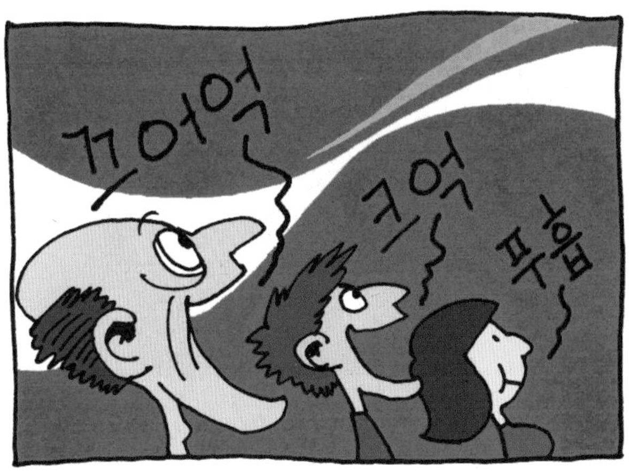

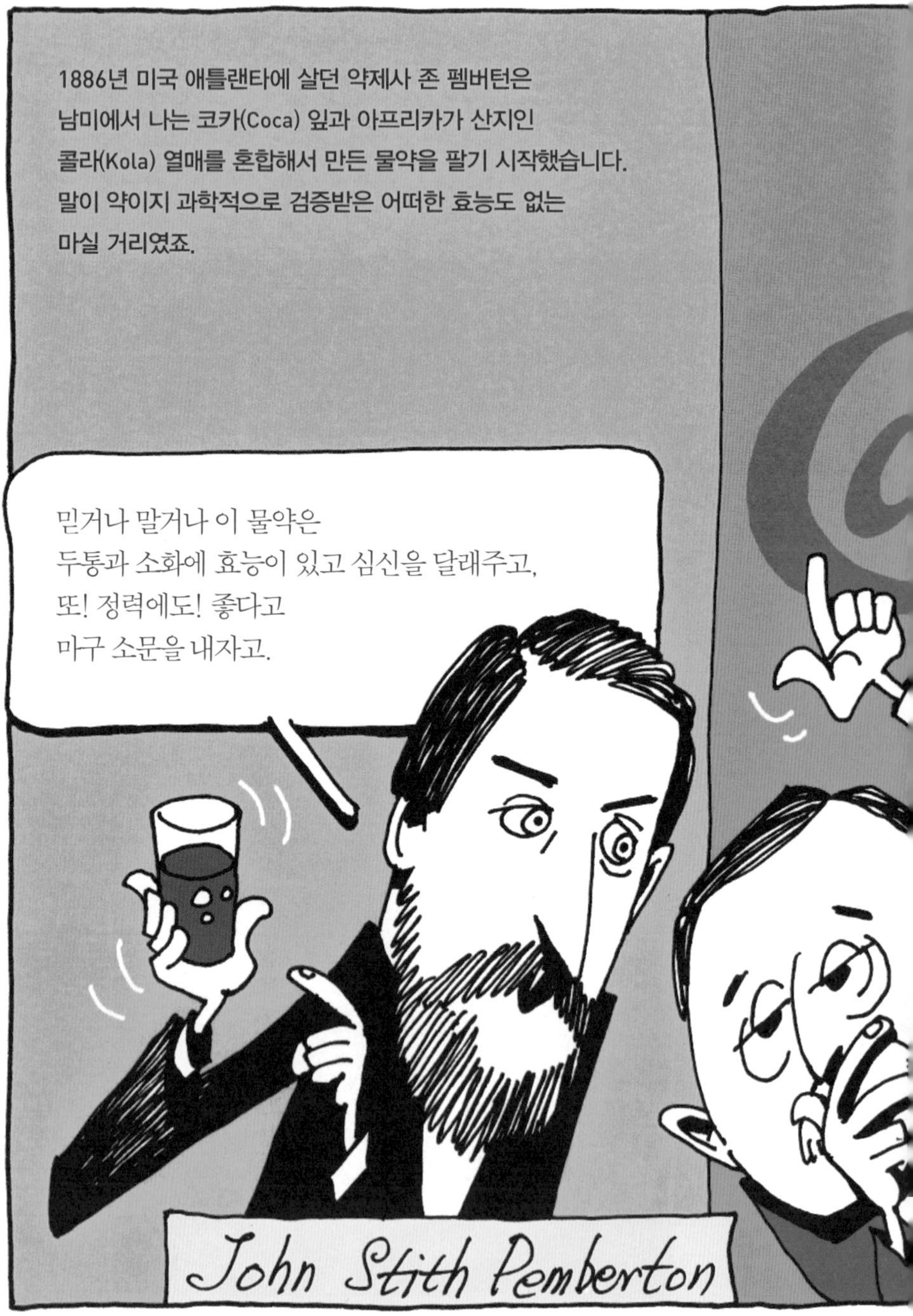

1886년 미국 애틀랜타에 살던 약제사 존 펨버턴은 남미에서 나는 코카(Coca) 잎과 아프리카가 산지인 콜라(Kola) 열매를 혼합해서 만든 물약을 팔기 시작했습니다. 말이 약이지 과학적으로 검증받은 어떠한 효능도 없는 마실 거리였죠.

믿거나 말거나 이 물약은
두통과 소화에 효능이 있고 심신을 달래주고,
또! 정력에도! 좋다고
마구 소문을 내자고.

John Stith Pemberton

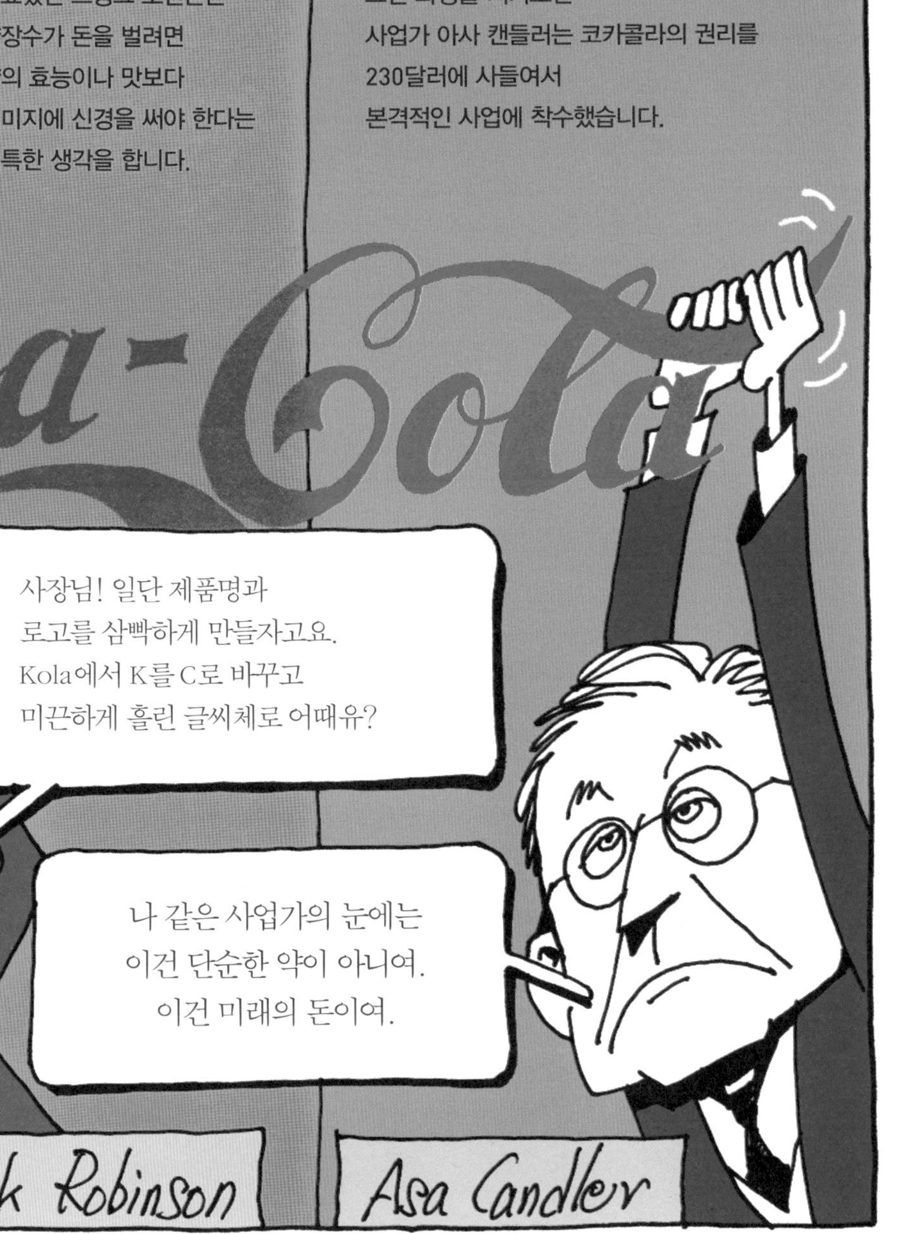
동료였던 프랭크 로빈슨은
약장수가 돈을 벌려면
약의 효능이나 맛보다
이미지에 신경을 써야 한다는
기특한 생각을 합니다.
그런 과정을 지켜보던
사업가 아사 캔들러는 코카콜라의 권리를
230달러에 사들여서
본격적인 사업에 착수했습니다.
a-Cola
사장님! 일단 제품명과
로고를 삼빡하게 만들자고요.
Kola에서 K를 C로 바꾸고
미끈하게 흘린 글씨체로 어때유?
나 같은 사업가의 눈에는
이건 단순한 약이 아니여.
이건 미래의 돈이여.
nk Robinson
Asa Candler

코카콜라의 태동기에 각각의 역할을 했던
세 사람 중 누가 가장 멀리 미래를 내다본 것일까요?
최초의 제조자인 펨버턴은
코카콜라를 오직 약으로만 보았습니다.
사업가였던 캔들러 역시
현재 수백억 달러의 가치를 지닌 이 브랜드를
2천여 만 달러 정도까지만 키우고 팔아버렸죠.

그렇다면 아무래도 역시 변함없는 위력을 자랑하는
명칭과 이미지를 디자인한 로빈슨이
가장 멀리 미래를 내다본 사람이 아니었을까요?

사령관님!
저 별을 정복하려면 맨 먼저 코카콜라라는 걸
빼앗아야 할 것 같습니다.

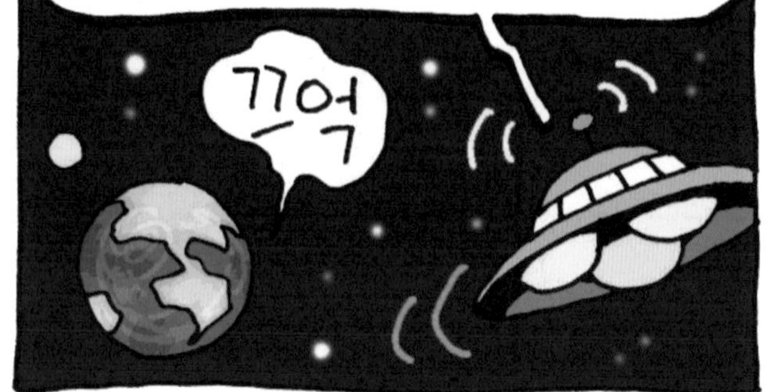

눈을 감고 만져도 코카콜라 병

컨투어 보틀이라 불리는 코카콜라의 병 모양은
특유의 곡선 때문에 여성의 풍만한 몸매를 모티브로
디자인했다는 풍문이 있습니다. 그래서 한때 글래머 여배우의 이름을 딴
메이 웨스트 보틀이라는 별명으로 불리기도 했었죠.

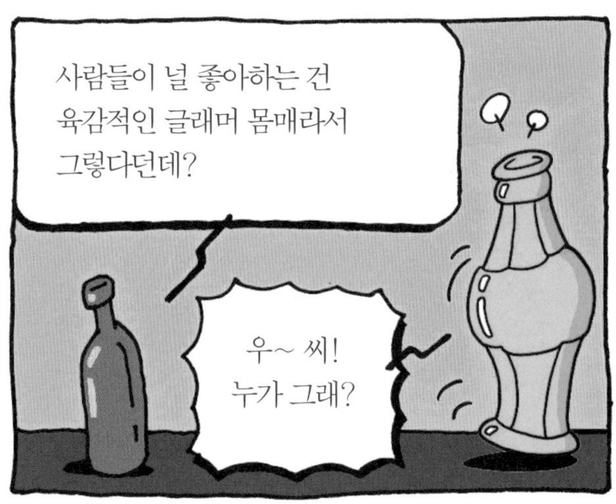

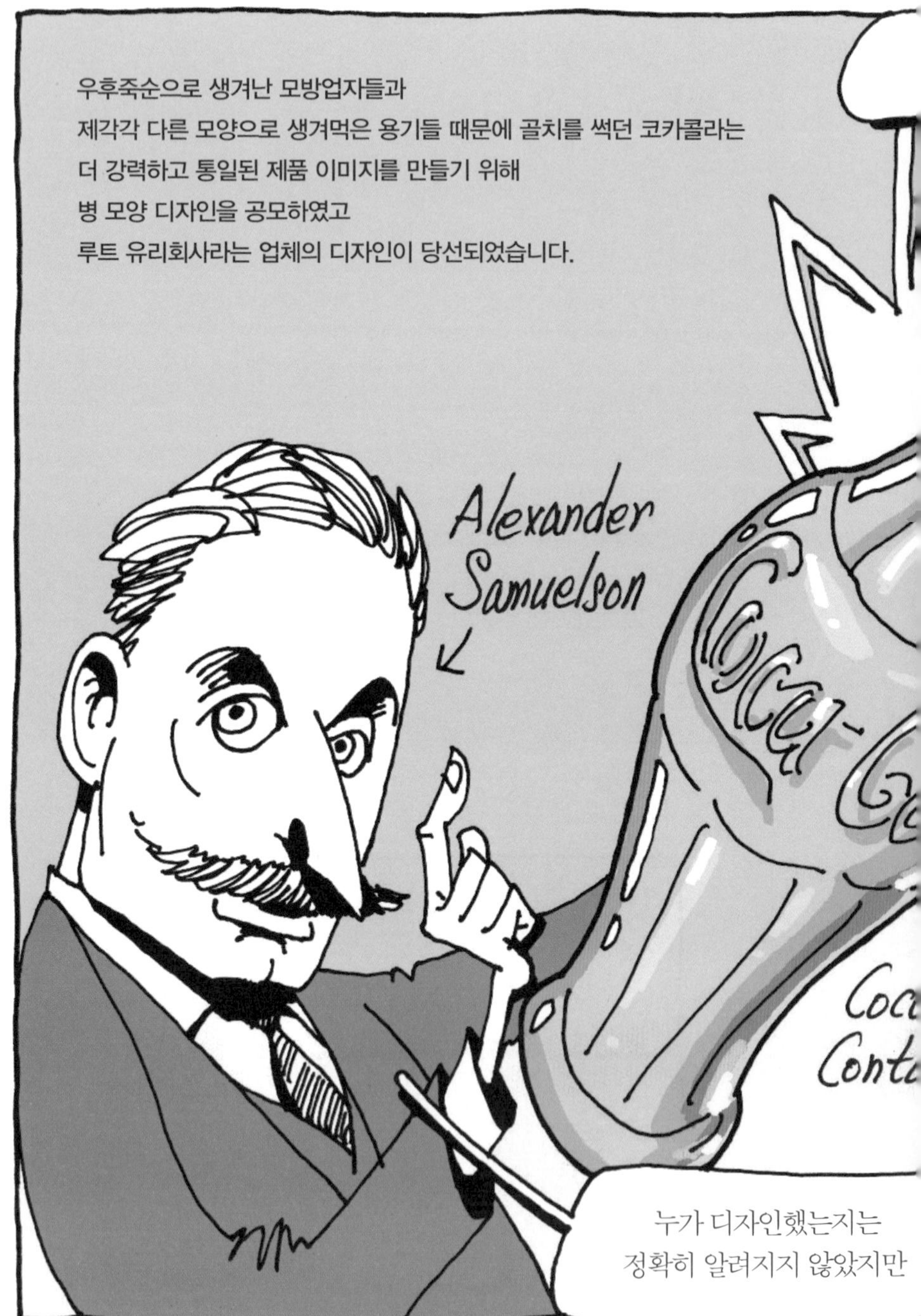
우후죽순으로 생겨난 모방업자들과
제각각 다른 모양으로 생겨먹은 용기들 때문에 골치를 썩던 코카콜라는
더 강력하고 통일된 제품 이미지를 만들기 위해
병 모양 디자인을 공모하였고
루트 유리회사라는 업체의 디자인이 당선되었습니다.
Alexander Samuelson
Coca-Co
Coca
Conta
누가 디자인했는지는
정확히 알려지지 않았지만

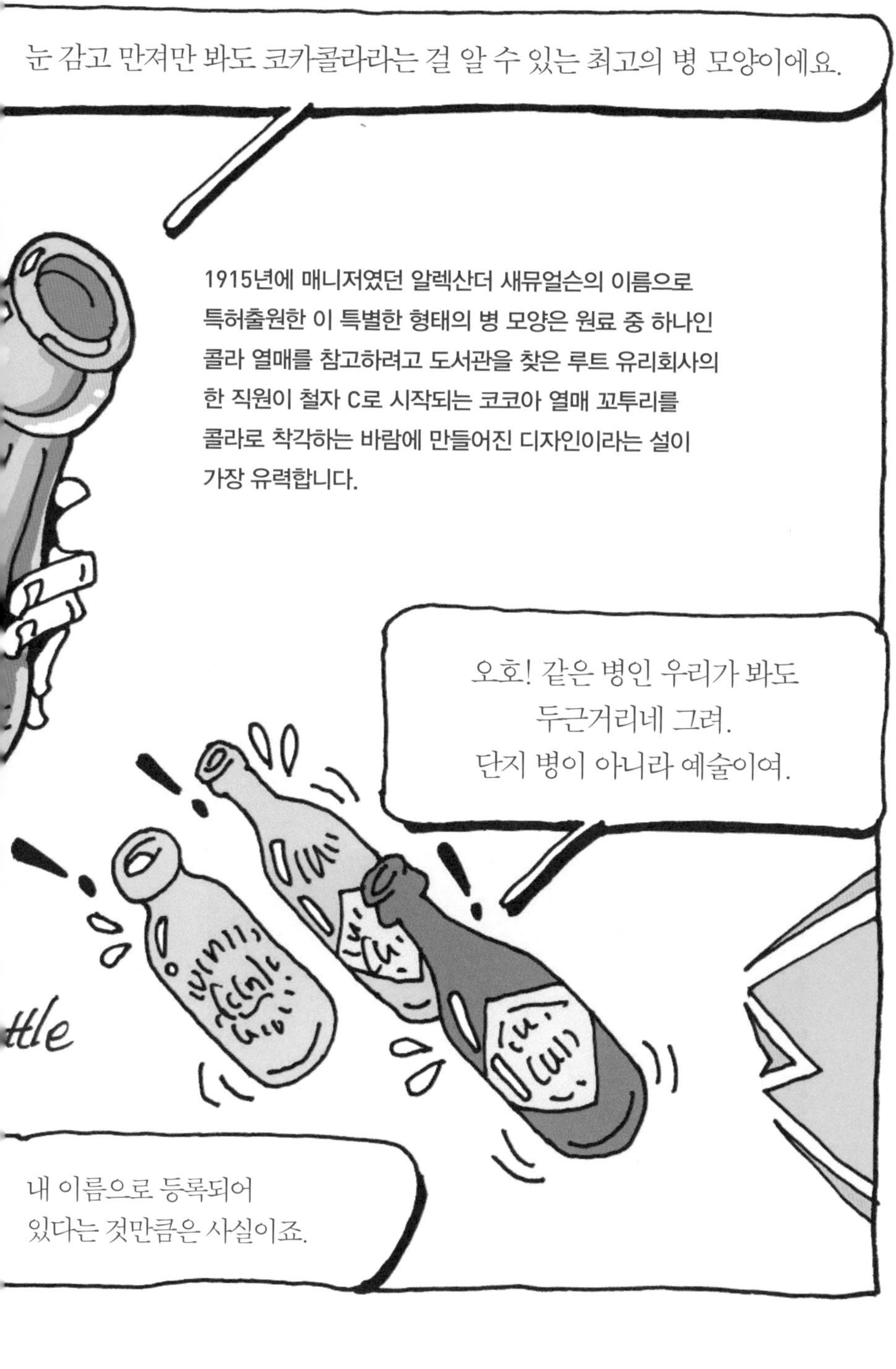

눈 감고 만져만 봐도 코카콜라라는 걸 알 수 있는 최고의 병 모양이에요.

1915년에 매니저였던 알렉산더 새뮤얼슨의 이름으로 특허출원한 이 특별한 형태의 병 모양은 원료 중 하나인 콜라 열매를 참고하려고 도서관을 찾은 루트 유리회사의 한 직원이 철자 C로 시작되는 코코아 열매 꼬투리를 콜라로 착각하는 바람에 만들어진 디자인이라는 설이 가장 유력합니다.

오호! 같은 병인 우리가 봐도
두근거리네 그려.
단지 병이 아니라 예술이여.

내 이름으로 등록되어
있다는 것만큼은 사실이죠.

코카콜라 컨투어 보틀이 오랫동안 장수하면서
지금까지 기본형을 유지하는 비결은
매력적이고 편리한 형태 때문이기도 하겠지만
대중들 사이에서 생겨난 다양한 속설들을
적절히 활용한 코카콜라 회사의 영리한 마케팅이
한몫을 하지 않았을까요?

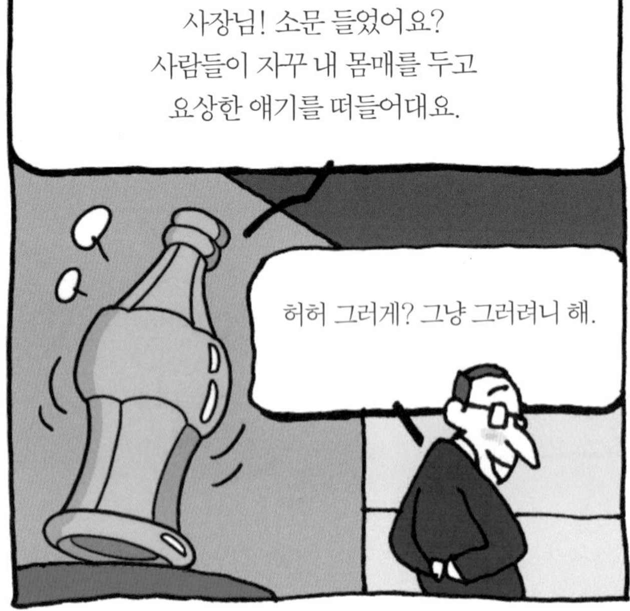

코카콜라,
산타클로스를 디자인하다

먼 옛날 소아시아 지방의 마음씨 착한 주교였던
성 니콜라스의 일화가 구전으로 내려오면서 탄생한 산타클로스는
1931년부터 아주 바빠졌습니다.
코카콜라가 자사의 제품을 추운 겨울철에도 많이 팔기 위해
본격적으로 광고에 등장시켰기 때문이죠.

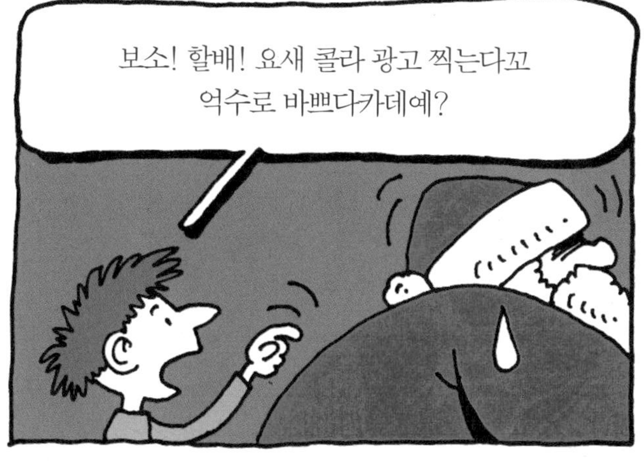

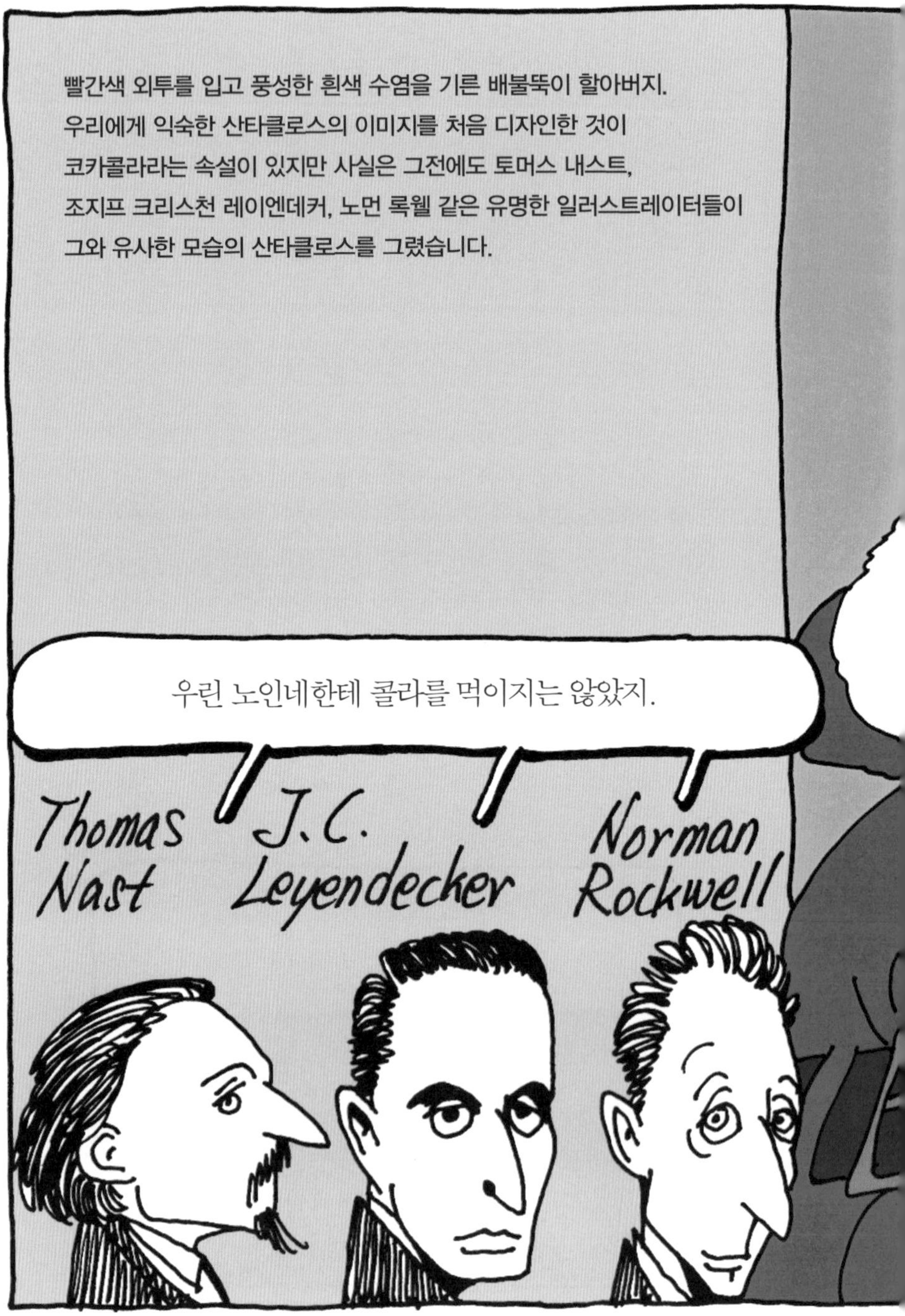

빨간색 외투를 입고 풍성한 흰색 수염을 기른 배불뚝이 할아버지.
우리에게 익숙한 산타클로스의 이미지를 처음 디자인한 것이
코카콜라라는 속설이 있지만 사실은 그전에도 토머스 내스트,
조지프 크리스천 레이엔데커, 노먼 록웰 같은 유명한 일러스트레이터들이
그와 유사한 모습의 산타클로스를 그렸습니다.

우린 노인네한테 콜라를 먹이지는 않았지.

Thomas Nast

J.C. Leyendecker

Norman Rockwell

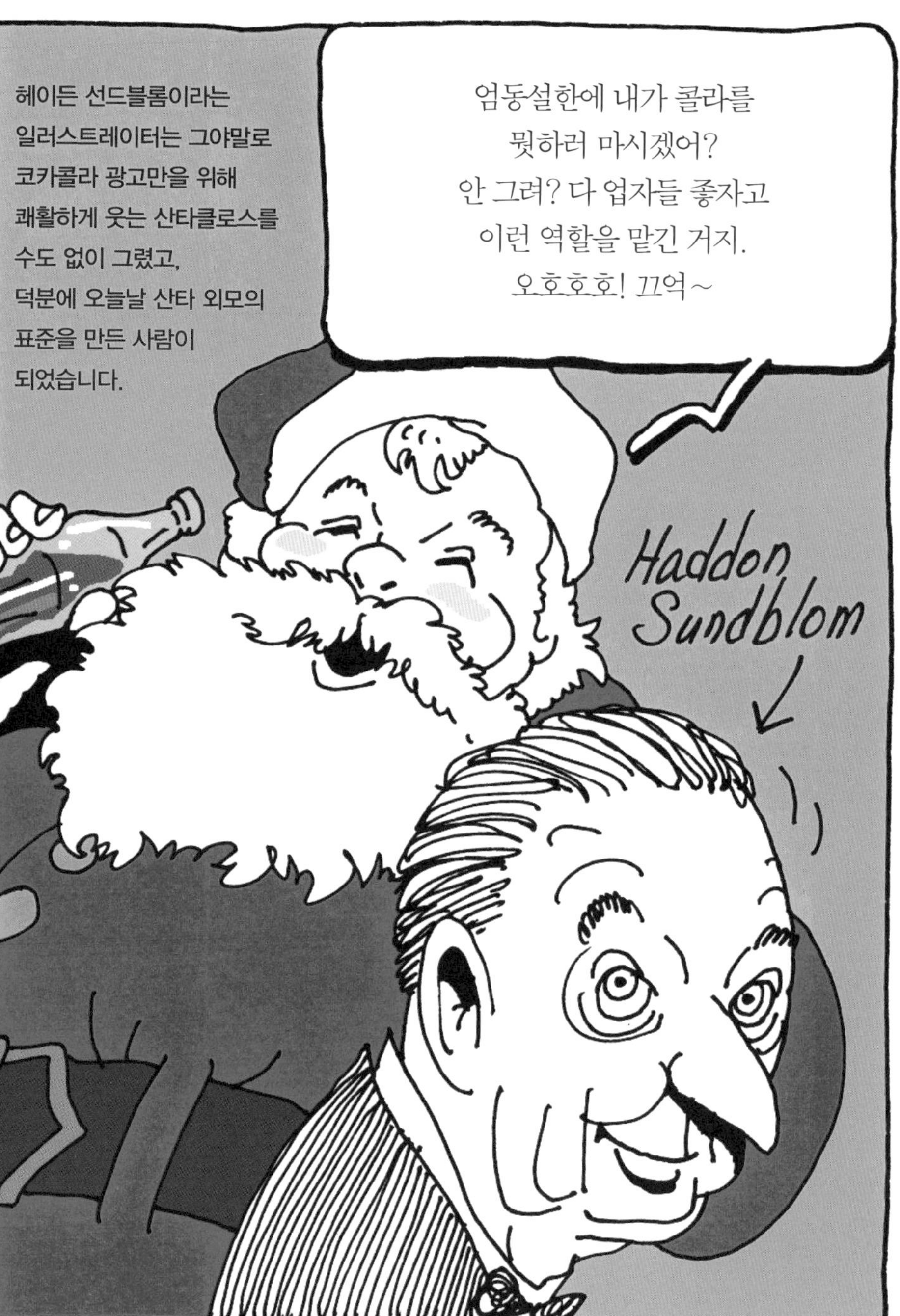
헤이든 선드블롬이라는
일러스트레이터는 그야말로
코카콜라 광고만을 위해
쾌활하게 웃는 산타클로스를
수도 없이 그렸고,
덕분에 오늘날 산타 외모의
표준을 만든 사람이
되었습니다.
엄동설한에 내가 콜라를
뭣하러 마시겠어?
안 그려? 다 업자들 좋자고
이런 역할을 맡긴 거지.
오호호호! ㄲ억~
Haddon
Sundblom

코카콜라는 확실한 광고 효과를 볼 수 있는
강렬한 이미지를 가졌지만 모델료를
지불할 필요가 없는 대상을 발굴해 재미를 보는
탁월한 재주를 가진 모양입니다.

아빠! 우리가 졸지에
광고 모델이 되어버렸는데,
우리한테도 초상권이 있지 않을까?

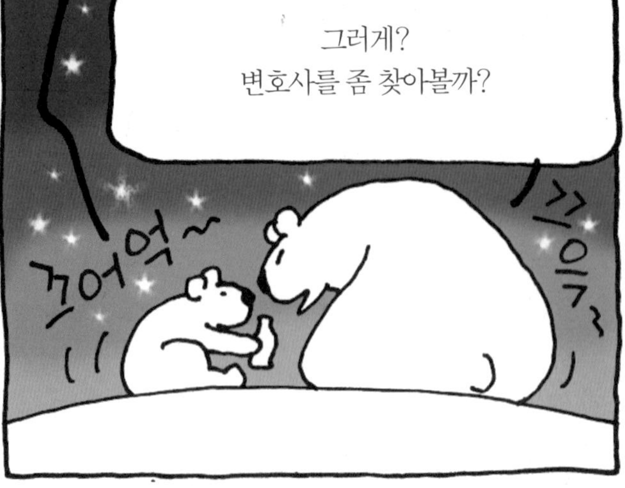

FASHION DESIGN

디자인으로 시대를 해방시키다

코코 샤넬,
구습에서 여성을 해방시키다

열두 살에 어머니를 잃고
아버지에게 버림받아 고아원에 맡겨진 한 아이는,
인류 역사에 길이 남을 전설적인 디자이너로 성장합니다.
그녀의 이름은 코코라는 별명을 가진
가브리엘 샤넬이죠.

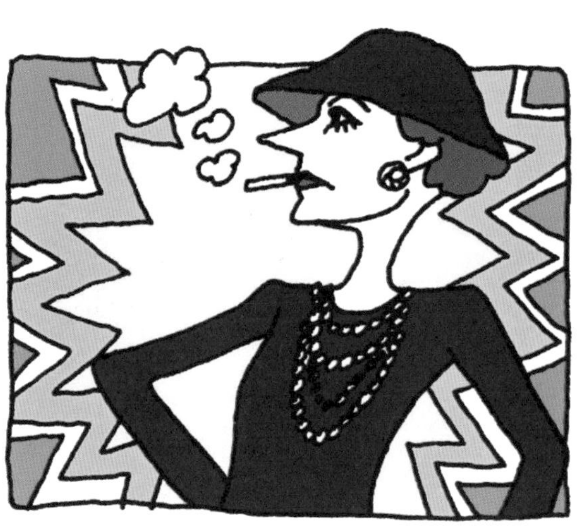

샤넬에 관해 말할 때 혹자들은 구습으로부터
여성을 해방시킨 '혁명가'라고 하기도 합니다.

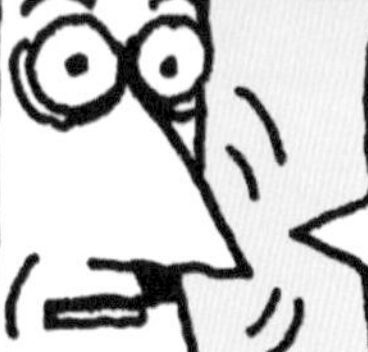

그녀는 여성 패션의
패러다임을 바꾸었죠.

여성들의 옷차림과 삶의 방식을
획기적으로 변화시켰다는 점에서 그녀는 확실히
혁명가라고 불릴 만합니다.

난 어찌 보면 당신보다
실생활에 더 유용한 혁명을
한 셈이라고.

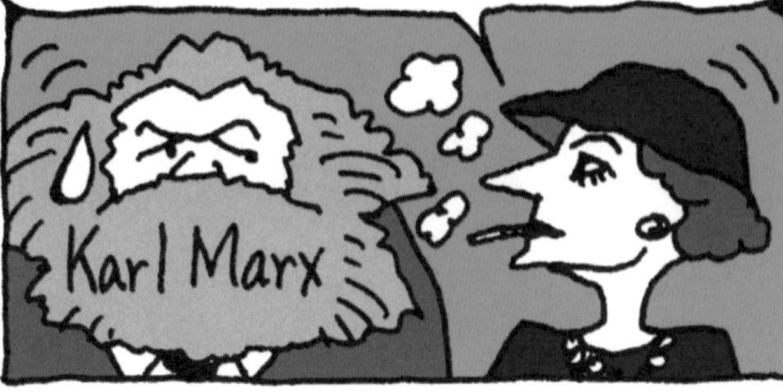

샤넬은
이전까지는
사회적인 관습과
통념에 따라

이건 옷이 아니라

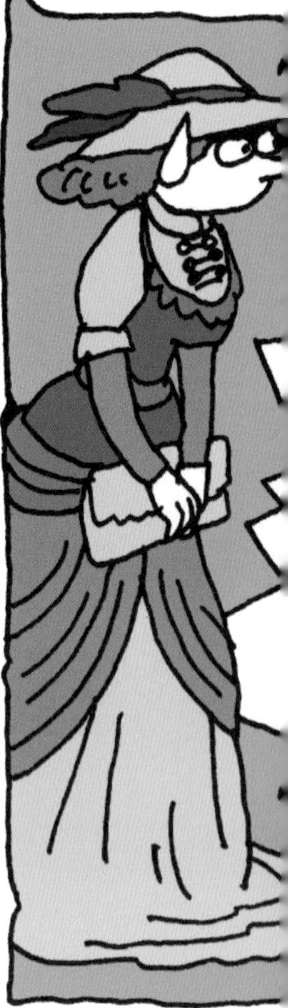

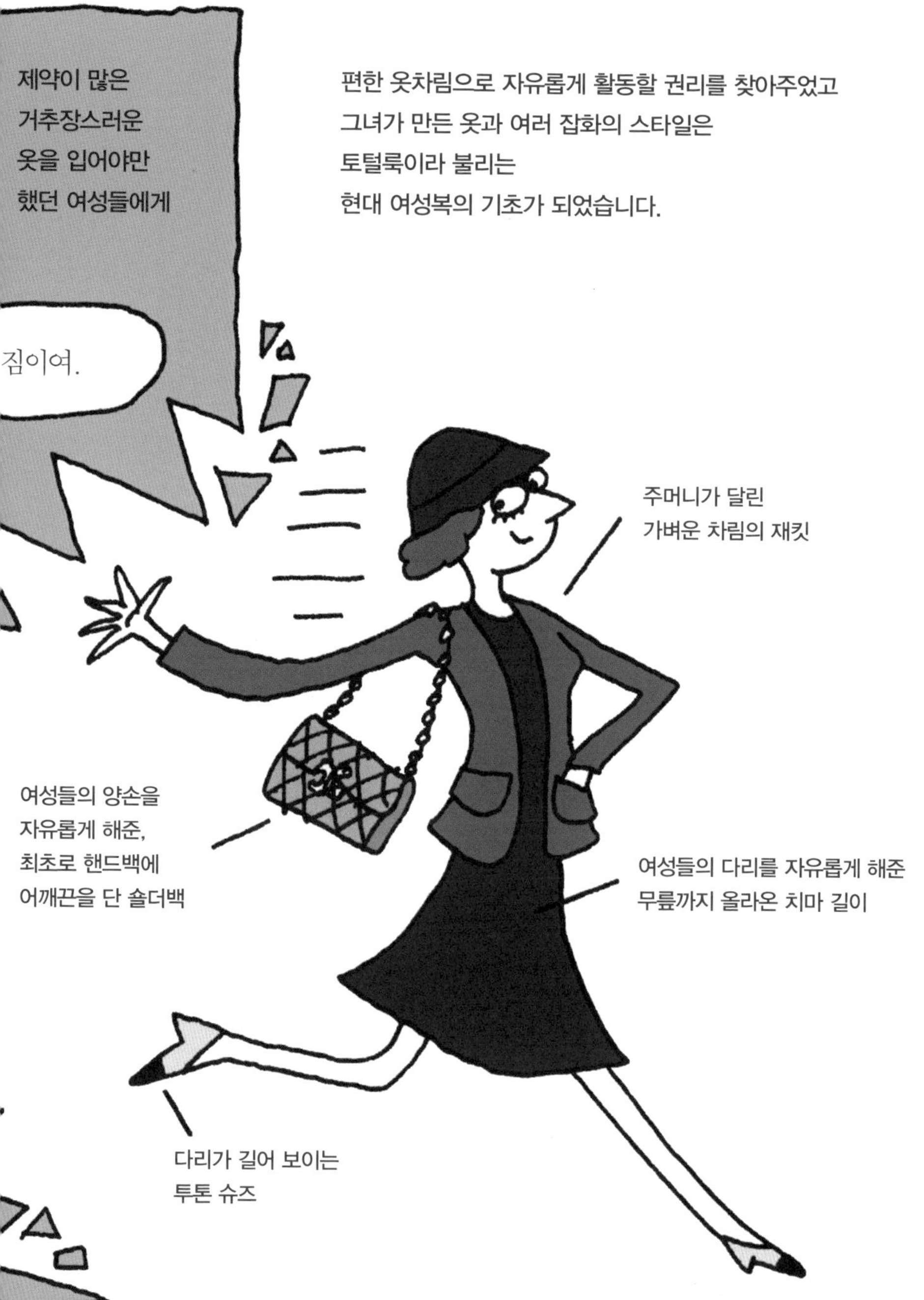
제약이 많은
거추장스러운
옷을 입어야만
했던 여성들에게
편한 옷차림으로 자유롭게 활동할 권리를 찾아주었고
그녀가 만든 옷과 여러 잡화의 스타일은
토털룩이라 불리는
현대 여성복의 기초가 되었습니다.
짐이여.
주머니가 달린
가벼운 차림의 재킷
여성들의 양손을
자유롭게 해준,
최초로 핸드백에
어깨끈을 단 숄더백
여성들의 다리를 자유롭게 해준
무릎까지 올라온 치마 길이
다리가 길어 보이는
투톤 슈즈

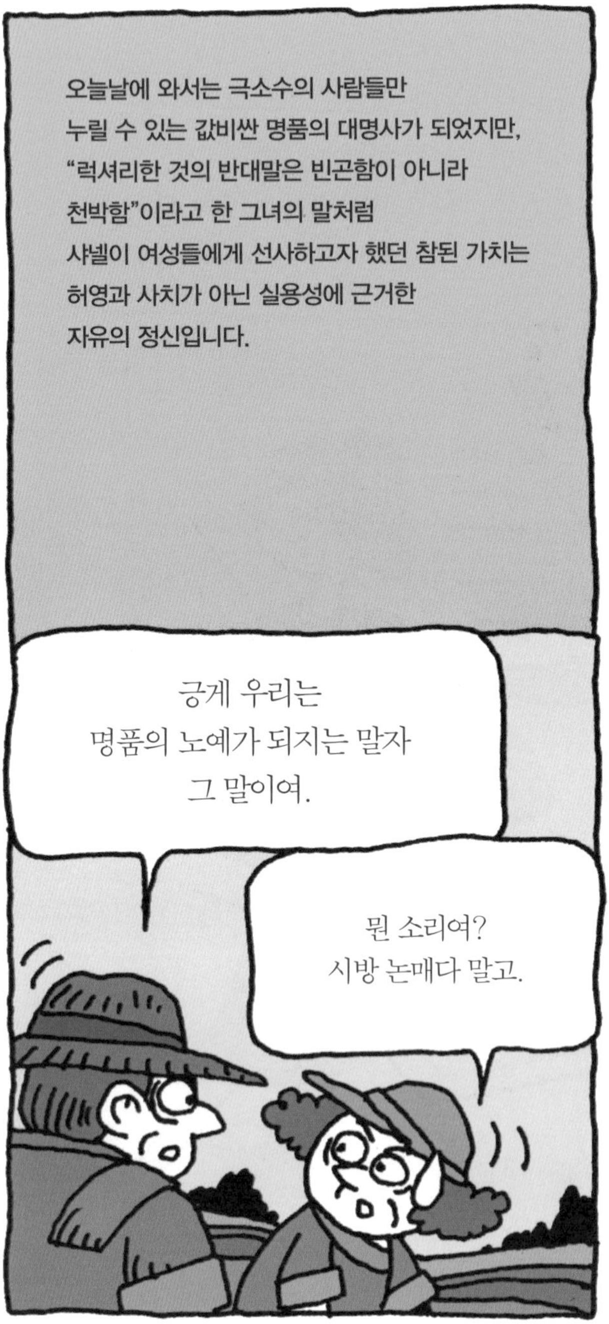

오늘날에 와서는 극소수의 사람들만
누릴 수 있는 값비싼 명품의 대명사가 되었지만,
"럭셔리한 것의 반대말은 빈곤함이 아니라
천박함"이라고 한 그녀의 말처럼
샤넬이 여성들에게 선사하고자 했던 참된 가치는
허영과 사치가 아닌 실용성에 근거한
자유의 정신입니다.

긍게 우리는
명품의 노예가 되지는 말자
그 말이여.

뭔 소리여?
시방 논매다 말고.

리틀 블랙 드레스

신데렐라는 마법사 노파로부터
화려한 드레스를 선물 받고 왕자의 눈길을 끌었지만,
현대 여성들에게 샤넬은
심플하고 우아한 LBD를 선물했습니다.

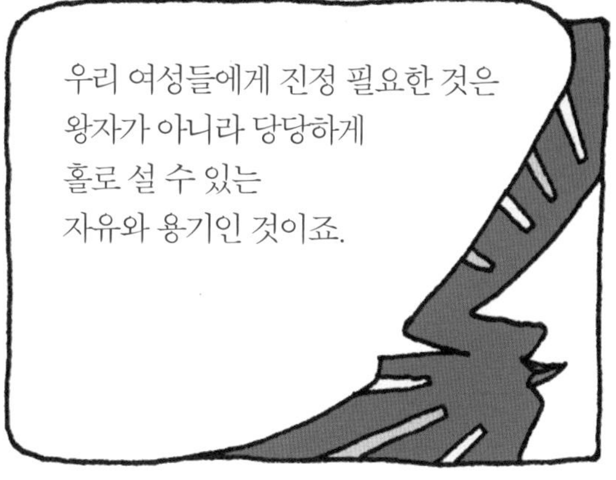

결혼식 같은 중요한 행사를 앞두고 센스 있는 여성들은
어떤 옷을 입을 것인지 고민이 많아집니다.

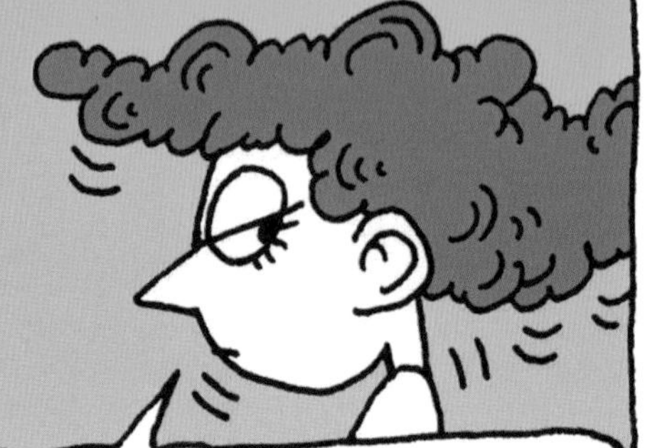

뭘 입어야 숙자 그 기집애보다
더 세련되고 우아해 보일까?

그런 고민을 오래 하는 여성일수록
이 옷 저 옷 입고 벗기를 반복하다가
"그래! 역시 이거야" 하면서 마지막에 선택하는 것이
바로 이름하여 LBD입니다.

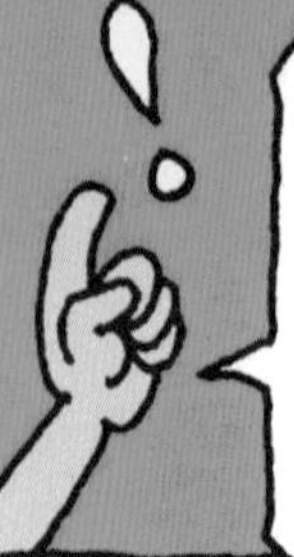

Little Black Dress의 약칭으로,
소박한 검은색 드레스를
일컫는 말로
사전에도 나와 있어요.

패션 감각을
발휘하고 싶은
전 세계 여성들로부터
가장 탁월한
기본 아이템이라
각광 받는
극도로
단순한 이 검은 드레스
역사는 1926년
가브리엘 코코 샤넬이
세상에 내놓으면서
시작되었고, 이후로
지금까지 많은
디자이너들에 의해
다양한 모습으로
제작되었습니다.

이제 공주 옷 벗고

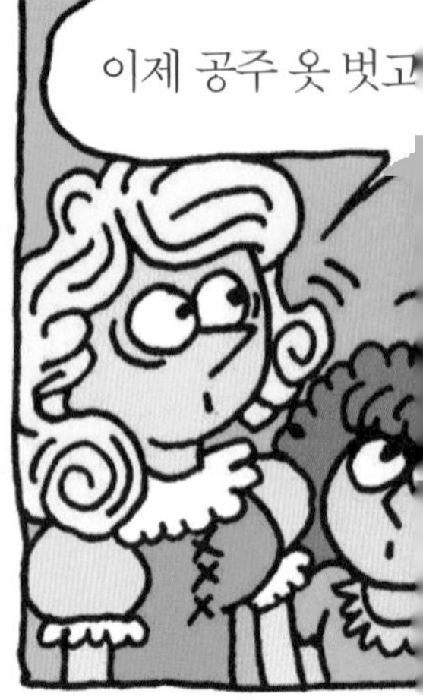

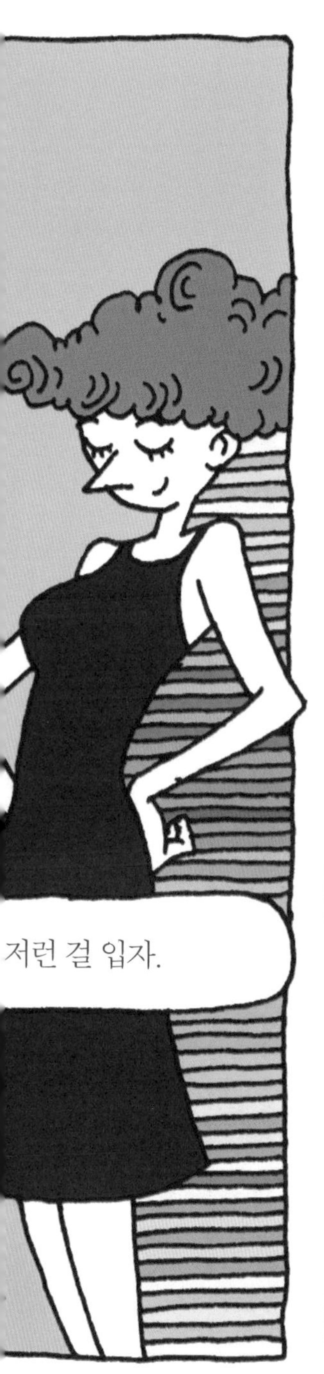

샤넬은 진취적인 실용주의자였습니다.
타고난 미모나 체형, 그리고 신분이나 계층에
상관없이 아름다움을 원하는 모든 여성들이
손쉽고 편안하게 맵시를 뽐낼 수 있도록 현란한
장식들을 걷어낸 혁신적인 드레스를 디자인했죠.
그리고 이 드레스의 소재로 당시에는
남성들의 속옷용으로만 쓰이던 저지 원단을
사용했습니다.

화려하지는 않지만
평범한 여성들에게 샤넬이 선사한 마법이었죠.

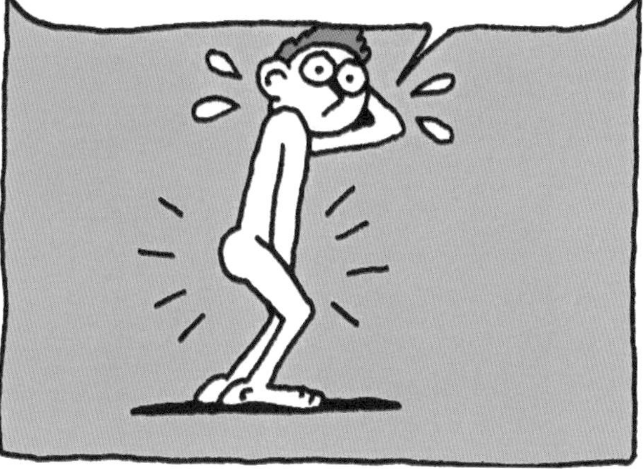

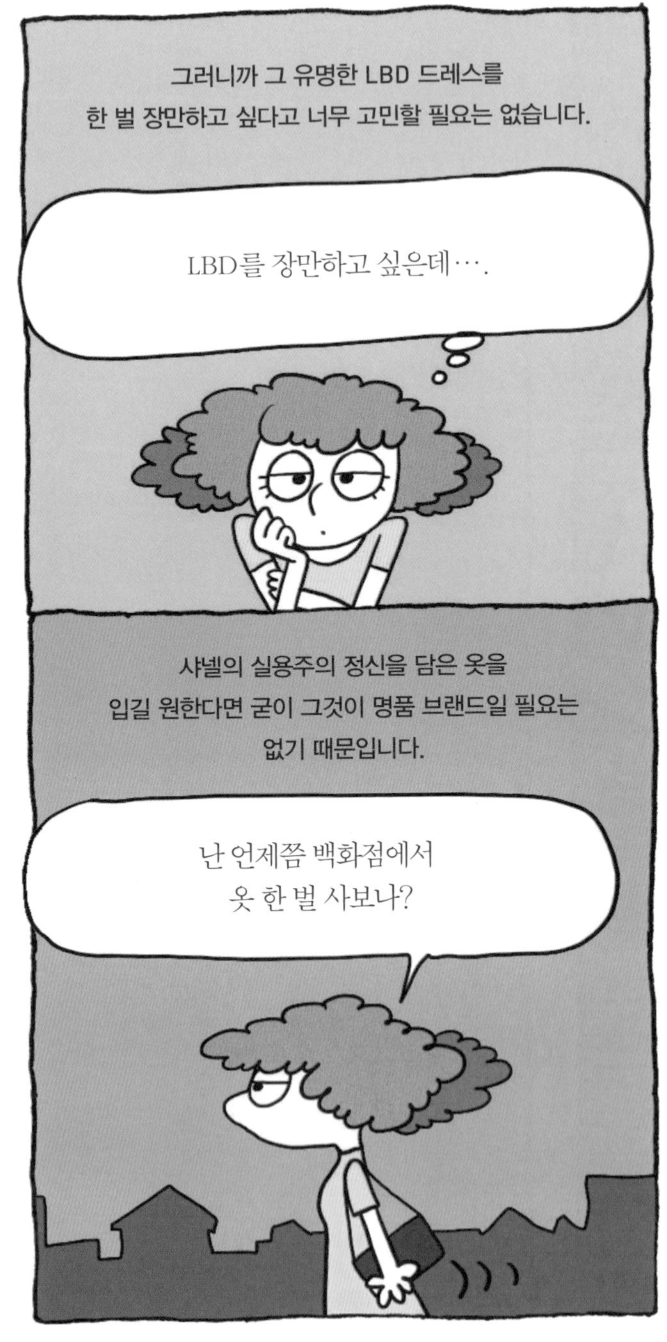
그러니까 그 유명한 LBD 드레스를
한 벌 장만하고 싶다고 너무 고민할 필요는 없습니다.
LBD를 장만하고 싶은데….
샤넬의 실용주의 정신을 담은 옷을
입길 원한다면 굳이 그것이 명품 브랜드일 필요는
없기 때문입니다.
난 언제쯤 백화점에서
옷 한 벌 사보나?

샤넬의 모더니즘,
No.5에 디자인되다

1920년 가브리엘 코코 샤넬로부터 세상에서 가장 독특하면서 우아한 향수를 개발해달라는 특명을 받은 조향사 어네스트 보우는 심혈을 기울여 만든 샘플 열 개를 두 번에 걸쳐 샤넬에게 전달하였고, 향들을 맡아 본 샤넬은 그중 다섯 번째 것을 선택하였습니다. 그렇게 탄생한 것이 오늘날에도 30초당 한 개씩 팔린다는 전설의 향수, No.5입니다.

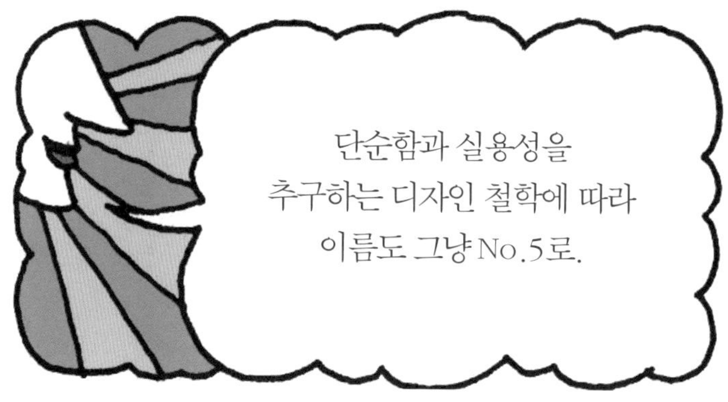

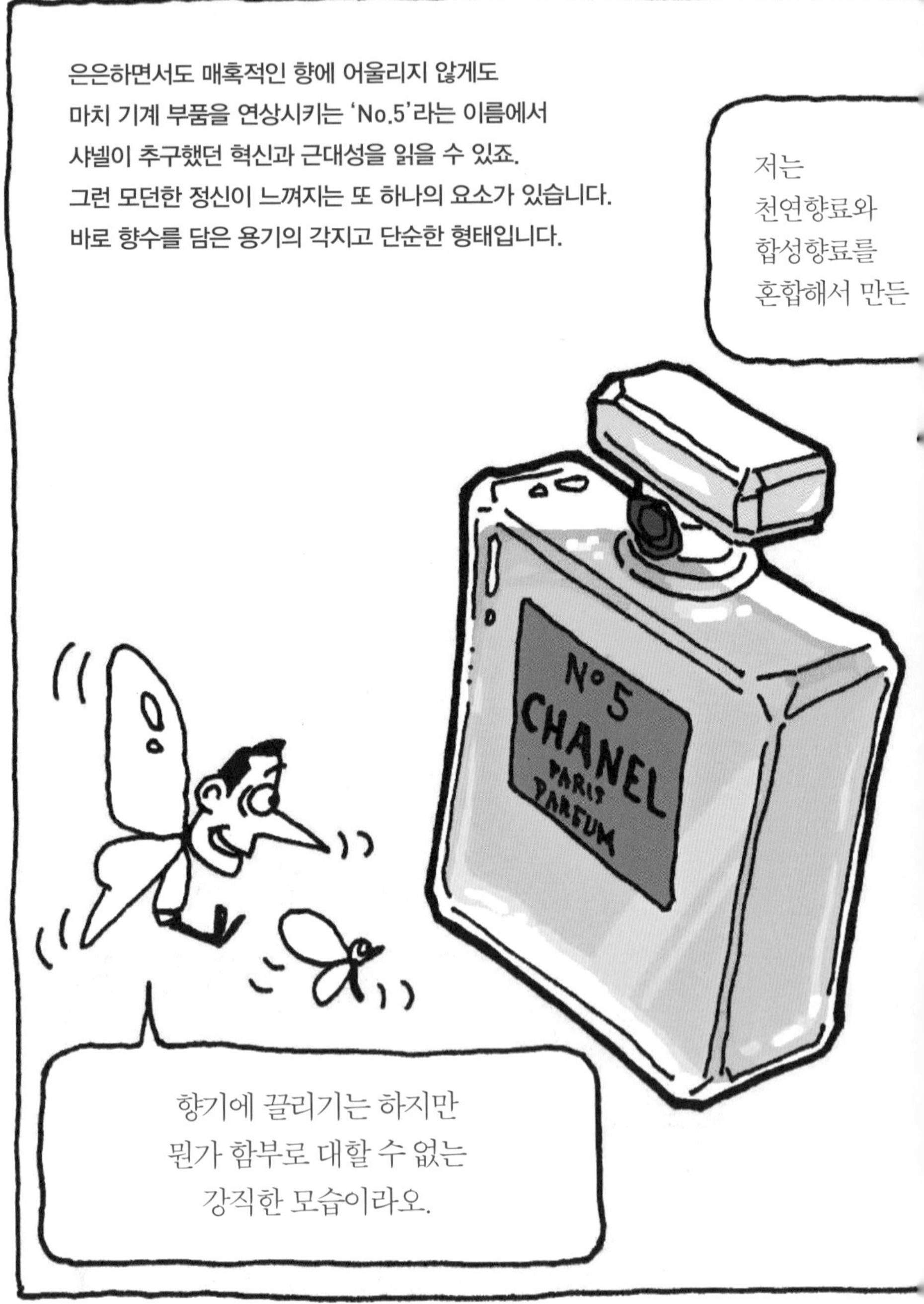
은은하면서도 매혹적인 향에 어울리지 않게도
마치 기계 부품을 연상시키는 'No.5'라는 이름에서
샤넬이 추구했던 혁신과 근대성을 읽을 수 있죠.
그런 모던한 정신이 느껴지는 또 하나의 요소가 있습니다.
바로 향수를 담은 용기의 각지고 단순한 형태입니다.
저는
천연향료와
합성향료를
혼합해서 만든
N°5
CHANEL
PARIS
PARFUM
향기에 끌리기는 하지만
뭔가 함부로 대할 수 없는
강직한 모습이라오.

최초의 향수라서
독특한 향이
전보다 훨씬 오래
지속되죠.

시대를 앞서가는 혁신적인 디자인을 위해 항상 불필요한 장식들을 과감하게 제거하는 방법을 택했던 샤넬의 생각이 고스란히 반영된 No.5, 그 심플한 외관은 지금 시중에 출시되는 제품들과 비교해도 세련미에서 결코 뒤지지 않습니다.

그리고 No.5의 역사에서 빼놓을 수 없는 유명한 일화. 1954년, 당대 최고의 섹스 심벌이었던 마릴린 먼로에게 어떤 짓궂은 기자가 음흉한 질문을 던졌죠.

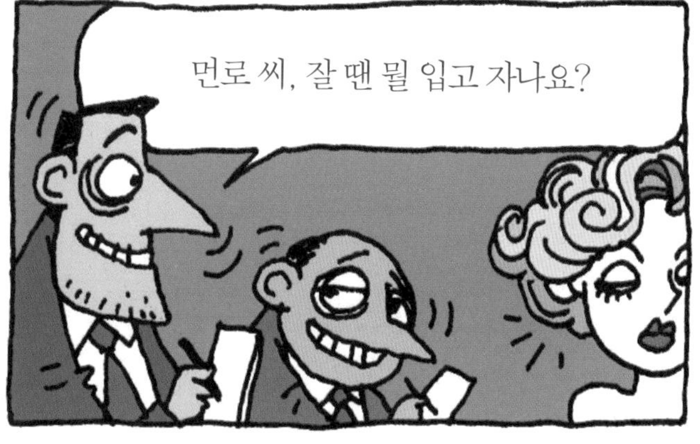

먼로는 한술 더 떠서 질문한 사람의 심장을 벌렁거리게 만드는 대답을 하였습니다.

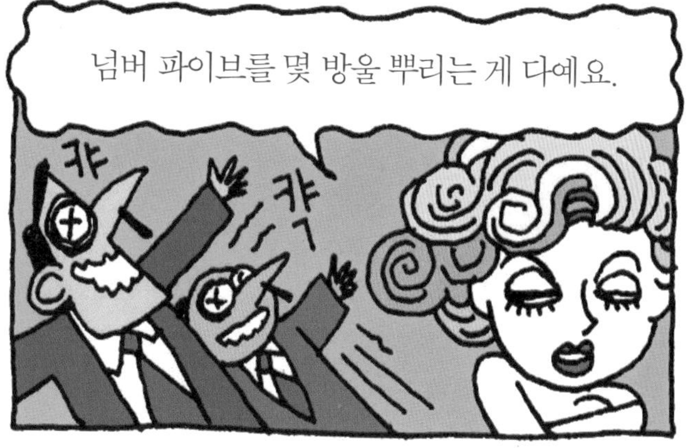

하나의 제품이 숱한 화제를 낳으면서
전설이 되는 것은
단지 많이 팔렸기 때문만은 아닙니다.

No.5는 샤넬이 이룩하고자 했던
독창적인 여성상의 산물인 셈이죠.
No.5는 그 이름과 모양으로,
또 오래 지속되는 향을 발하면서 언제까지나
우리의 눈과 코를 자극할 것입니다.

흠, 소주와 삼겹살 냄새 뒤에
그윽하게 숨은 이 향기의 정체가 뭐지?

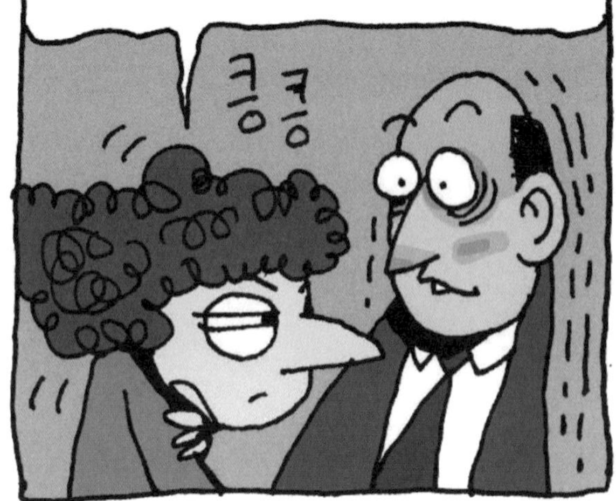

리바이스,
광부들을 위해 옷에 못 박다

골드러시가 한창일 무렵
천막용 직물로 작업복을 만들어 팔던 리바이 스트라우스의 사무실로
한 통의 편지가 배달됩니다. 맞춤법이 엉망인 편지를,
직원들은 모두 비웃었지만 리바이 스트라우스만은
그 우스꽝스러운 문장에 담긴 획기적인 아이디어가 가져다줄
리바이스 진의 미래를 읽고 있었습니다.

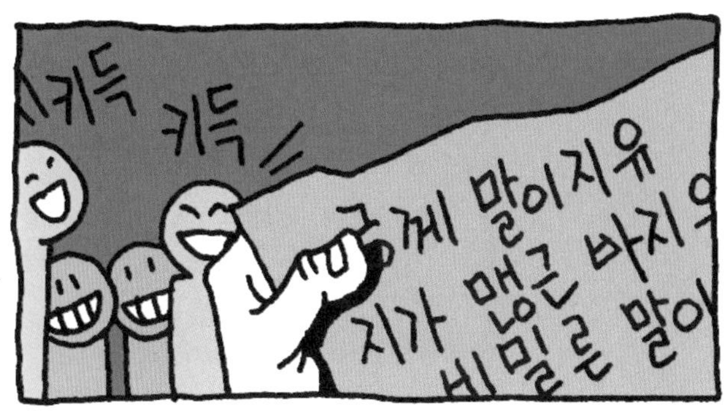

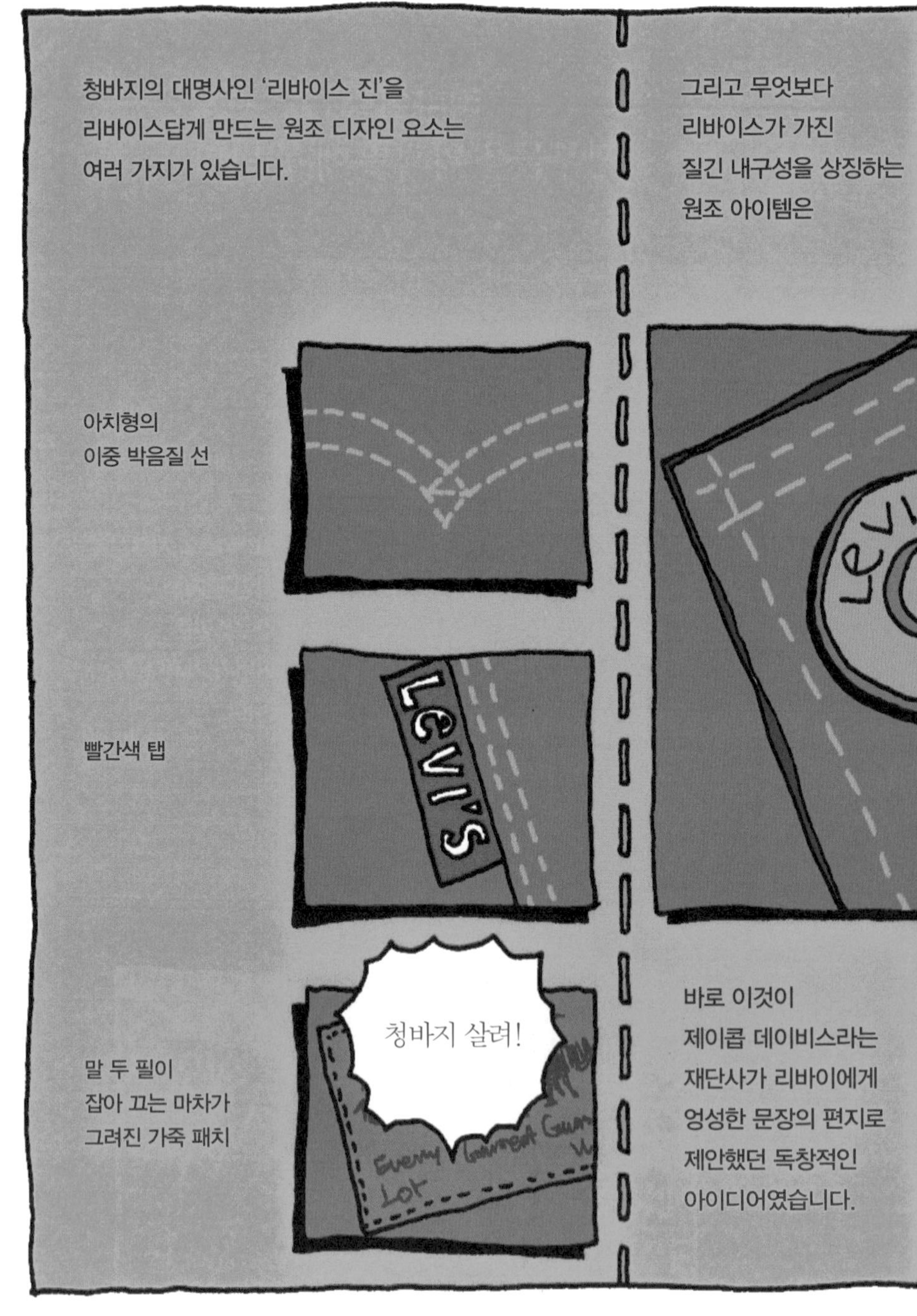
청바지의 대명사인 '리바이스 진'을
리바이스답게 만드는 원조 디자인 요소는
여러 가지가 있습니다.
아치형의
이중 박음질 선
빨간색 탭
LEVI'S
말 두 필이
잡아 끄는 마차가
그려진 가죽 패치
청바지 살려!
그리고 무엇보다
리바이스가 가진
질긴 내구성을 상징하는
원조 아이템은
바로 이것이
제이콥 데이비스라는
재단사가 리바이에게
엉성한 문장의 편지로
제안했던 독창적인
아이디어였습니다.

주머니
모서리마다
박아놓은
금속 리벳입니다.

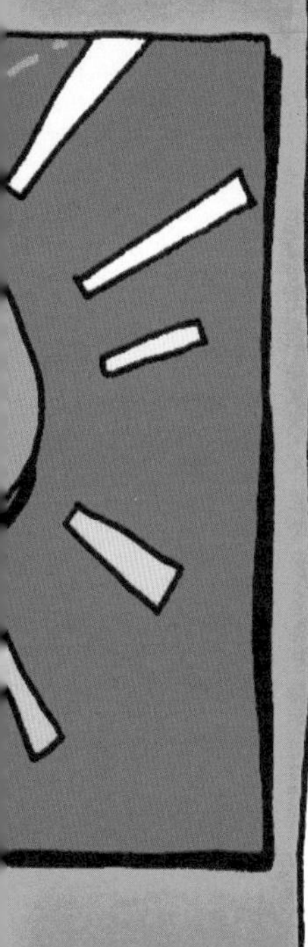

진의 소재로 사용하는 직물은
프랑스의 드 님이라는 지방에서 들여 온 천으로
꽤 질겼습니다. 그런데도 광부들이 망치나
끌 같은 연장을 넣는 주머니 부분은
취약할 수밖에 없었는데,
제이컵은 과감하게도 그 부분을
실이 아닌 리벳으로 고정시키자고 제안한 것입니다.

옷에다가 못을 박을 생각을 해내다니,
세상에 이다지도 무식하면서도 보석 같은
아이디어가 또 있을까?

Levi
Strauss →

1873년 리바이 스트라우스는 제이콥이 원했던 대로
그 아이디어의 특허 신청 비용 68달러를 대신 지불해주고
리벳을 박은 진을 팔기 시작했고,

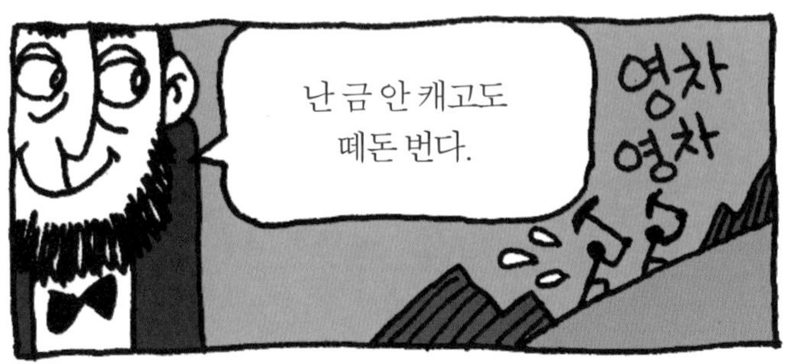

제이콥은 이후로도 계속 공장에서
리벳을 박았다고 합니다.
(믿거나 말거나!)

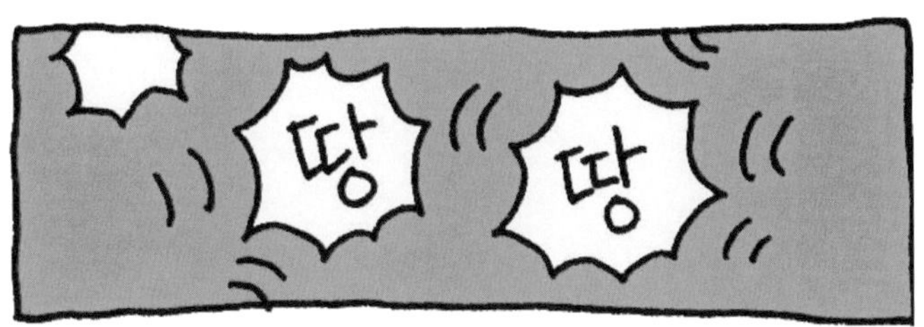

그리고 오리지널 리베티드의 명성은
아직도 질기게 계속되고 있죠.

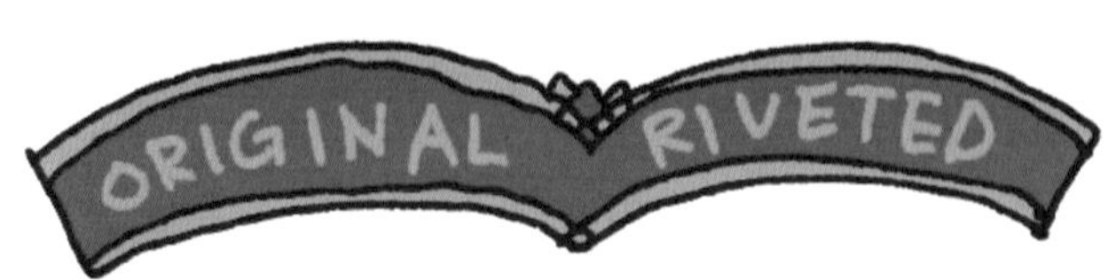

청바지에 디자인된 저항 정신

하나의 상품이 세대와 공간을 초월해서 계속 공감을 얻는다면
그것은 전설이라고 불러도 무방할 것입니다.
그런데 그런 전설이 되기 위해 필요한 것은
단지 우수한 품질이나 뛰어난 내구성이 다일까요?

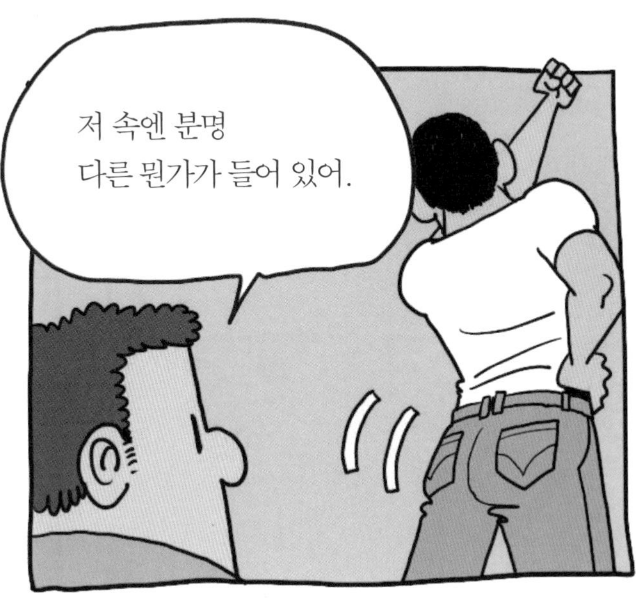

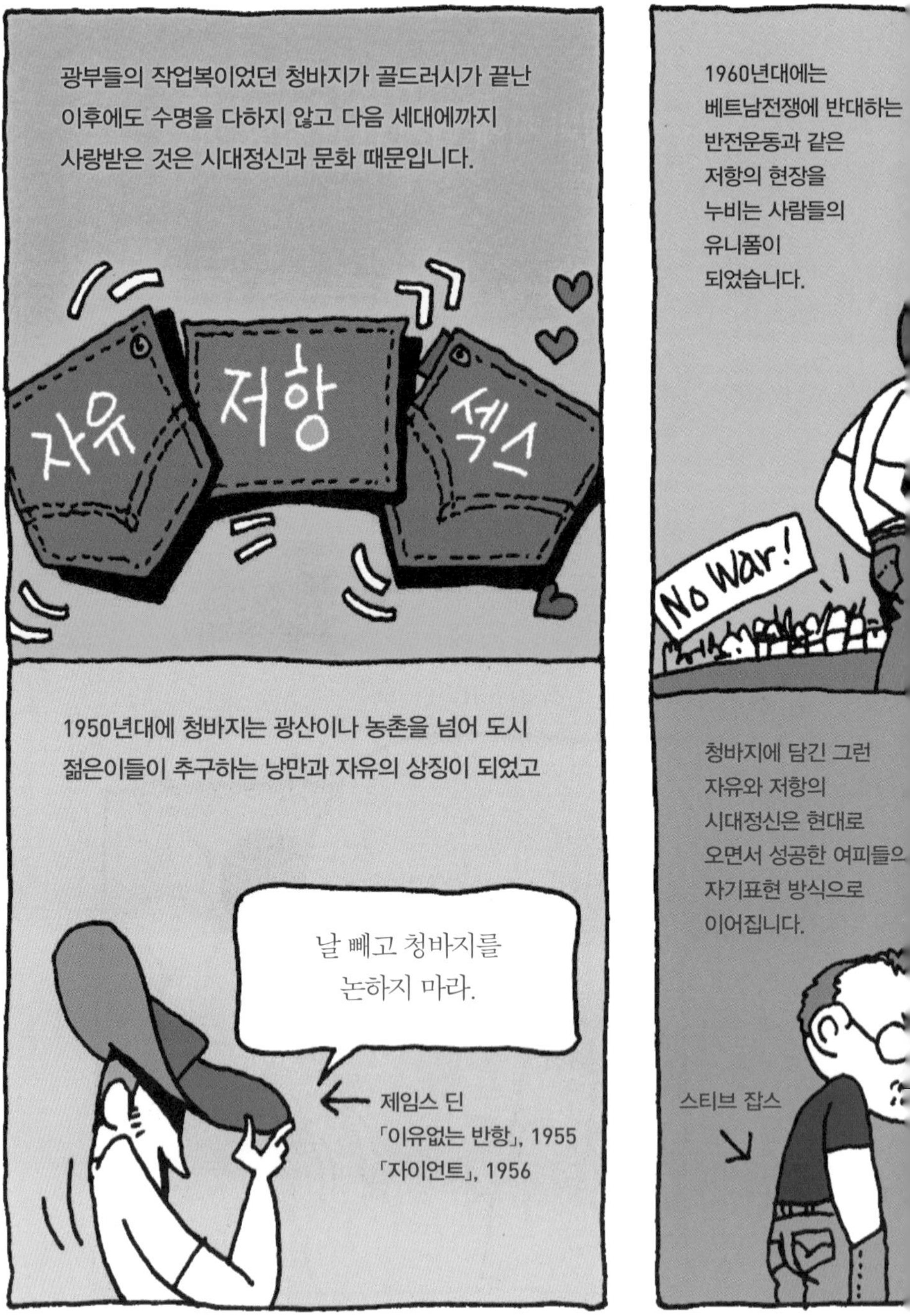

광부들의 작업복이었던 청바지가 골드러시가 끝난 이후에도 수명을 다하지 않고 다음 세대에까지 사랑받은 것은 시대정신과 문화 때문입니다.

자유 저항 섹스

1950년대에 청바지는 광산이나 농촌을 넘어 도시 젊은이들이 추구하는 낭만과 자유의 상징이 되었고

날 빼고 청바지를
논하지 마라.

제임스 딘
「이유없는 반항」, 1955
「자이언트」, 1956

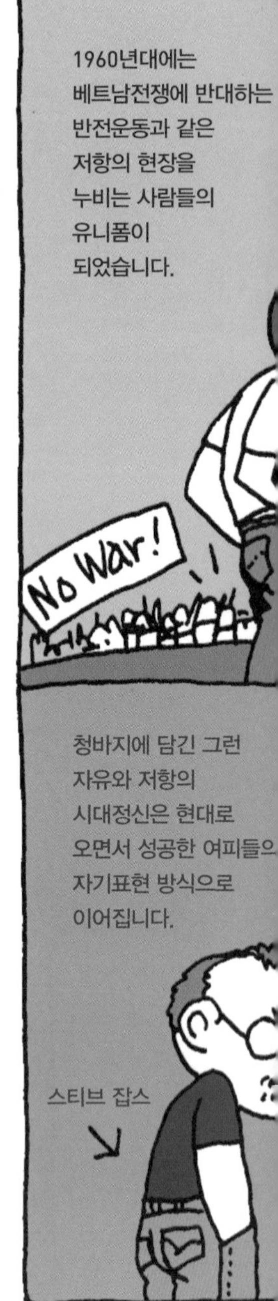

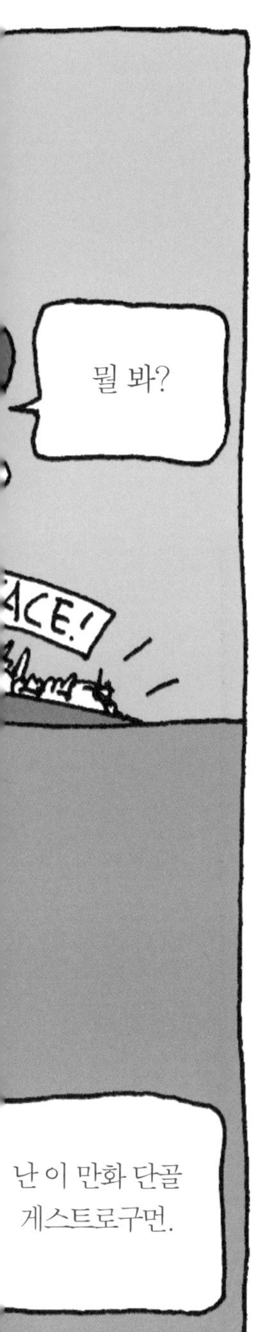

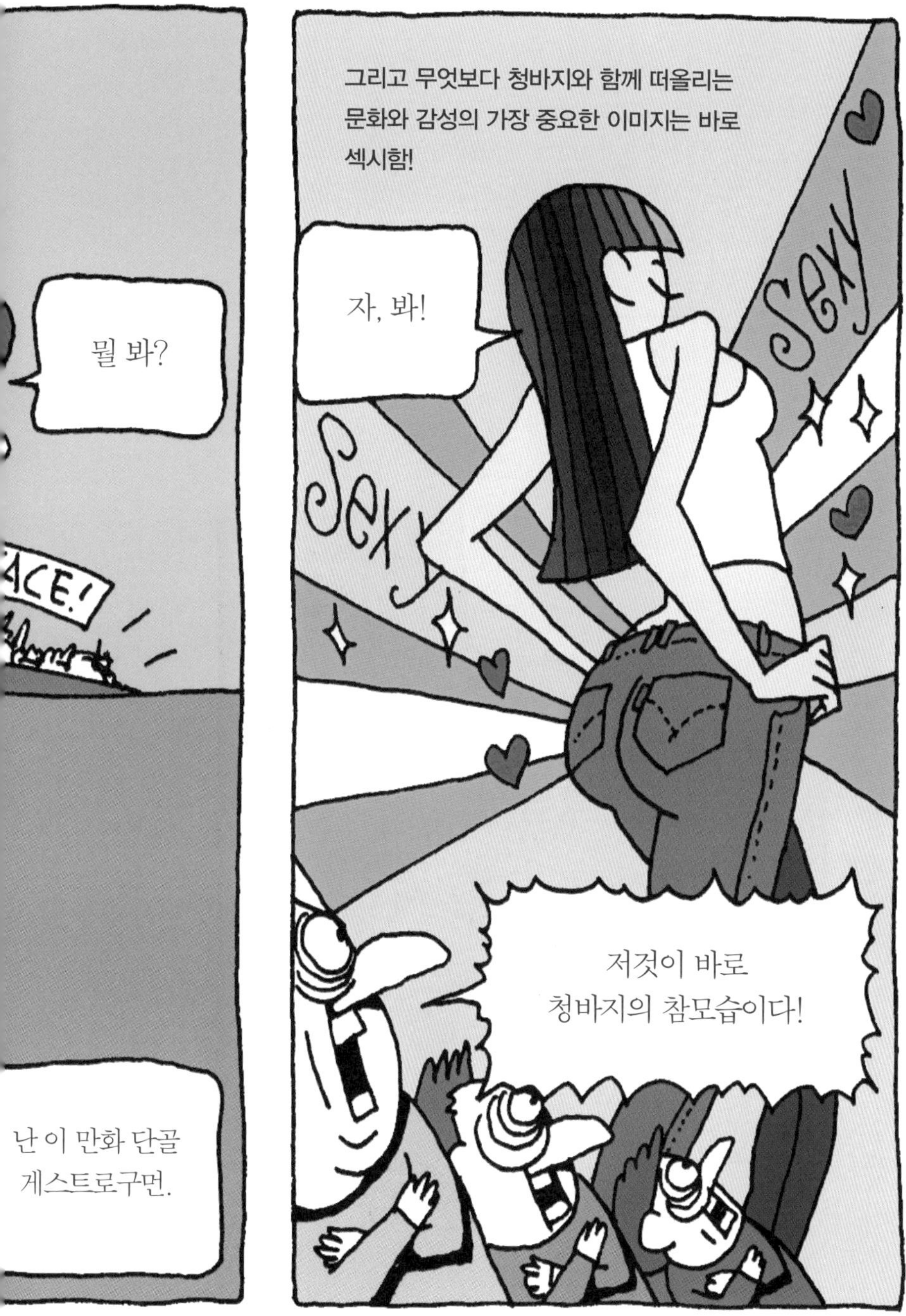

그리고 무엇보다 청바지와 함께 떠올리는 문화와 감성의 가장 중요한 이미지는 바로 섹시함!

자, 봐!

Sexy

Sexy

저것이 바로
청바지의 참모습이다!

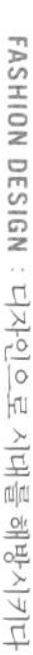

일꾼을 위한 옷이라는 본래의 목적은 사라진 지 오래되었지만
새로운 시대정신과 문화를 담아내는 데 성공한 상품이기에
지금도 수많은 사람들이 불편을 감수하면서까지
그 문화의 그릇 속에 자신의 몸을 구겨 넣으려 애쓰고 있습니다.

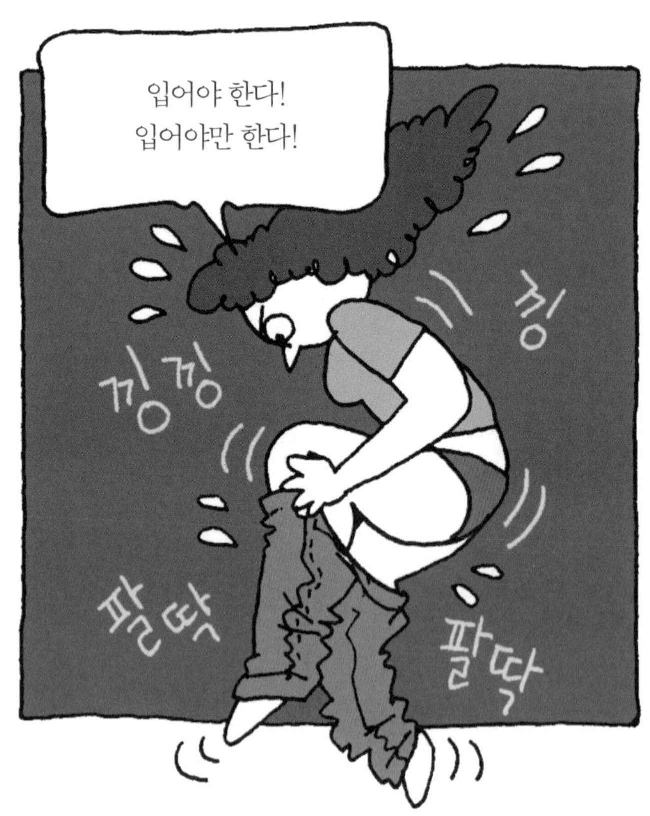

DESIGNER

틀 밖으로 나간 디자이너들

새로운 시대정신의 시작 : 바우하우스

지금도 회자되는 기념비적인 디자인 학교,
바우하우스는 1919년
독일 바이마르에 세워졌습니다.

바우하우스의 재미있는 점은
독일의 첫 시민 민주주의 국가 형태로
1919년에 첫발을 디뎠던 바이마르공화국과 그 역사가
매우 닮은꼴이라는 점입니다.

새로 생긴 학교는 문화 예술 면에서,
공화국은 정치 사회적으로,
폼 나는 민주주의의 이상을 추구했습니다.

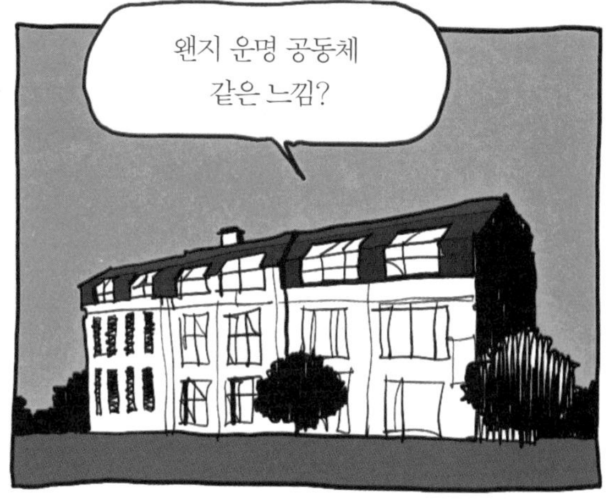

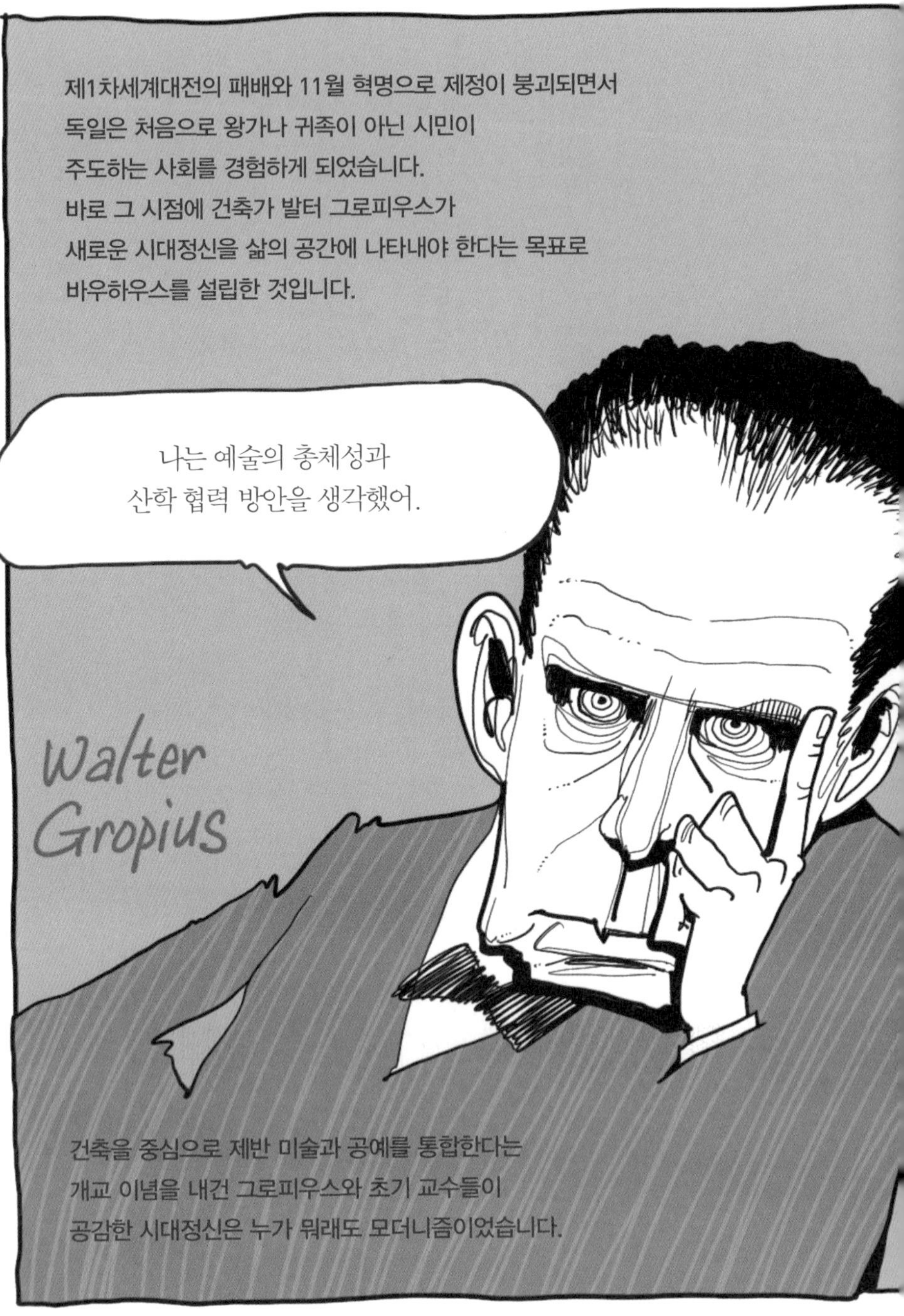

제1차세계대전의 패배와 11월 혁명으로 제정이 붕괴되면서
독일은 처음으로 왕가나 귀족이 아닌 시민이
주도하는 사회를 경험하게 되었습니다.
바로 그 시점에 건축가 발터 그로피우스가
새로운 시대정신을 삶의 공간에 나타내야 한다는 목표로
바우하우스를 설립한 것입니다.

나는 예술의 총체성과
산학 협력 방안을 생각했어.

Walter
Gropius

건축을 중심으로 제반 미술과 공예를 통합한다는
개교 이념을 내건 그로피우스와 초기 교수들이
공감한 시대정신은 누가 뭐래도 모더니즘이었습니다.

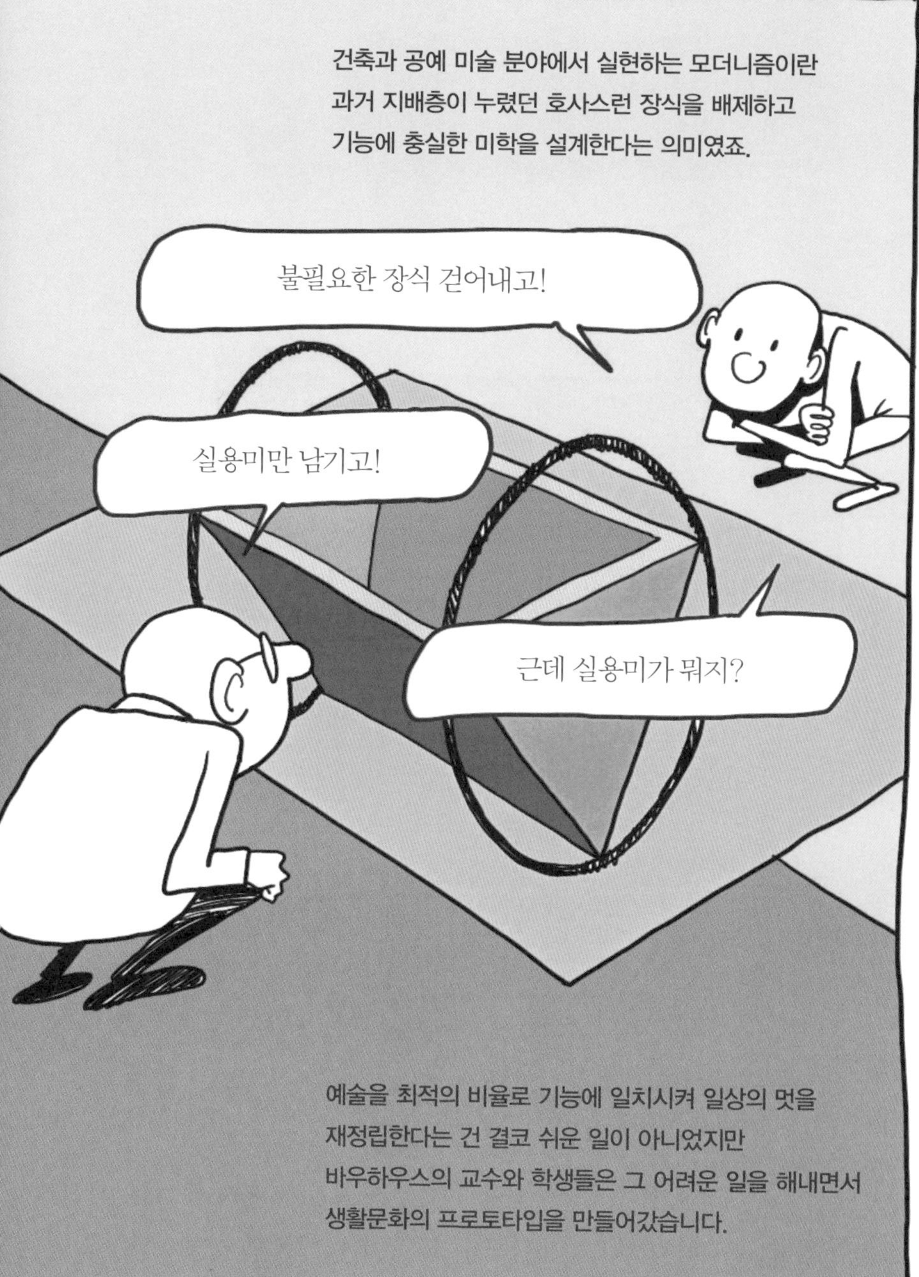
건축과 공예 미술 분야에서 실현하는 모더니즘이란
과거 지배층이 누렸던 호사스런 장식을 배제하고
기능에 충실한 미학을 설계한다는 의미였죠.
불필요한 장식 걷어내고!
실용미만 남기고!
근데 실용미가 뭐지?
예술을 최적의 비율로 기능에 일치시켜 일상의 멋을
재정립한다는 건 결코 쉬운 일이 아니었지만
바우하우스의 교수와 학생들은 그 어려운 일을 해내면서
생활문화의 프로토타입을 만들어갔습니다.

바이마르공화국은 나치에 의해 14년의 짧은 역사를 마감합니다.
바우하우스 역시 마찬가지였습니다.
이상을 실현하기엔 주어진 시간이 너무 짧았죠.
바이마르공화국처럼 바우하우스도 나치의 탄압으로
12년의 짧은 역사를 뒤로하고 폐교되고 맙니다.

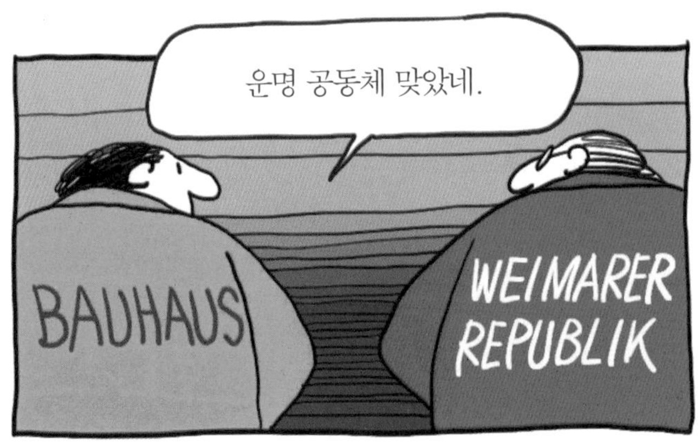

하지만 그들이 꿈꾼 이상과
그들이 행한 실험의 기록들은 디자인사에
깊이 각인되었습니다.

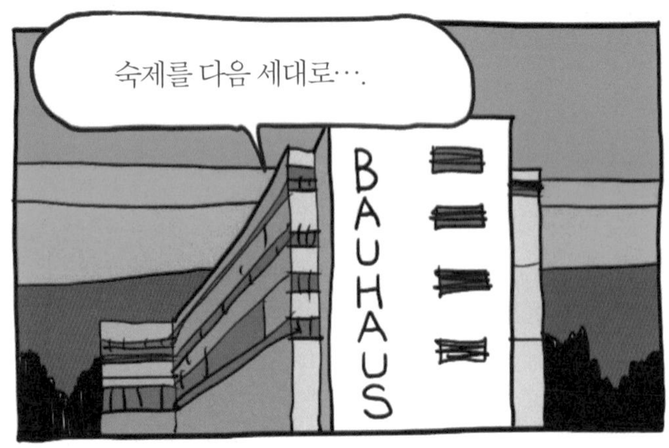

새로운 시대정신의 시작 : 바우하우스 2

파울 클레, 바실리 칸딘스키, 피에트 몬드리안 등
당대의 거물급 예술가들이 교수진으로 동참한
바우하우스는 그야말로 꿈의 학교였습니다.
그곳에서 교수와 학생들은 위아래를
따지지 않고 어울리며
예술과 산업의 융합을 연구하고 실천해나갔죠.

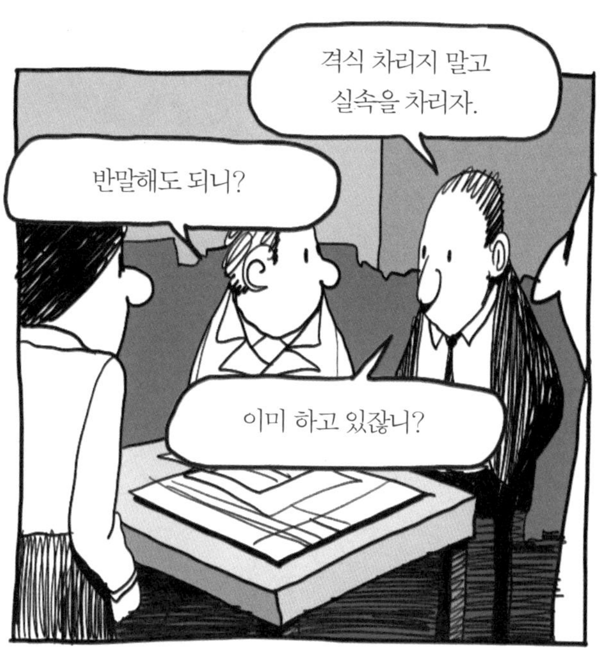

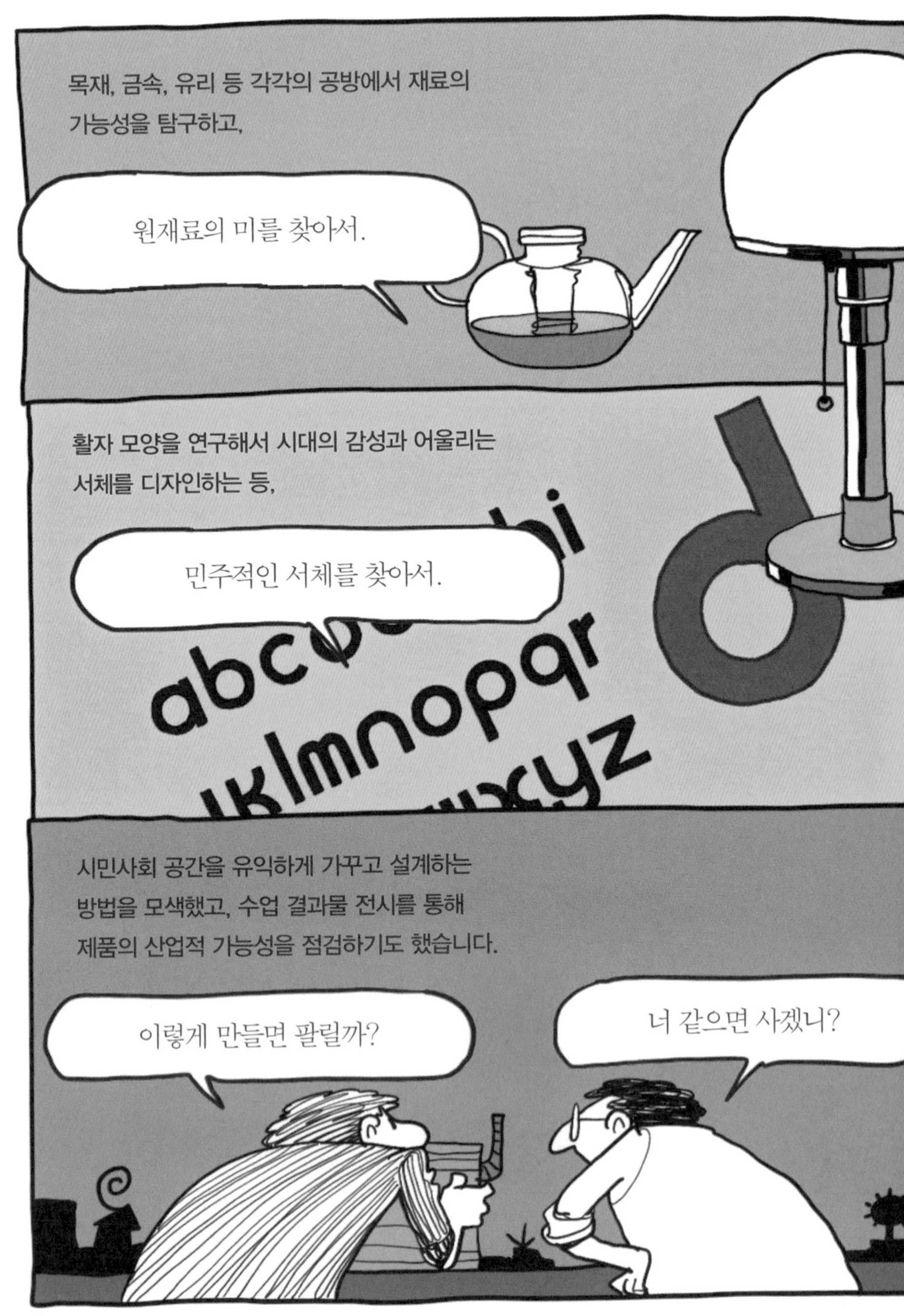
목재, 금속, 유리 등 각각의 공방에서 재료의
가능성을 탐구하고,
원재료의 미를 찾아서.
활자 모양을 연구해서 시대의 감성과 어울리는
서체를 디자인하는 등,
민주적인 서체를 찾아서.
시민사회 공간을 유익하게 가꾸고 설계하는
방법을 모색했고, 수업 결과물 전시를 통해
제품의 산업적 가능성을 점검하기도 했습니다.
이렇게 만들면 팔릴까?
너 같으면 사겠니?

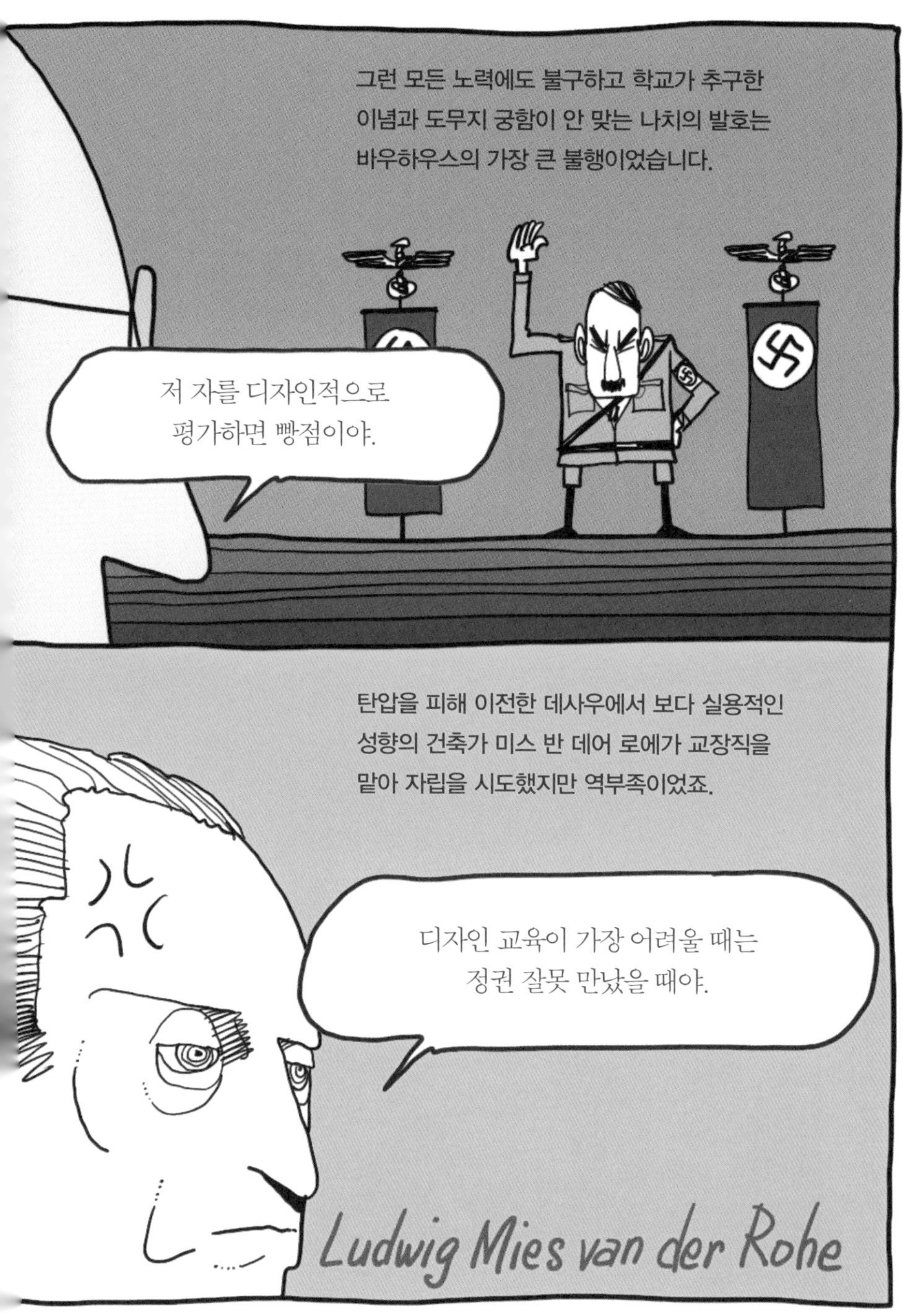
그런 모든 노력에도 불구하고 학교가 추구한
이념과 도무지 궁합이 안 맞는 나치의 발호는
바우하우스의 가장 큰 불행이었습니다.
저 자를 디자인적으로
평가하면 빵점이야.
탄압을 피해 이전한 데사우에서 보다 실용적인
성향의 건축가 미스 반 데어 로에가 교장직을
맡아 자립을 시도했지만 역부족이었죠.
디자인 교육이 가장 어려울 때는
정권 잘못 만났을 때야.
Ludwig Mies van der Rohe

1933년, 바우하우스는 결국 문을 닫습니다.
흩어진 스타급 교수들을 불러 모은 곳은
미국의 대학들이었죠.

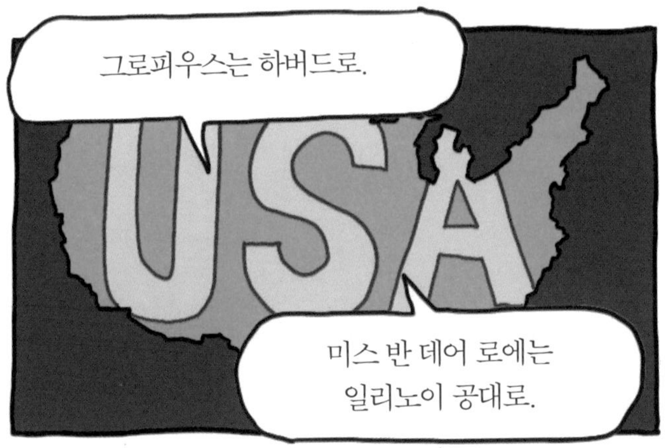

오늘날 독일 튀링겐주 바이마르에서
바우하우스의 흔적을 찾아가려면
여러 번 물어물어 찾아야 할 정도로 어렵습니다.
현대의 독일인에게 바우하우스는 괴테와 쉴러보다 낯설고
이케아보다 훨씬 생소한 존재이기 때문입니다.

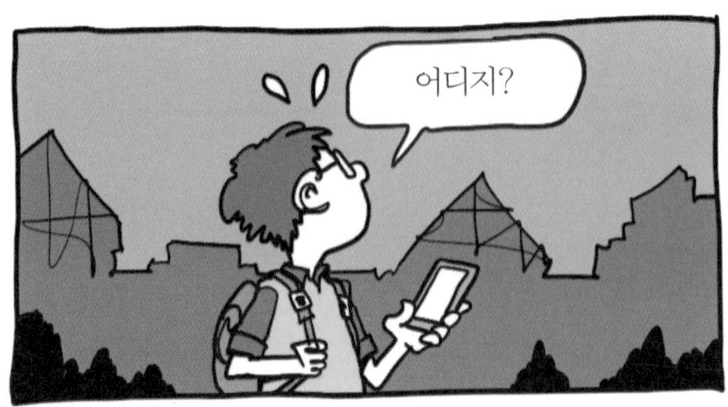

데이비드 카슨
: 자유로운 직관으로 만든 파격

중학교 사회 과목 교사였으며, 파도타기 세계 랭킹 8위였던
한 남자가 뒤늦게 그래픽디자인 분야에 뛰어들었습니다.
제도권 교육과정을 밟지 않고 혼자 디자인을 익힌 그는
10년 만에 정상급 디자이너가 되었죠.

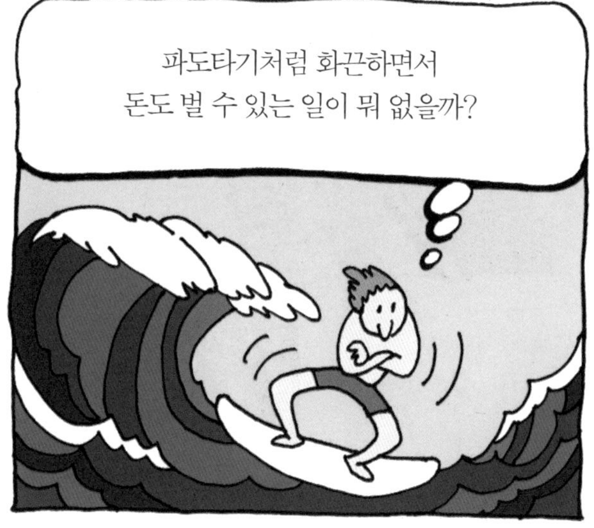

1956년 미국 텍사스에서 태어나
대학에서 사회학을 전공한 데이비드 카슨은 학생들에게
사회 과목을 가르치던 자신의 진로를 확 틀어버렸습니다.
1900년대 후반부터 디자인계에 혜성처럼 나타난 그는
활자는 명확하고 쉽게 읽을 수 있어야 한다는
편집디자인의 대전제를 깡그리 무시하면서
독보적이고 참신한 스타일을 유행시켰죠.

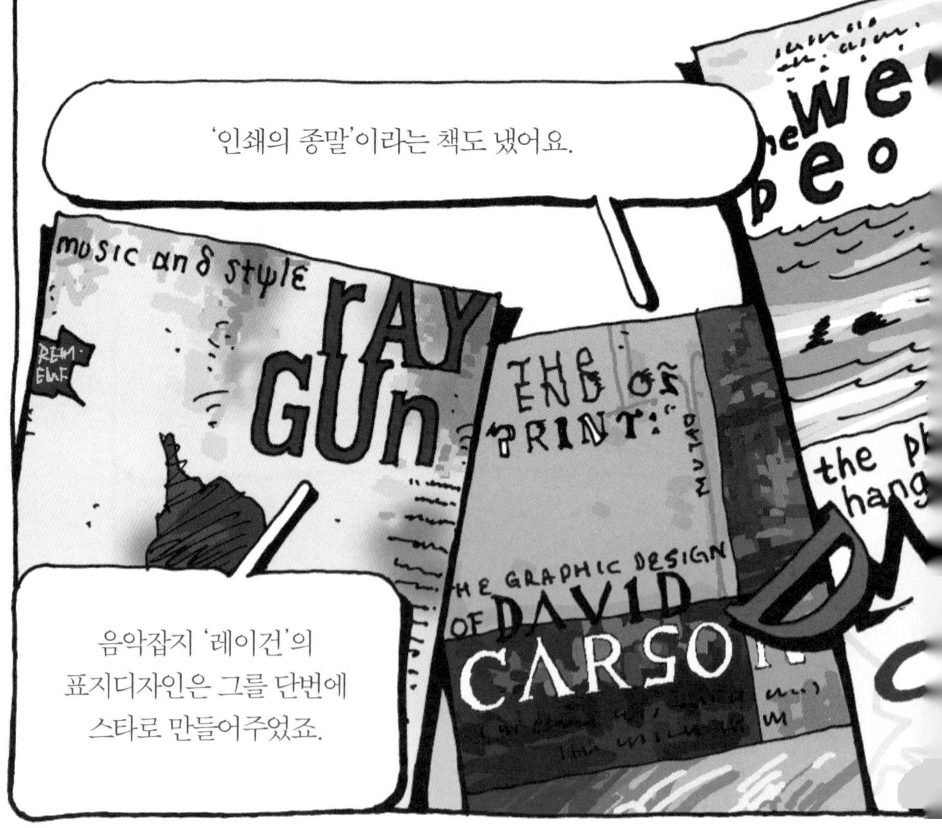

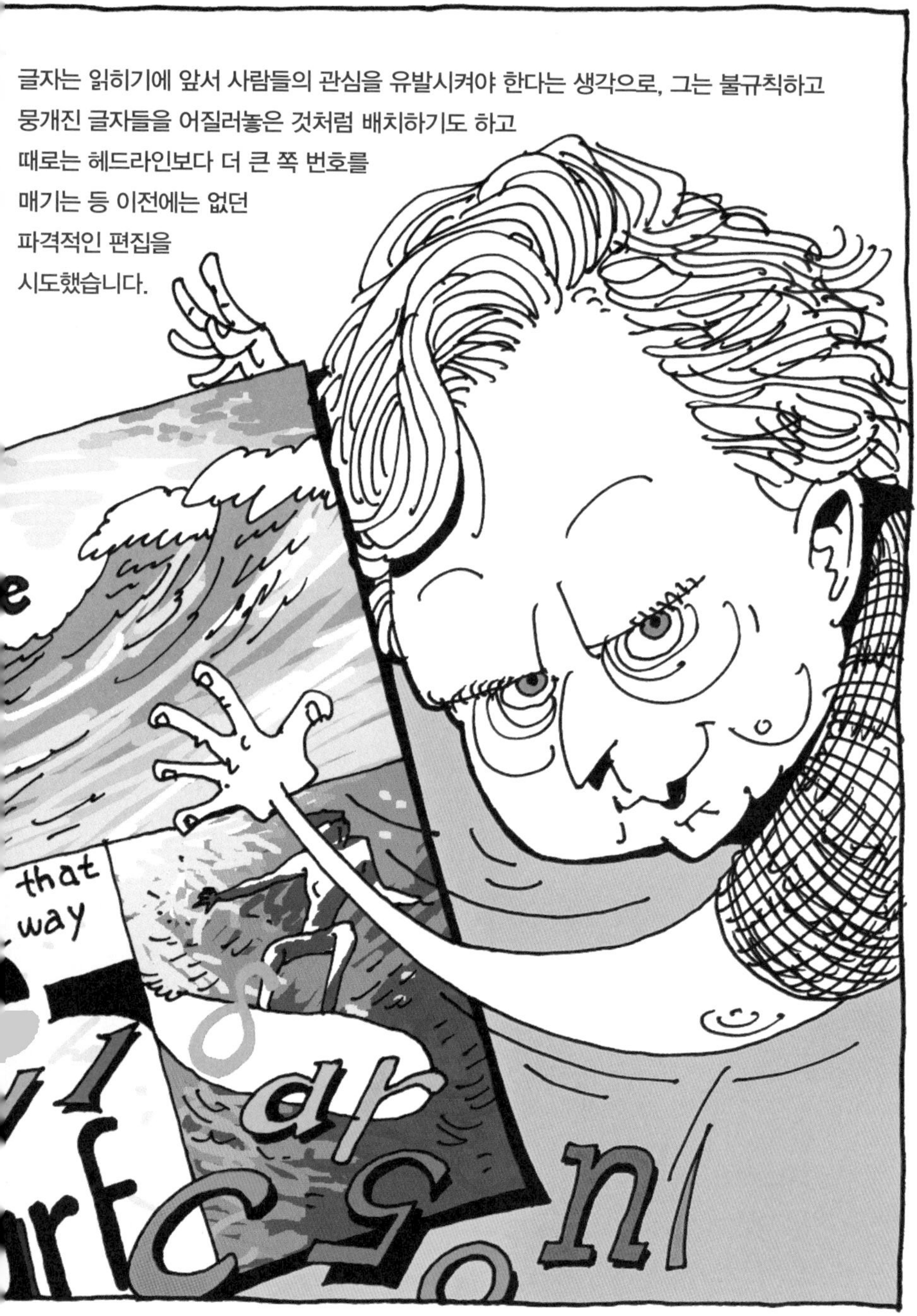

글자는 읽히기에 앞서 사람들의 관심을 유발시켜야 한다는 생각으로, 그는 불규칙하고 뭉개진 글자들을 어질러놓은 것처럼 배치하기도 하고 때로는 헤드라인보다 더 큰 쪽 번호를 매기는 등 이전에는 없던 파격적인 편집을 시도했습니다.

디자인의 정규교육을 체계적으로 받지 않았던
그의 이력이 오히려 자유로운 직관을 발휘할 수 있는 장점으로
활용된 셈입니다. 시기적으로도 모더니즘 디자인의
오랜 권위가 힘을 잃어가던 때였으므로
그의 실험은 더 빛을 발했죠.

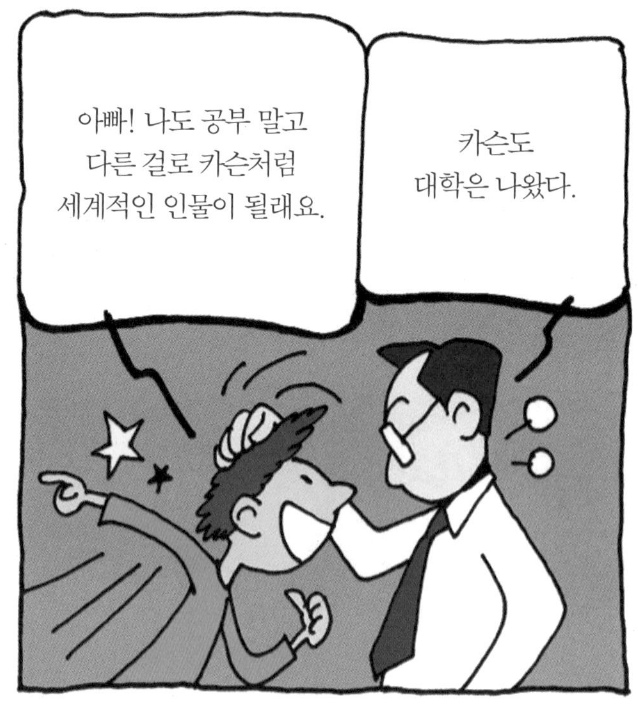

안도 다다오
: 서양의 모더니즘과 동양 정서의 결합

어려서부터 학업에는 별 취미가 없어서 고등학교만 졸업하고
권투 선수 생활을 하던 한 남자가 그것마저도 몇 년만에 때려치우고
세상을 떠돌며 방황하였습니다. 그는 결국 뭐가 되었을까요?
바로 세계 최고의 건축디자이너가 되었습니다!

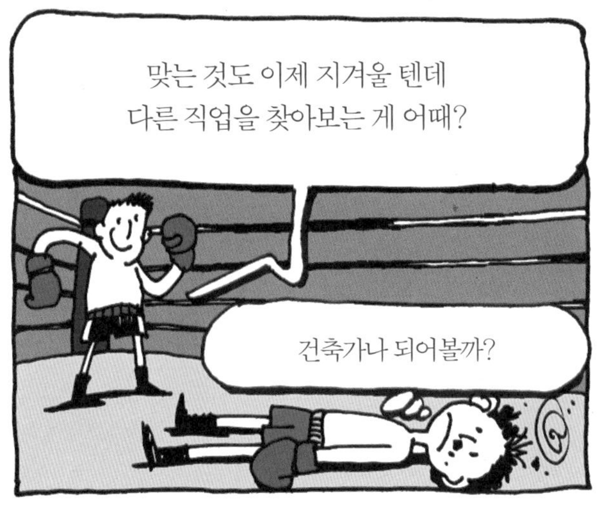

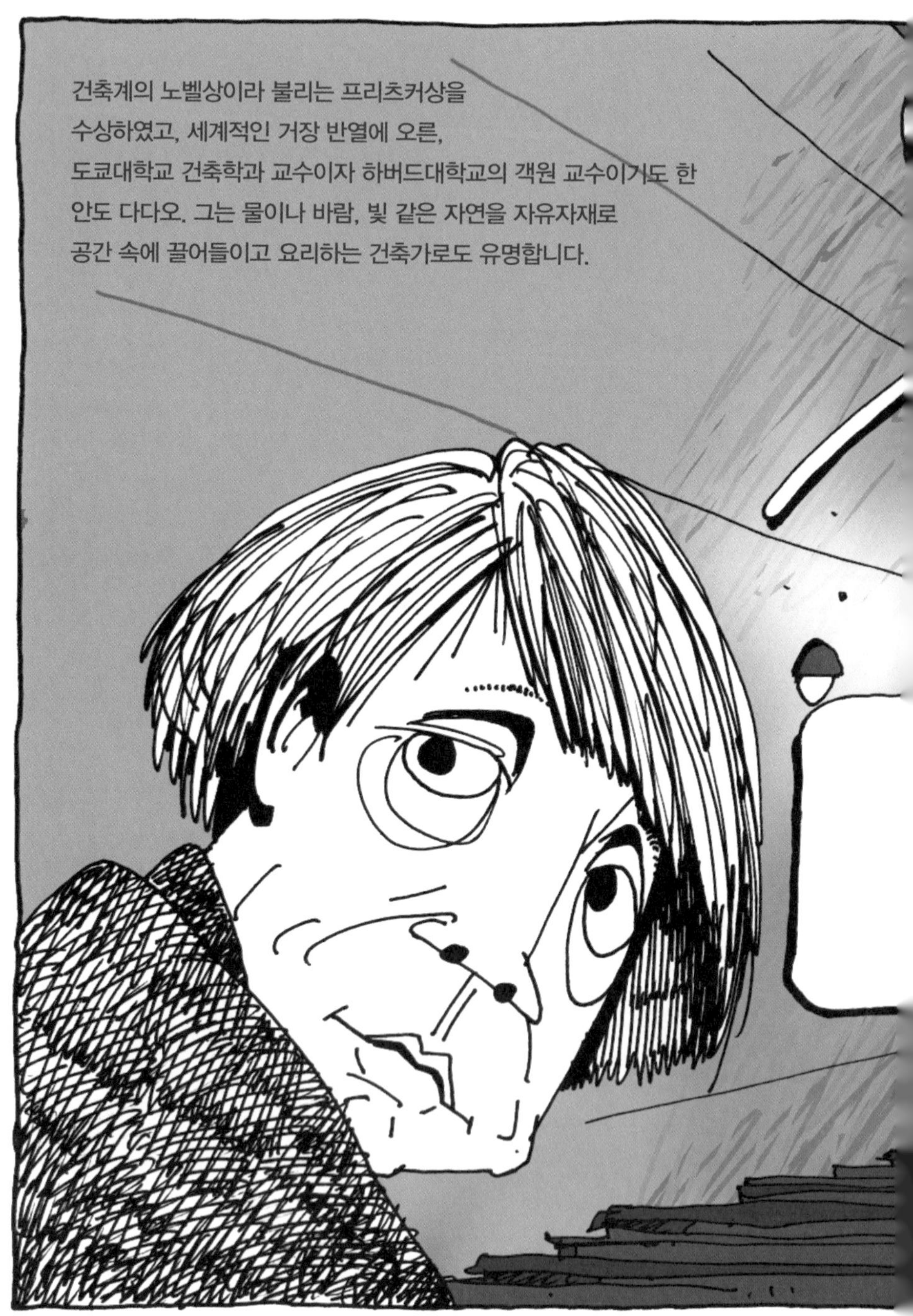
건축계의 노벨상이라 불리는 프리츠커상을
수상하였고, 세계적인 거장 반열에 오른,
도쿄대학교 건축학과 교수이자 하버드대학교의 객원 교수이기도 한
안도 다다오. 그는 물이나 바람, 빛 같은 자연을 자유자재로
공간 속에 끌어들이고 요리하는 건축가로도 유명합니다.

서양 건축의 기하학적이고 모던한 체계를 모방하면서도
동양적인 정서를 표현하니까 다들 좋아하더라고요.

오사카에 있는 '빛의 교회'예요.
자연광으로 십자가를 연출하고
설교자의 위치를 신도들과
같은 눈높이로 내려서
겸허하면서 성스러운 공간을
만들었어요.

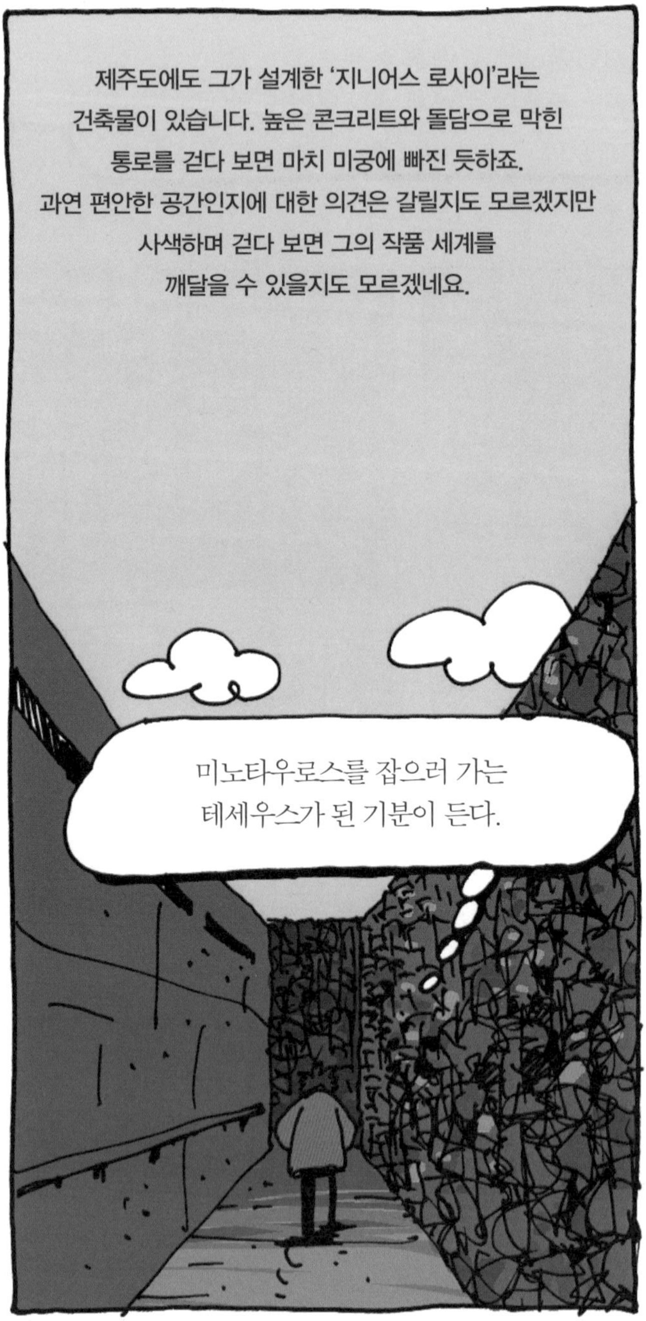

제주도에도 그가 설계한 '지니어스 로사이'라는
건축물이 있습니다. 높은 콘크리트와 돌담으로 막힌
통로를 걷다 보면 마치 미궁에 빠진 듯하죠.
과연 편안한 공간인지에 대한 의견은 갈릴지도 모르겠지만
사색하며 걷다 보면 그의 작품 세계를
깨달을 수 있을지도 모르겠네요.

미노타우로스를 잡으러 가는
테세우스가 된 기분이 든다.

알레산드로 멘디니
: 장식성을 회복시키다

1970년대 후반 이탈리아 밀라노에 모인 몇몇 디자이너들이
현대의 디자인 문화 시장의 판을 갈아 엎어버리기 위해
획기적인 프로젝트를 구상했습니다.
모임의 이름을 스튜디오 알키미아라 정하고
종래의 모더니즘 디자인이 기능주의라는 이름 아래 함몰시킨
예술성과 장식성을 부활시키고자 하였죠.

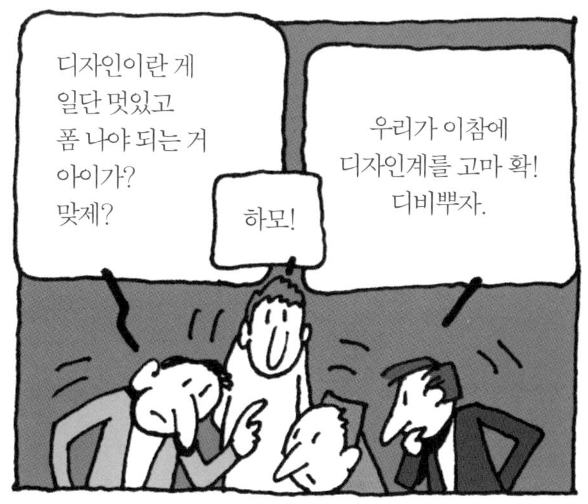

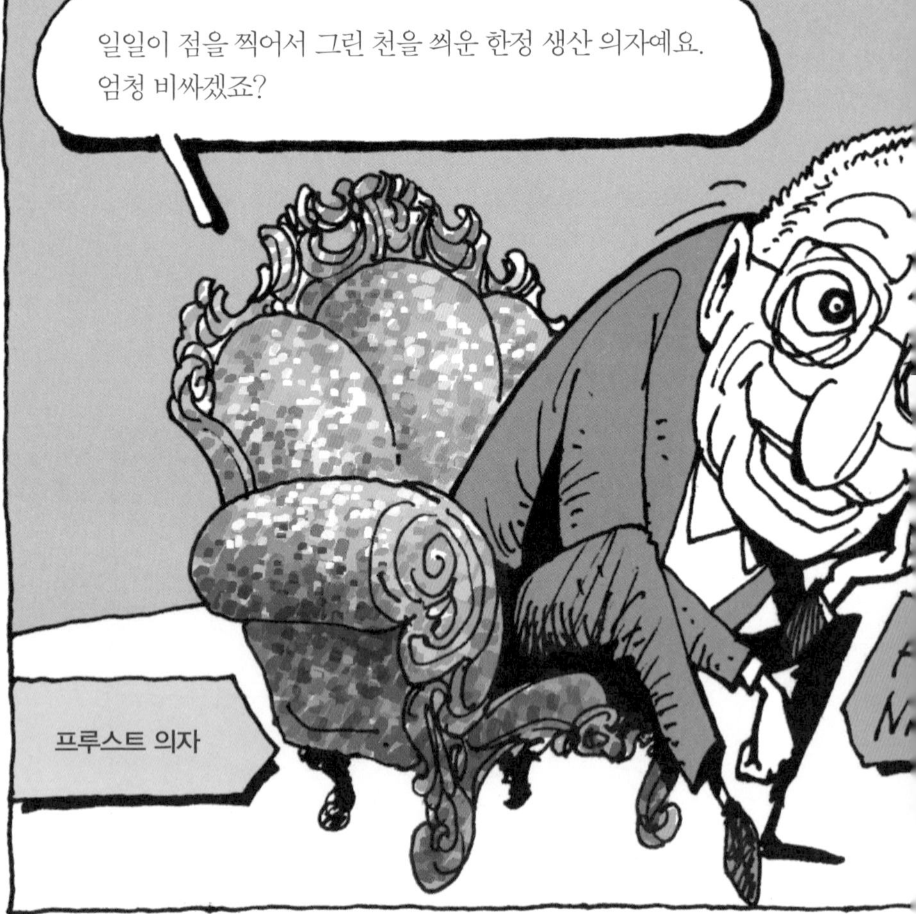
모더니즘 디자인은 20세기를 풍미하였지만
점점 본래의 이상과 취지를 잃어버렸고
거대한 문화 권력의 화석이 되어가고 있었습니다.
이에 염증을 느낀 사람 중 한 명이 알레산드로 멘디니입니다.
그는 모더니즘 디자인의 획일적인 구조를 극복하기 위해
새로운 디자인 화법을 제시합니다. 바로 수공예의 미와 장식성의 회복입니다.
일일이 점을 찍어서 그린 천을 씌운 한정 생산 의자예요. 엄청 비싸겠죠?
프루스트 의자

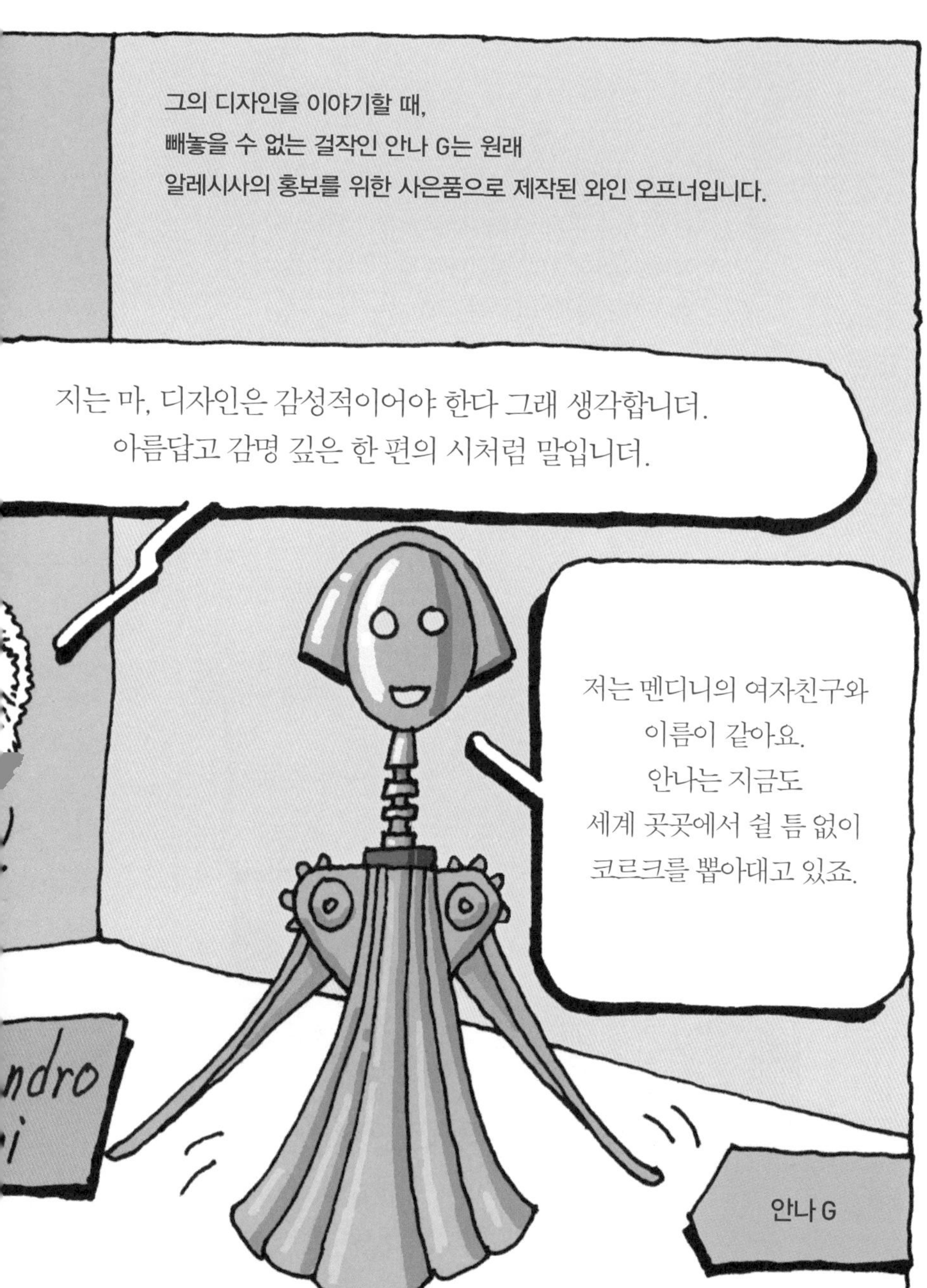
그의 디자인을 이야기할 때,
빼놓을 수 없는 걸작인 안나 G는 원래
알레시사의 홍보를 위한 사은품으로 제작된 와인 오프너입니다.
지는 마, 디자인은 감성적이어야 한다 그래 생각합니더.
아름답고 감명 깊은 한 편의 시처럼 말입니더.
저는 멘디니의 여자친구와
이름이 같아요.
안나는 지금도
세계 곳곳에서 쉴 틈 없이
코르크를 뽑아대고 있죠.
안나 G

포스트모더니즘이라는 거창한 평을 하기에는
무리가 있지만 주류 디자인계에 저항한다는 명분으로
과거의 장식성을 복권시킨 멘디니의 영리한 전략은
확실히 시장에서 성공을 거두었고,
그는 오늘날 가장 출세한 디자이너 중 한 명이 되었습니다.

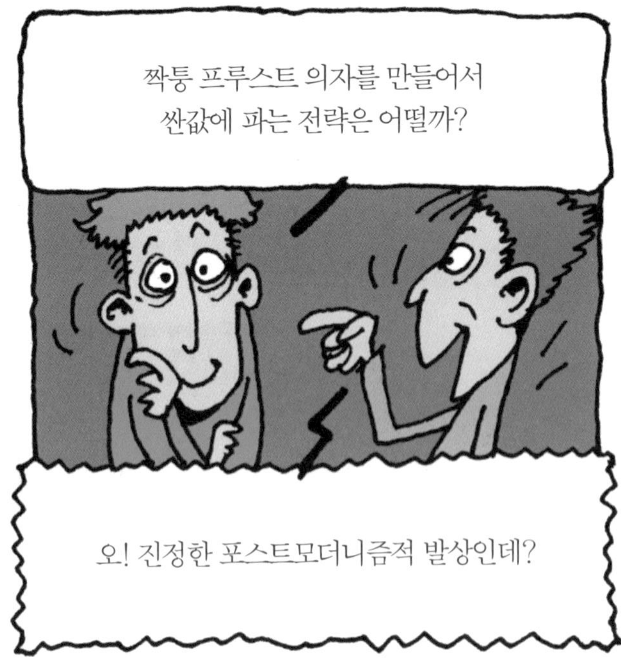

에보레 소트사스
: 권위적 디자인에 반기를 들다

20세기 주류 디자인의 모습은 반듯한 모범생의 이미지였습니다.
합리성, 규칙, 인간공학, 균형, 비례 등의 개념으로 무장한 모더니즘 디자인은
갈수록 원칙만을 강조하는 엘리트주의로 변질되고 있었죠.
그런 디자인의 권위에 반기를 든, 반항적인 디자이너가 한 명 있었습니다.

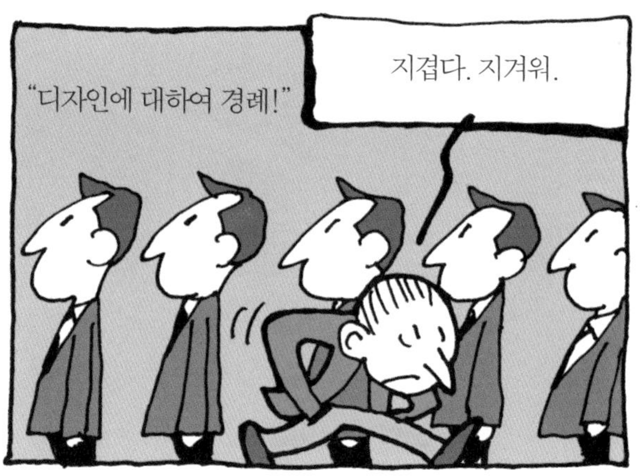

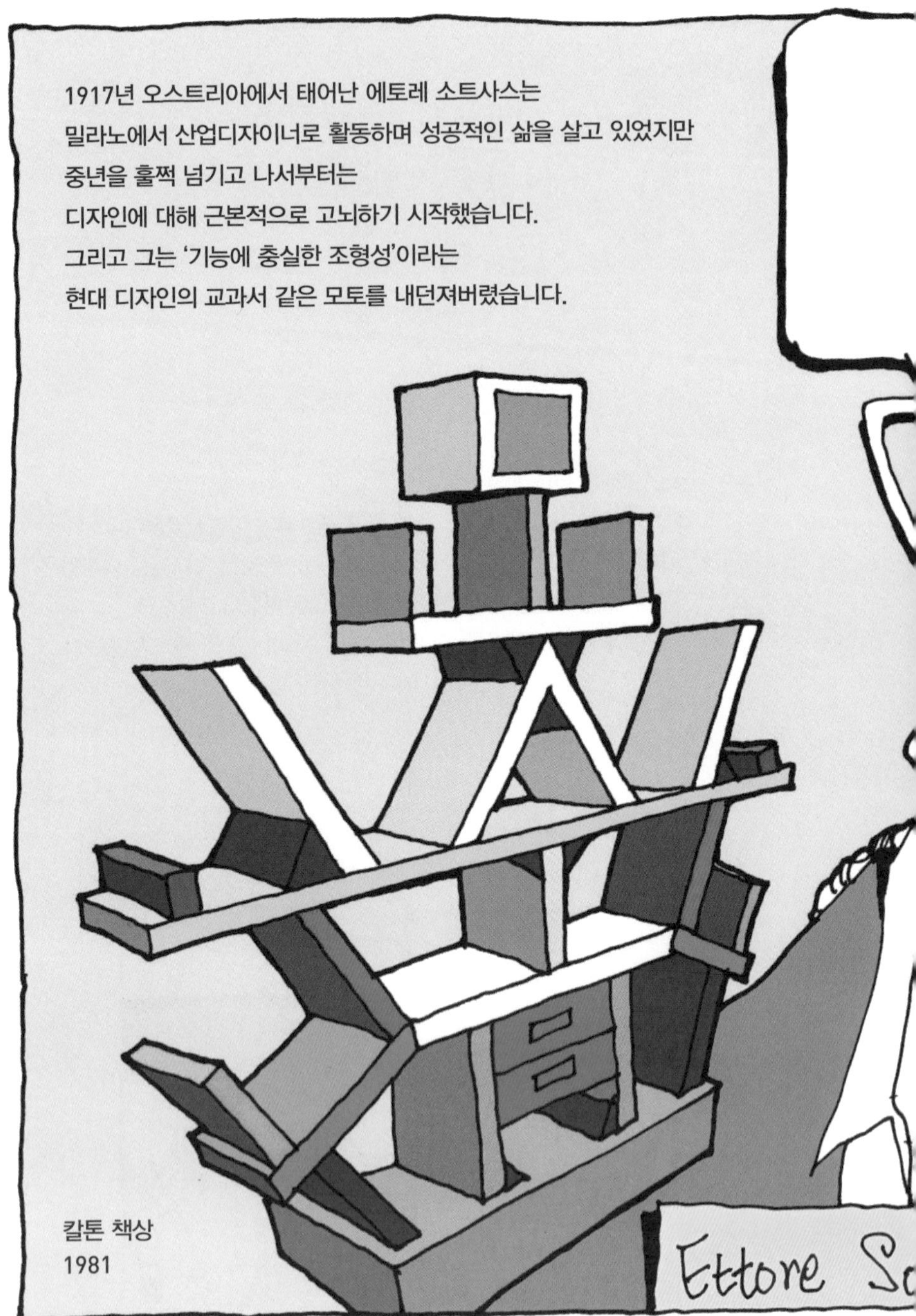
1917년 오스트리아에서 태어난 에토레 소트사스는
밀라노에서 산업디자이너로 활동하며 성공적인 삶을 살고 있었지만
중년을 훌쩍 넘기고 나서부터는
디자인에 대해 근본적으로 고뇌하기 시작했습니다.
그리고 그는 '기능에 충실한 조형성'이라는
현대 디자인의 교과서 같은 모토를 내던져버렸습니다.
칼톤 책상
1981
Ettore So

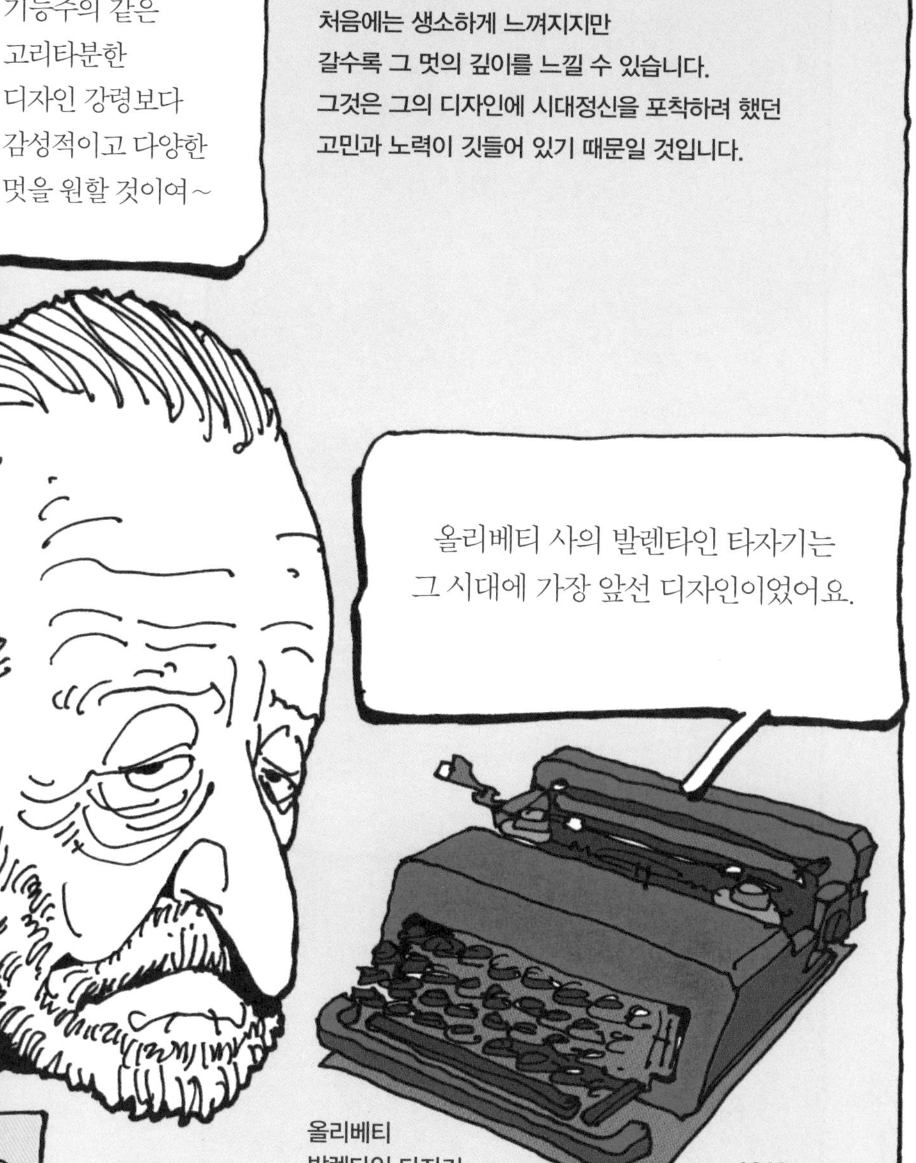
미래의 대중은
기능주의 같은
고리타분한
디자인 강령보다
감성적이고 다양한
멋을 원할 것이여~
칼톤 책상으로 대표되는 소트사스의 작품들은
처음에는 생소하게 느껴지지만
갈수록 그 멋의 깊이를 느낄 수 있습니다.
그것은 그의 디자인에 시대정신을 포착하려 했던
고민과 노력이 깃들어 있기 때문일 것입니다.
올리베티 사의 발렌타인 타자기는
그 시대에 가장 앞선 디자인이었어요.
올리베티
발렌타인 타자기
1969

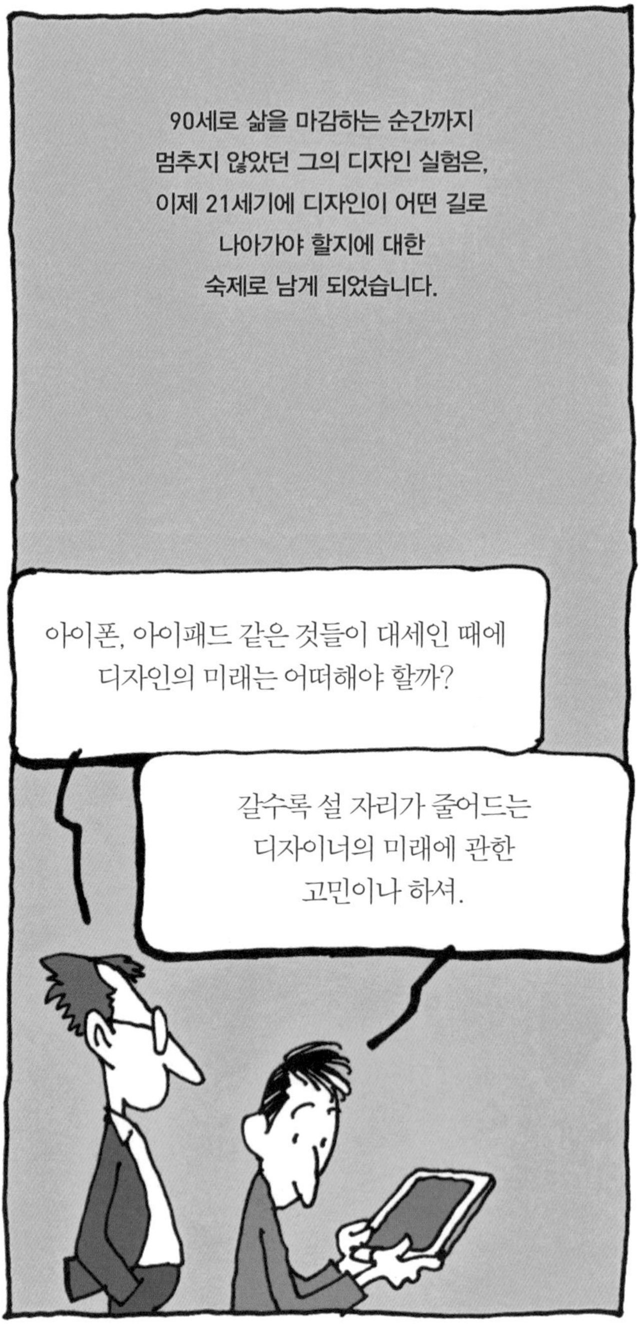

90세로 삶을 마감하는 순간까지
멈추지 않았던 그의 디자인 실험은,
이제 21세기에 디자인이 어떤 길로
나아가야 할지에 대한
숙제로 남게 되었습니다.

아이폰, 아이패드 같은 것들이 대세인 때에
디자인의 미래는 어떠해야 할까?

갈수록 설 자리가 줄어드는
디자이너의 미래에 관한
고민이나 하셔.

미켈레 데 루키
: 예술적 실험을 산업화하다

대중보다 앞선 감각으로 고정관념을 깨트리는
선구적인 작업을 한 디자이너는 많습니다.
그렇지만 모든 사람이 예술적 실험의 범위에서 벗어나
대중이 공감할 수 있는 디자인으로 산업화에 성공한 것은 아닙니다.

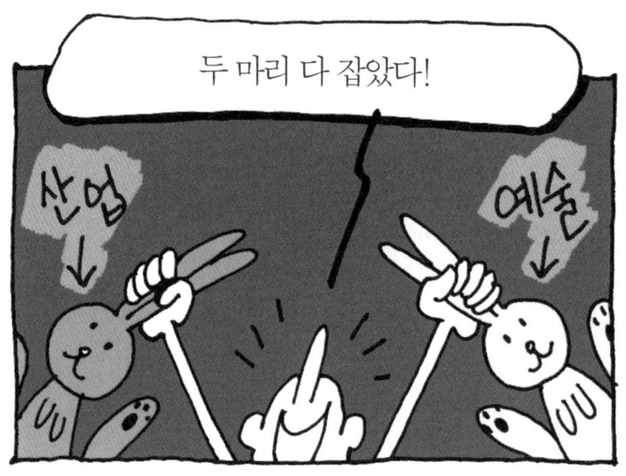

미켈레 데 루키는 이탈리아 출신의 건축가이자, 산업디자이너로 알키미아 스튜디오, 멤피스 그룹 등 1980년대 디자인운동 모임에 적극적으로 참여했던 인물입니다.
그는 기존 디자인의 해묵은 관습을 타파하고 개혁하는 새 이념이라도 그것이 대중의 공감을 얻어내지 못하면 결코 성공할 수 없다는 사실을 간파하고 있었습니다. 그리고 산업과 발맞추는 디자인이라는 원칙을 지킨 덕분에 오랫동안 장수하는 디자이너가 될 수 있었죠.

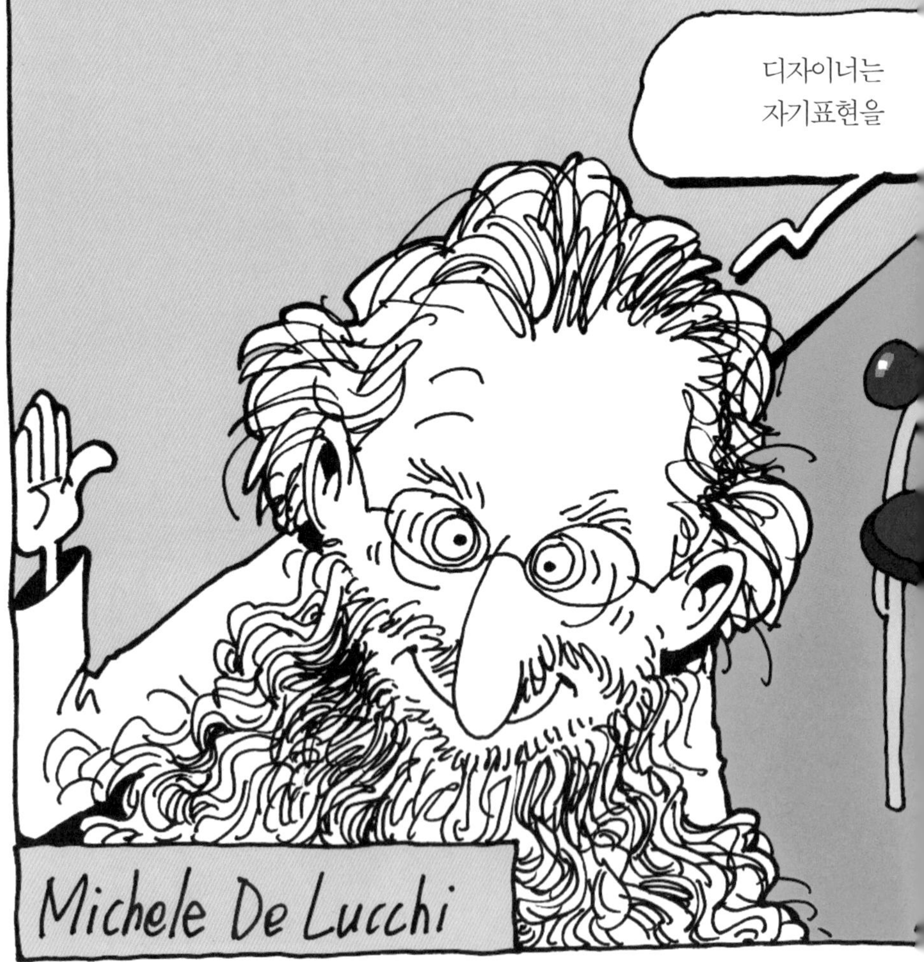

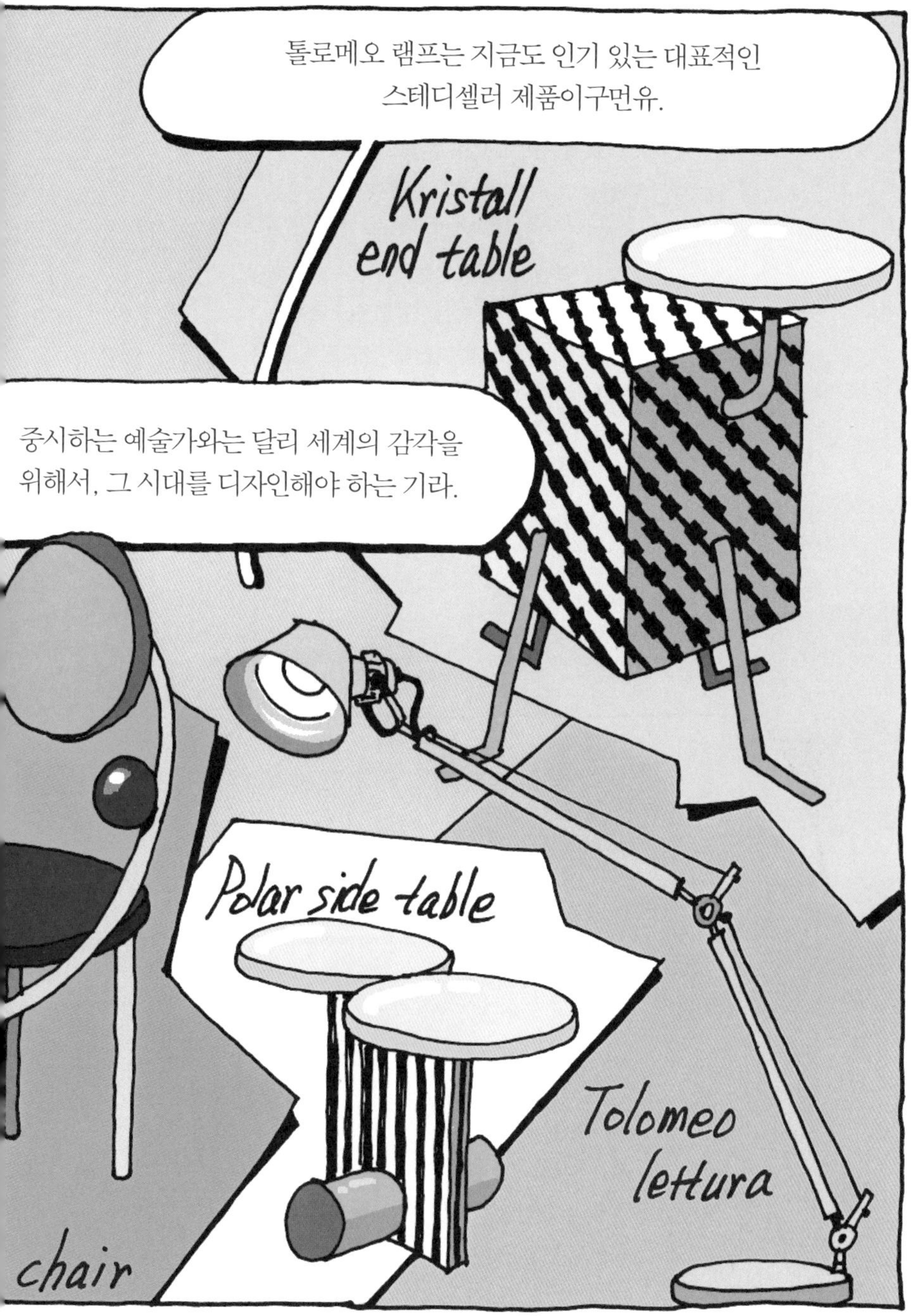

톨로메오 램프는 지금도 인기 있는 대표적인
스테디셀러 제품이구먼유.

Kristall
end table

중시하는 예술가와는 달리 세계의 감각을
위해서, 그 시대를 디자인해야 하는 기라.

Polar side table

Tolomeo
lettura

chair

미켈레 데 루키의 작품이 전통적인
디자인 규범을 지키지 않는데도 불구하고
산업화에 성공할 수 있었던 것은
대중과 함께 호흡하려 했던
디자인 철학 덕분이기도 하겠지만, 또 한편으로는
이제 웬만한 예술 정도는 단숨에 따라잡을 정도로 발달한
대중의 감각 때문이기도 하지 않을까요?

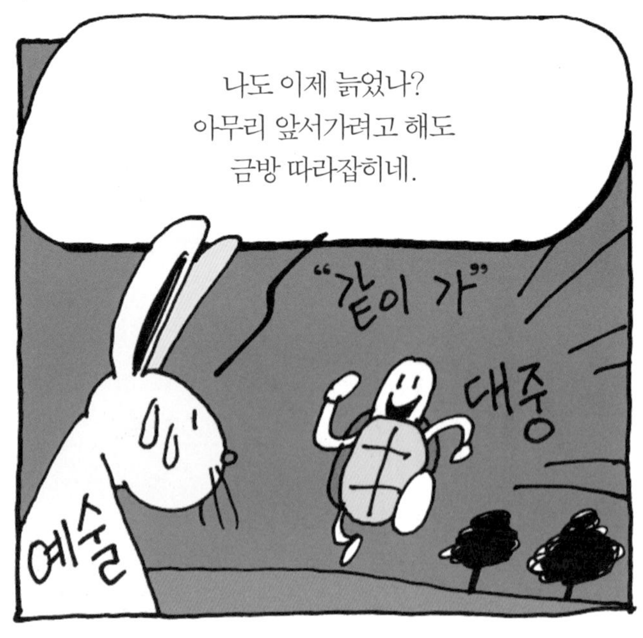

톰 딕슨
: 겉치레를 버리고 유쾌함을 입히다

록 밴드에서 베이스 기타를 연주하며
오토바이 광으로 청년기를 보내던 한 남자가 있습니다.
그는 교통사고를 당해 더 이상 공연 무대에 설 수 없게 되었는데
도리어 그것이 전화위복의 계기가 되었죠.
그는 오토바이를 튜닝하고 수리하던 기술과 경험을 살려
디자인계의 신데렐라가 되었습니다.

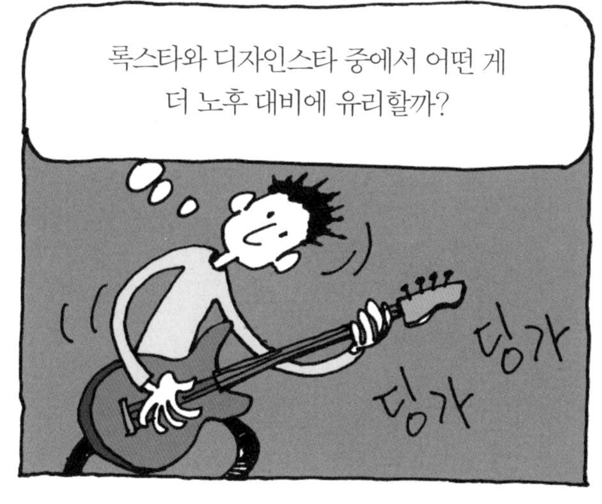

1959년 튀니지에서 태어나 네 살 때 영국으로 이주한 톰 딕슨은 진득하게 학업에 매진하는 모범생은 아니었습니다. 음악과 낭만에 취해서 자유롭게 젊은 시절을 보낸 그는 한번도 디자인에 관한 제도권 교육을 받은 적이 없었죠. 그럼에도 기라성 같은 명문 학교 출신 디자이너들의 경력을 단숨에 앞질러버렸습니다. 이런 일이 어떻게 가능했을까요?

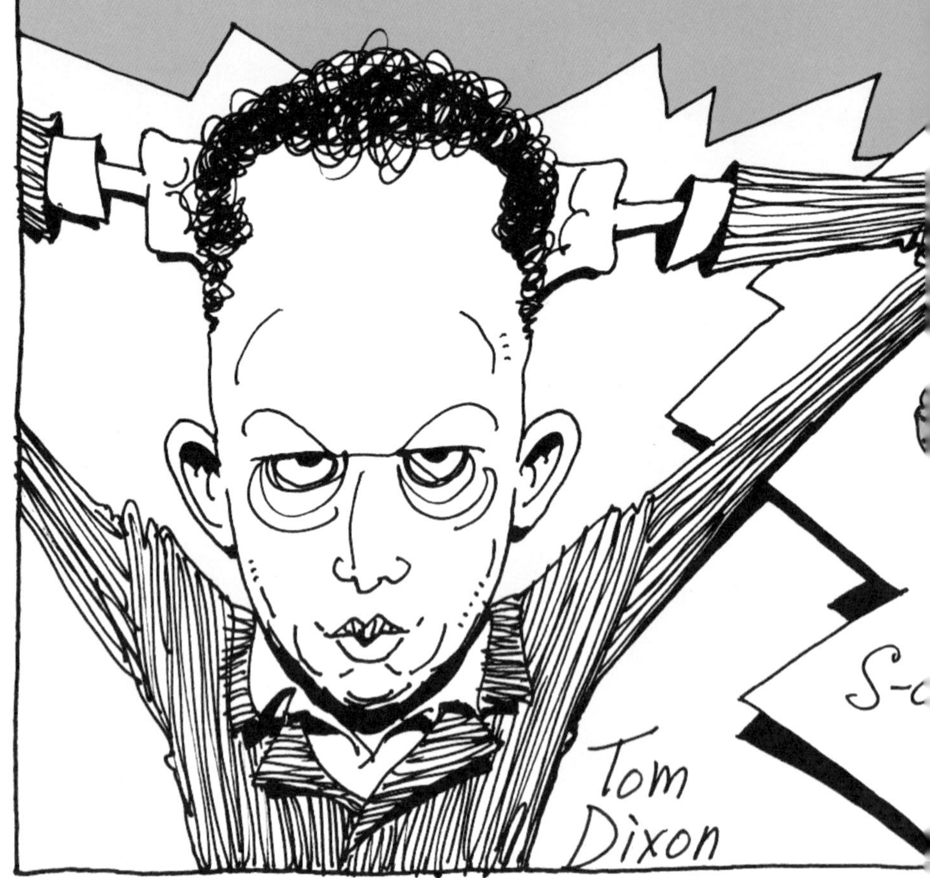

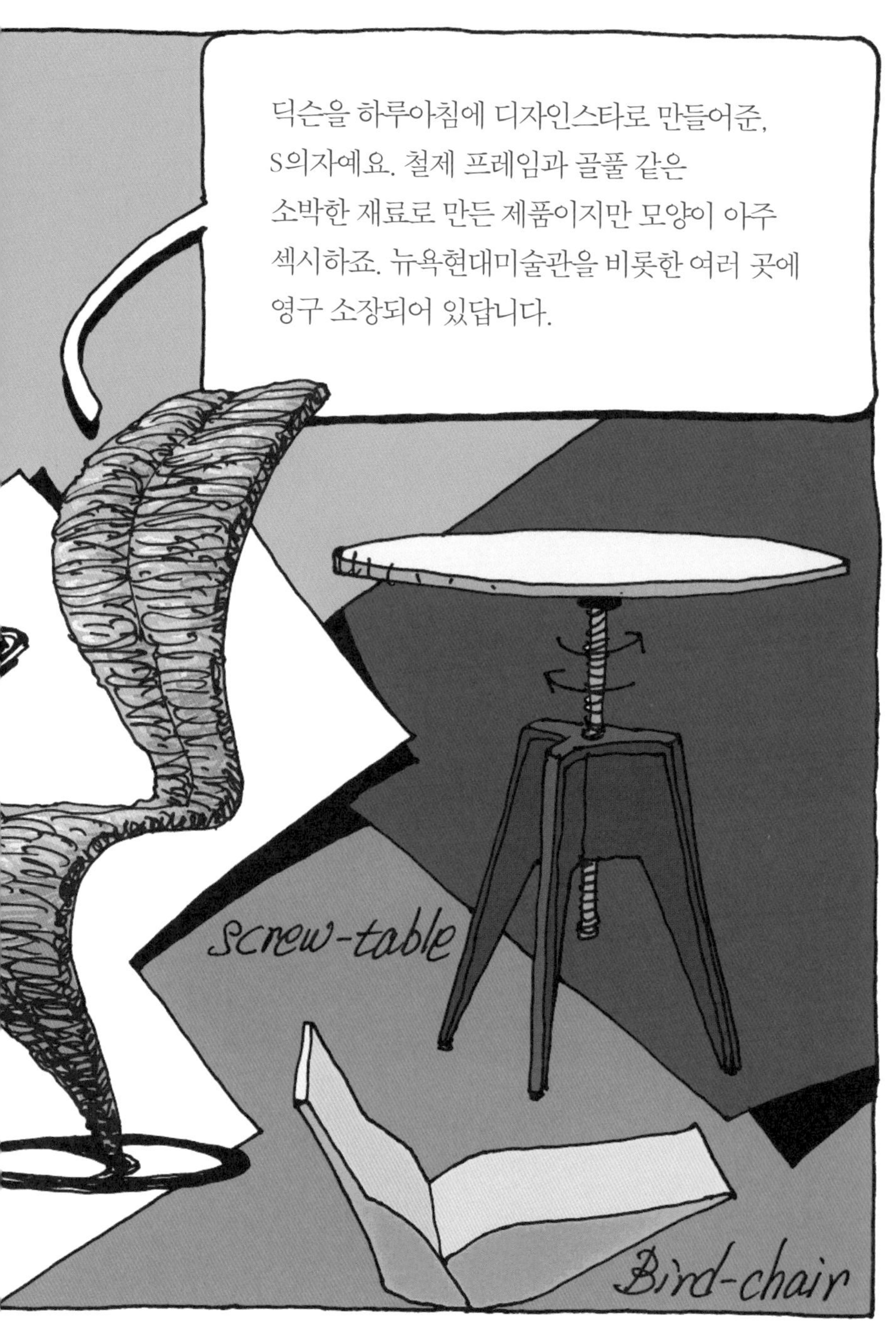
딕슨을 하루아침에 디자인스타로 만들어준, S의자예요. 철제 프레임과 골풀 같은 소박한 재료로 만든 제품이지만 모양이 아주 섹시하죠. 뉴욕현대미술관을 비롯한 여러 곳에 영구 소장되어 있답니다.
screw-table
Bird-chair

딕슨은 낡은 부품과 폐자재를 활용해서
오토바이를 수리하던 현장 경험을 통해,
기성 디자이너가 흔히 추구하는 겉치레보다
사물의 에너지를 회복시키고
단순한 기계 원리를 유쾌하게 응용하는
진솔한 디자인을 할 수 있었던 것이 아닐까요?

아빠는 젊었을 때
그 흔한 오토바이도 한번 안 타보고 뭐했어요?

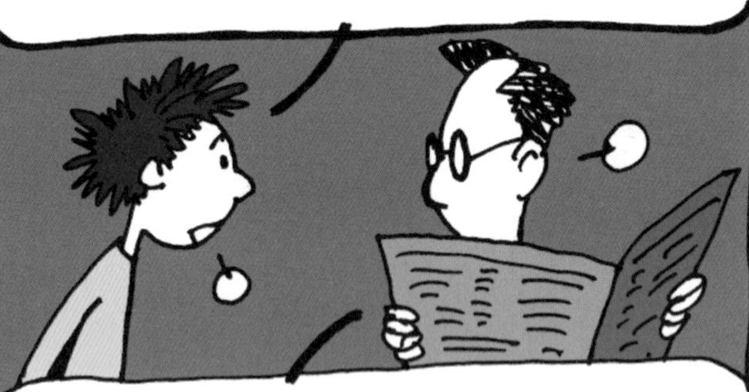

자식 놈한테 "아빠는 왜 어릴 적에 오토바이
타면서 허송세월했어요?"라는 소리 안 들으려고
공부만 하다 보니 이러고 산다. 왜?

빌헬름 바겐펠트
: 세련미와 소박함을 동시에 잡다

기능적이고 합리적인 디자인은 중요합니다.
그런데 지나치게 그 이념에만 충실히 디자인한 제품은
차갑게 느껴지게 마련입니다. 20세기 합리적 디자인의 기치를 올렸던
바우하우스의 교수 중에서도 그런 과도한 기능주의를 못마땅해 했던
디자이너가 있었습니다.

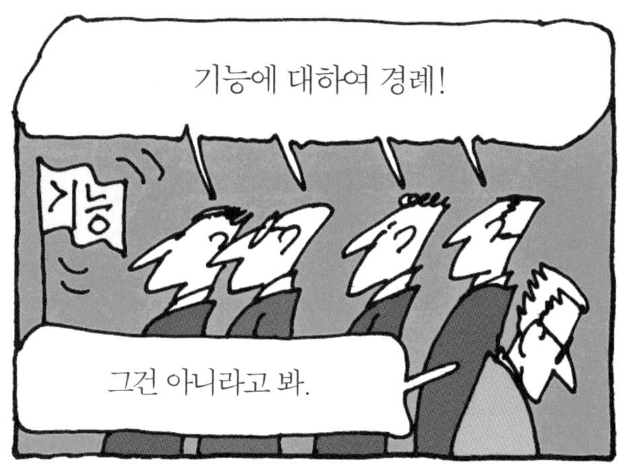

바우하우스 금속 공방 교수였던 독일 출신의
빌헬름 바겐펠트가 남긴 생활용품디자인은
다른 바우하우스 출신 디자이너들의 모던한 작품들과
비교했을 때, 직관적이고 기능적인 면을 살리고
현대적인 조형미가 돋보인다는 점에서는 비슷하지만
확실히 다른 면이 있는데, 그것은 그가 디자인한 사물에는
친근하고 소박한 인간미가 느껴진다는 것입니다.

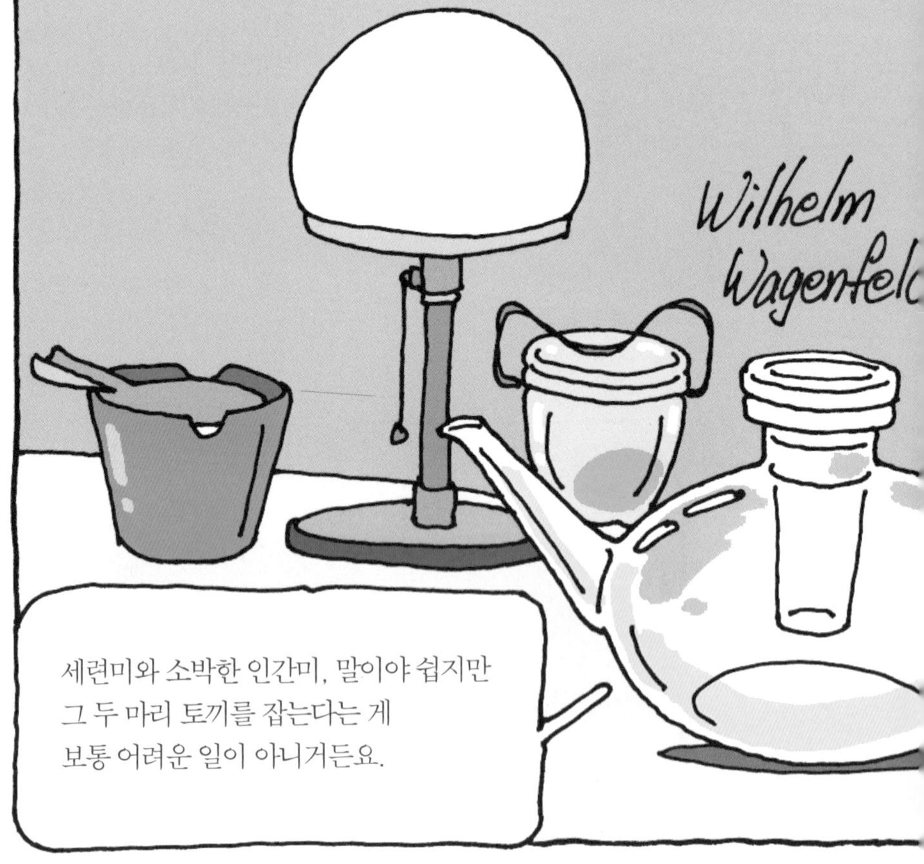

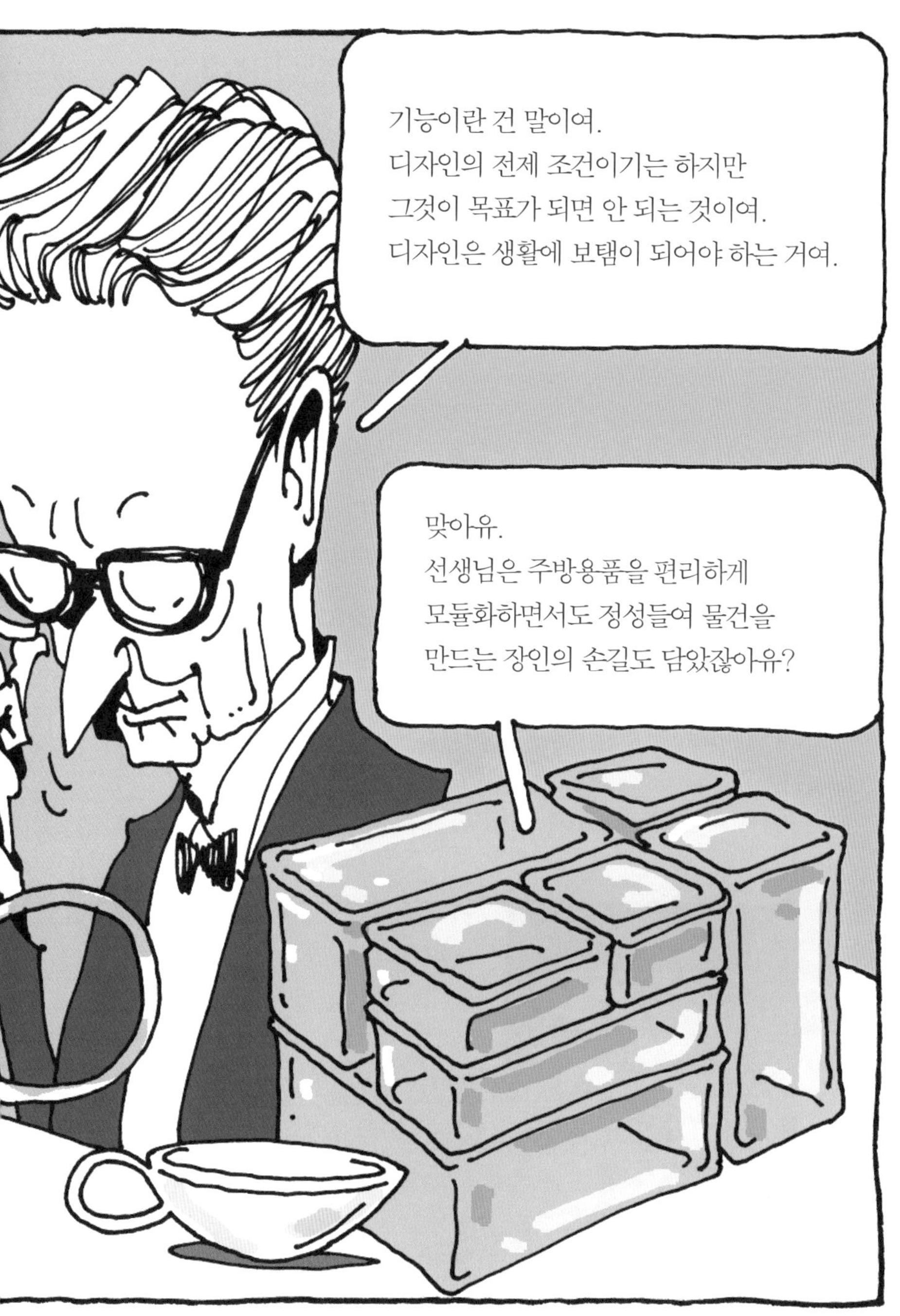
기능이란 건 말이여.
디자인의 전제 조건이기는 하지만
그것이 목표가 되면 안 되는 것이여.
디자인은 생활에 보탬이 되어야 하는 거여.
맞아유.
선생님은 주방용품을 편리하게
모듈화하면서도 정성들여 물건을
만드는 장인의 손길도 담았잖아유?

탁월하다는 찬사를 듣는 유명한 디자이너들의
작품을 보면 탄성이 나올 만큼 세련된 모양에
감동도 받지만 한편으로는 대중들을 향해
앞선 감각을 뽐내는 과시욕이 느껴져서
불편한 경우도 있습니다.
바겐펠트가 디자인한 제품이
더 높이 평가받는 이유일지도 모르겠습니다.

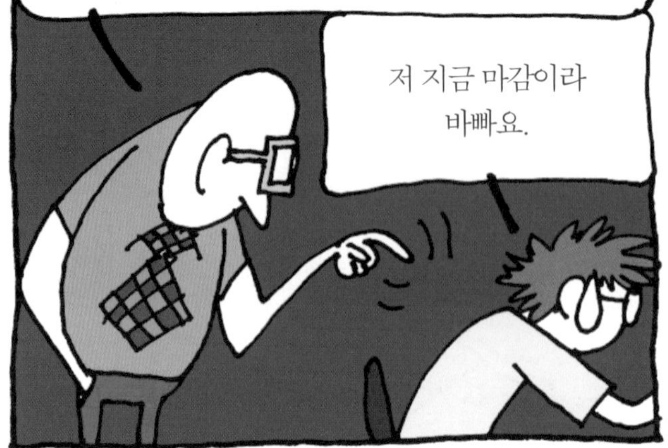

ARCHITECTURE DESIGN

디자인을 건설하다

시드니 오페라하우스
: 건축은 랜드마크가 된다

돌기가 있는 기본 육면체인 레고 블록으로
세상 모든 것을 만들 수 있는 것처럼,
단순한 도형에는 신비로운 저력이 숨어 있습니다.
일례로 유연한 돛 모양의 삼각형 몇 개를 조합해볼까요?
세상에 알 만한 사람들은 다 아는 건축물이 떠오릅니다.

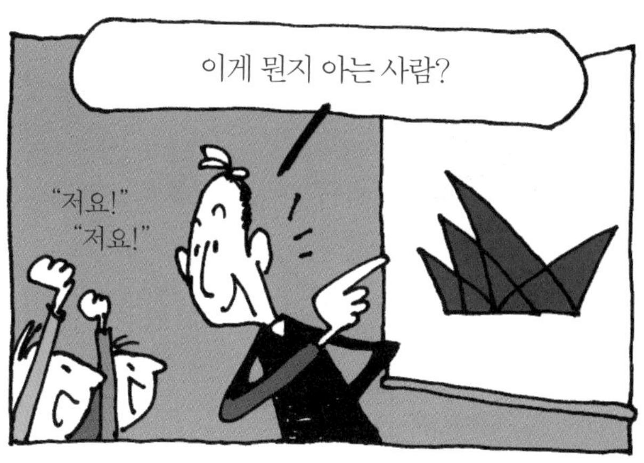

세계에 자랑할 만한 기념비적인 걸작을 가지고 싶었던 호주 정부는
1950년대에 오페라하우스 건립 프로젝트를 위한 설계를 공모합니다.
1등으로 선정된 것은 단순하면서도 함축적인 아름다움이 담긴,
당시 무명이었던 덴마크의 건축가 예른 웃손의 스케치였습니다.

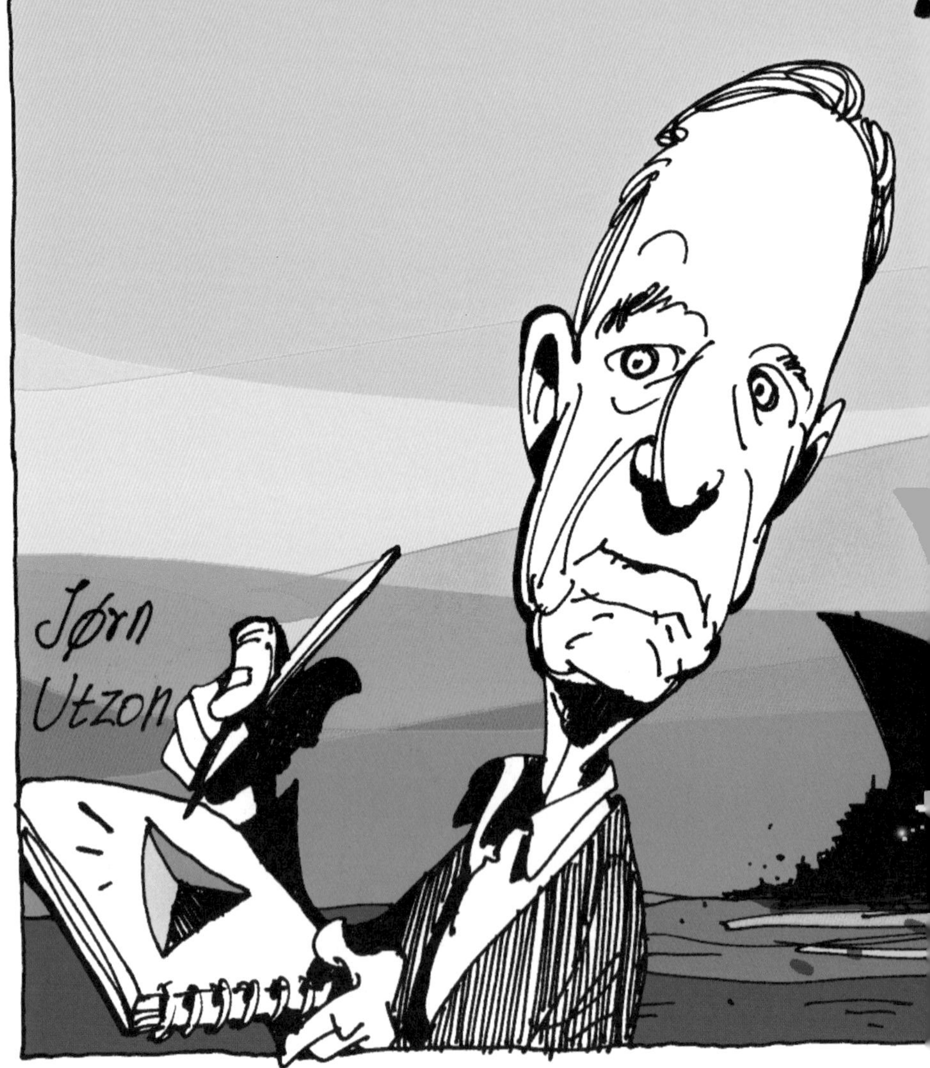

헌데 말이여. 공사가 진행되면서 예산을 마구 초과하니까
날더러 이 프로젝트에서 손 떼라더군.

조가비 형태를 응용했다거나 오렌지 껍질을 까다가
설계 이미지를 떠올렸다는 등의 설이 있지만 웃손이
오페라하우스 디자인을 통해 입증한 것은 가장 단순한 구조의 조화가
예술과 디자인에 좋은 재료가 된다는 사실입니다.

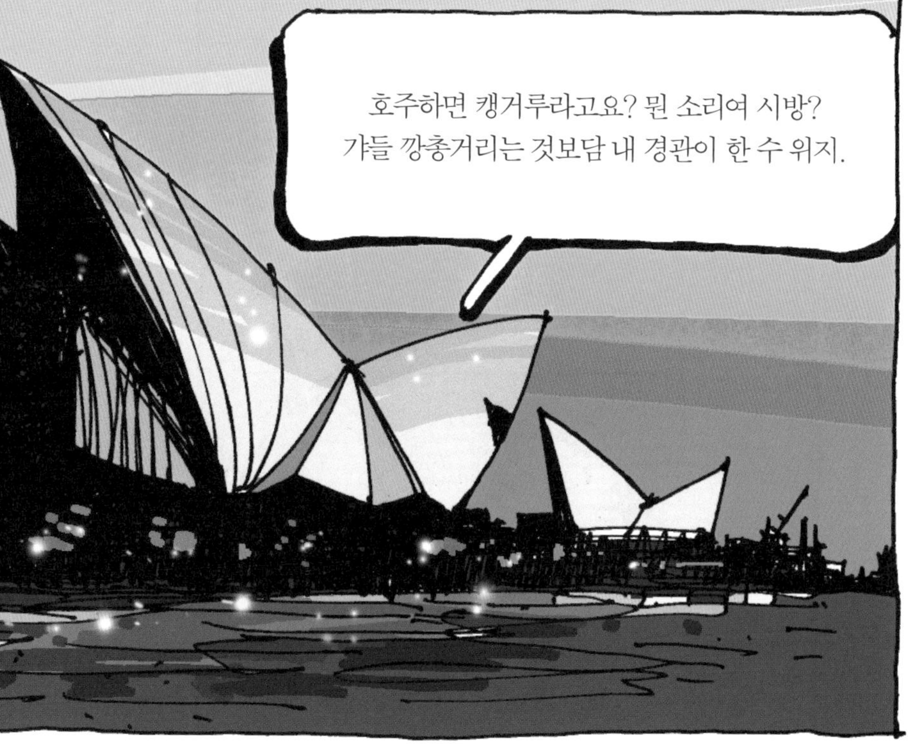

설계 원작자가 중도에 밀려나는 등
우여곡절을 겪으며 15년 만에 완공된
오페라하우스는 마지막까지 웃손이 제안한 모듈의
기본형을 유지한 덕분에 호주를 대표하는
세계적인 랜드마크가 될 수 있었습니다.

단순한 것일수록 그 속에 더 큰 가능성을
지니고 있는 법입니다.

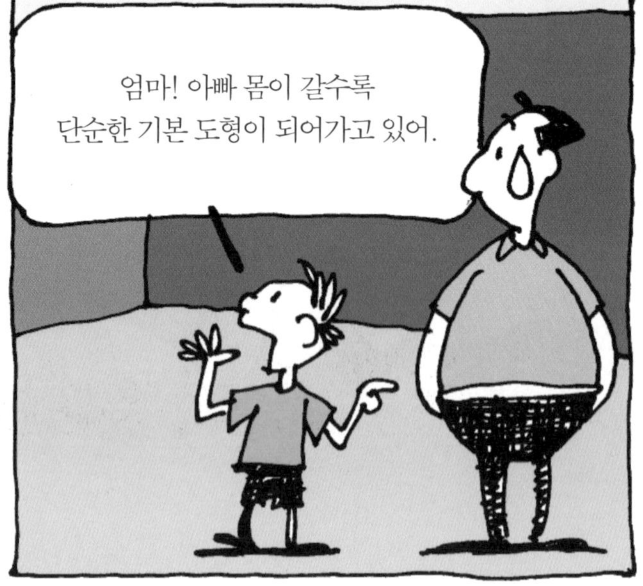

여성을 위한, 여성에 의한 설계

1897년 오스트리아에서 태어난 한 건축가가 있습니다.
그녀의 이름은 마가레테 쉬테-리호츠키.
프랑크푸르트 주방의 설계자로 역사에 이름을 남겼죠.
그녀는 가사에 매달려야 했던 여성의 일손을 덜어주고자
좀 더 체계적으로 정돈된 부엌의 형태에 대해 고민했습니다.
1928년, 그녀는 전에 없던 새로운 개념의 부엌을 선보이는데
그것이 오늘날 시스템 주방의 원조가 된
이른바 '프랑크푸르트 주방'입니다.

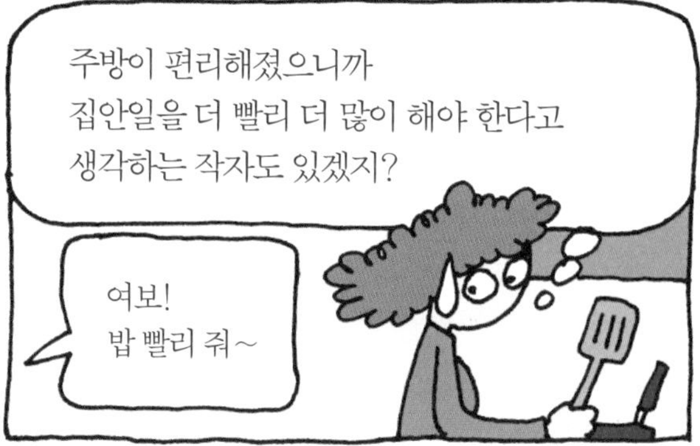

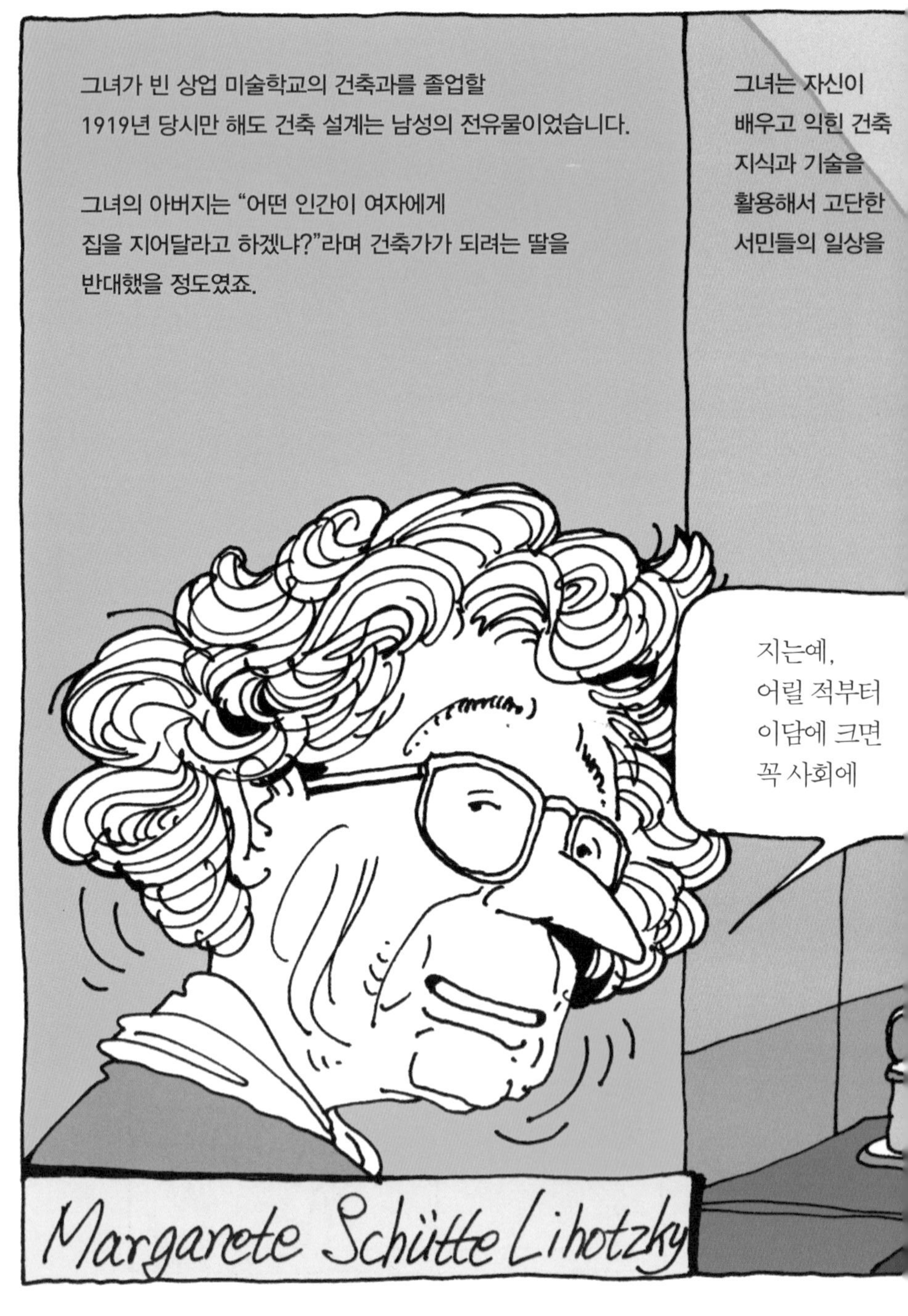
그녀가 빈 상업 미술학교의 건축과를 졸업할
1919년 당시만 해도 건축 설계는 남성의 전유물이었습니다.
그녀의 아버지는 "어떤 인간이 여자에게
집을 지어달라고 하겠냐?"라며 건축가가 되려는 딸을
반대했을 정도였죠.
Margarete Schütte Lihotzky
그녀는 자신이
배우고 익힌 건축
지식과 기술을
활용해서 고단한
서민들의 일상을
지는예,
어릴 적부터
이담에 크면
꼭 사회에

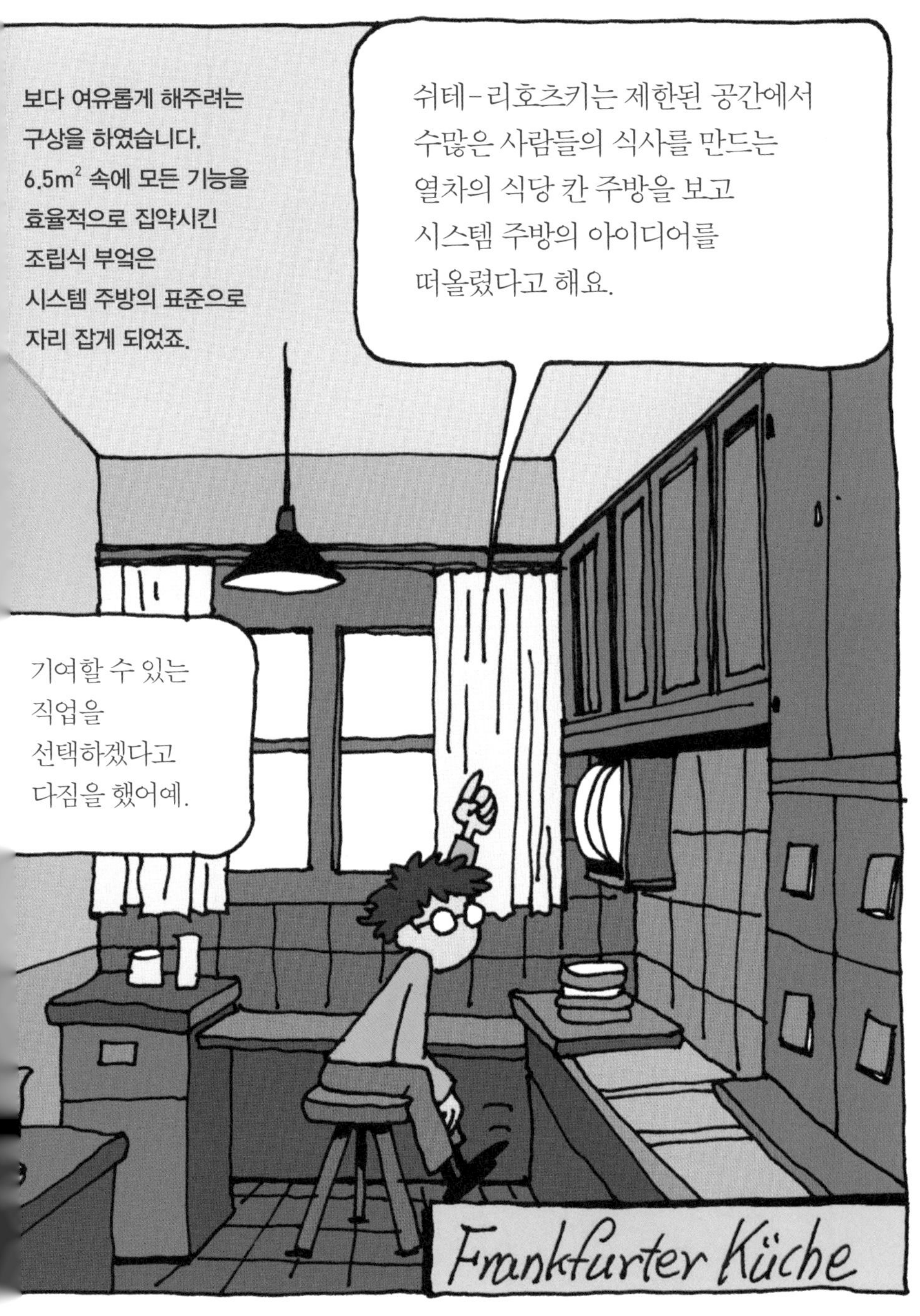
보다 여유롭게 해주려는
구상을 하였습니다.
$6.5m^2$ 속에 모든 기능을
효율적으로 집약시킨
조립식 부엌은
시스템 주방의 표준으로
자리 잡게 되었죠.
쉬테-리호츠키는 제한된 공간에서
수많은 사람들의 식사를 만드는
열차의 식당 칸 주방을 보고
시스템 주방의 아이디어를
떠올렸다고 해요.
기여할 수 있는
직업을
선택하겠다고
다짐을 했어예.
Frankfurter Küche

쉬테-리호츠키는 “단순한 것이 늘 최고는 아니지만 최고는 늘 단순하다”라는 명언을 남기기도 했습니다. 보통 사람들의 삶을 개선시키기 위한 그녀의 디자인 이념은 지금까지 전 세계 가정의 부엌에서 반짝반짝 빛나고 있습니다.

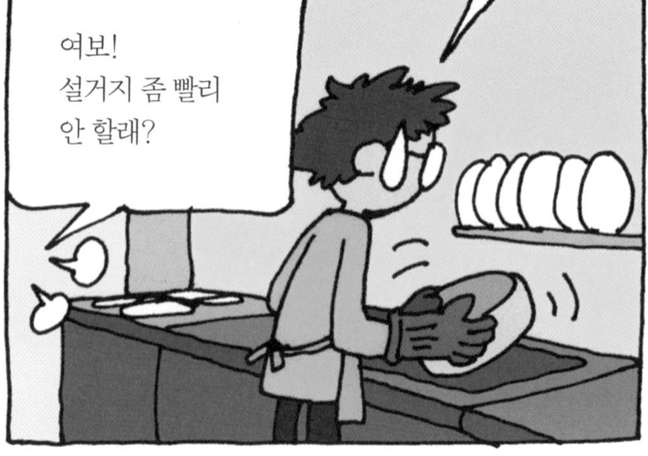

폭포 위에 지은
20세기 최고의 건축물

1930년대, 미국 피츠버그의 백화점 재벌이었던
에드거 J. 카우프만은 풍경이 수려한 펜실베이니아의 계곡에
아름답고 뜻깊은 별장을 지으려 했습니다.
건축 설계를 의뢰받은 사람은
환갑을 훌쩍 넘긴 노년의 한 디자이너.
그는 해괴한 제안을 하고, 카우프만은 그 제안을 받아들이죠.
그리고 카우프만의 저택은 20세기 최고의
건축물 중 하나로 남게 됩니다.

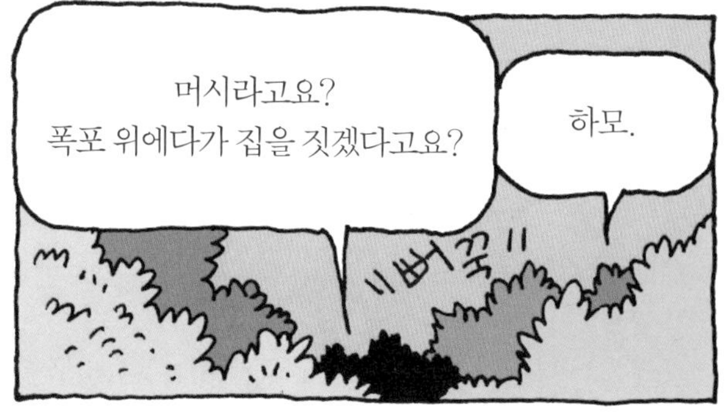

그 디자이너는 바로 뉴욕의 구겐하임 박물관을 비롯한 수많은 건축물들을 설계하며 대표적인 현대 건축디자이너로 손꼽히는 거장 프랭크 로이드 라이트입니다. 흘러내리는 폭포 위에 서서 자연과 더불어 멋을 뽐내는 카우프만의 별장을 사람들은 낙수장(FallingWater)이라고 부르게 되었습니다.

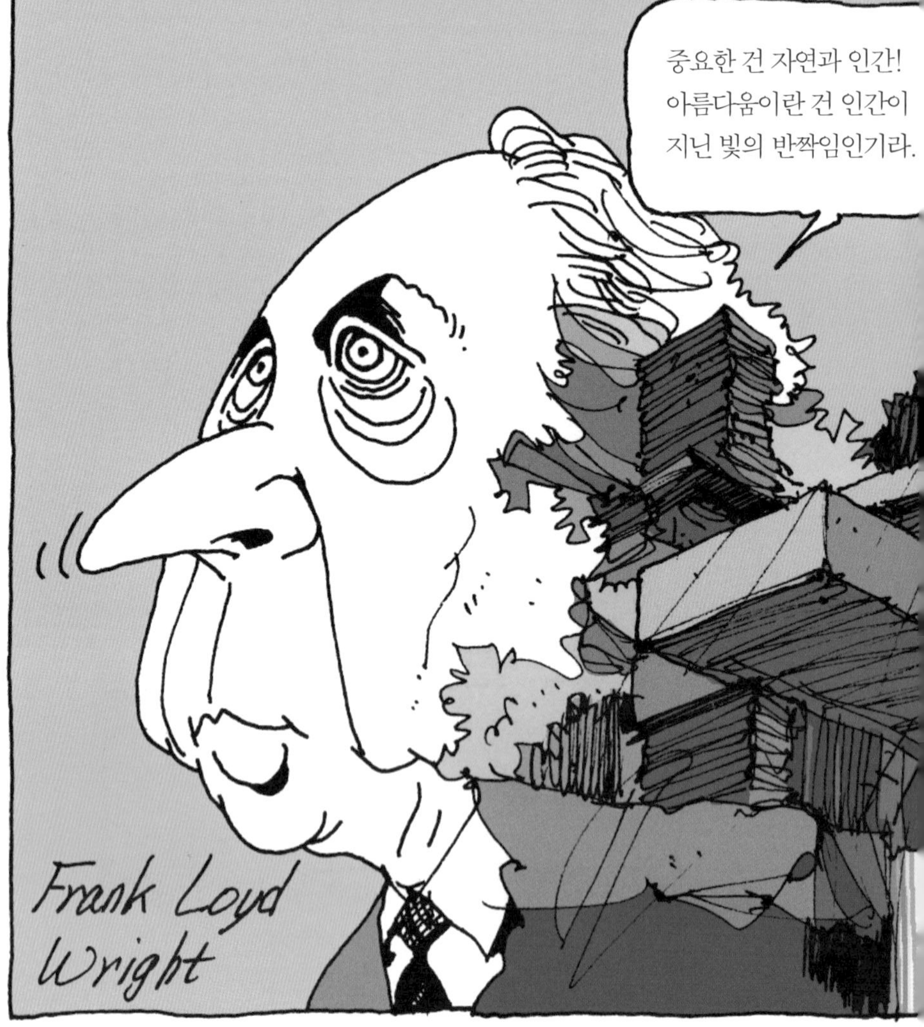

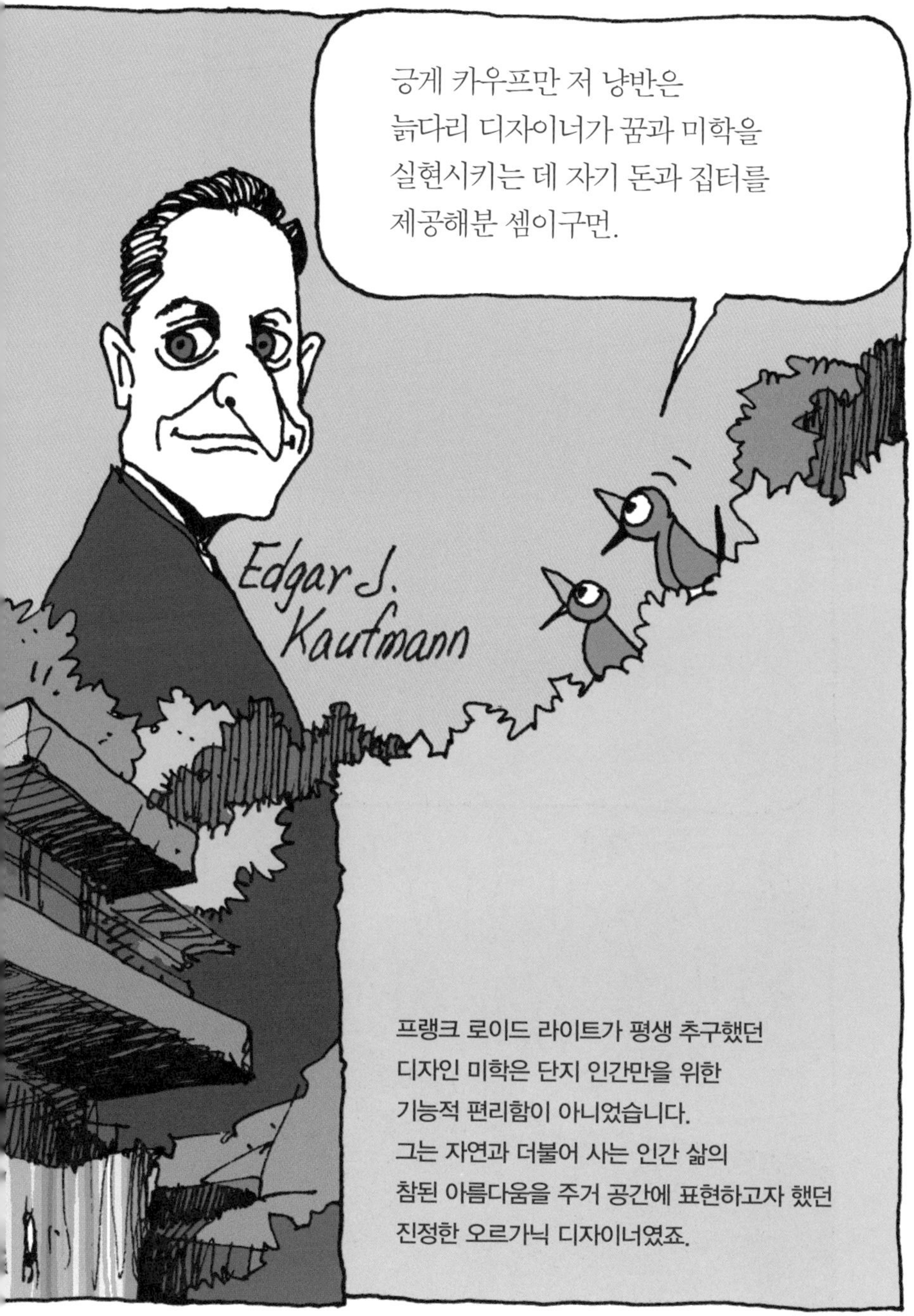

긍게 카우프만 저 냥반은
늙다리 디자이너가 꿈과 미학을
실현시키는 데 자기 돈과 집터를
제공해분 셈이구먼.

Edgar J. Kaufmann

프랭크 로이드 라이트가 평생 추구했던
디자인 미학은 단지 인간만을 위한
기능적 편리함이 아니었습니다.
그는 자연과 더불어 사는 인간 삶의
참된 아름다움을 주거 공간에 표현하고자 했던
진정한 오르가닉 디자이너였죠.

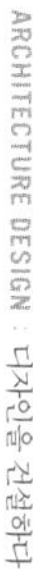

건축을 위해 자연을 손상시키지 않으려는
디자이너의 고집 때문에
낙수장이 항상 그 모습으로 남아 있기 위해선
지속적인 보수 관리가 필요합니다.
그러나 그 덕분에 꿈 같은 산속의 집이 탄생한 것입니다.

밤새 쏟아져 내리는 폭포 소리 때문에
잠 좀 못 자면 어떠냐? 천재 디자이너의
작품 설명에 내 이름이 함께 길이길이 남는 것으로
보상받는 거지.

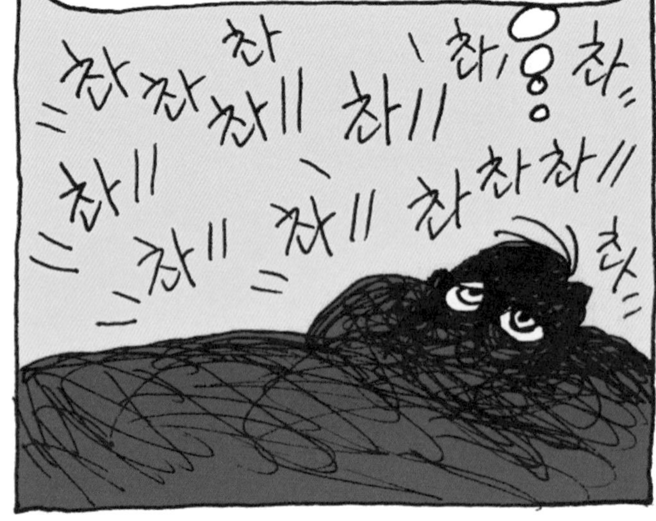

르 코르뷔지에,
합리적 이성을 건축한 디자이너

현대 건축의 아버지로 추앙받는 건축디자이너 르 코르뷔지에는 기념비적 인물입니다. 그는 집을 일컬어 "주거를 위한 기계"라고 천명하기도 했습니다. 건축을 합리적인 공간으로 해석하려 했던 그의 의지는 미래지향적인 건축 이념이라는 찬사를 받기도 했지만 포스트모더니스트들은 건축의 비인간화를 초래했다는 혹독한 비판을 하기도 합니다.

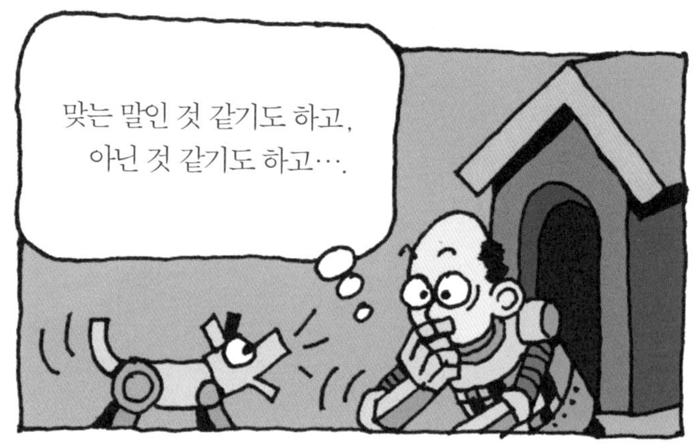

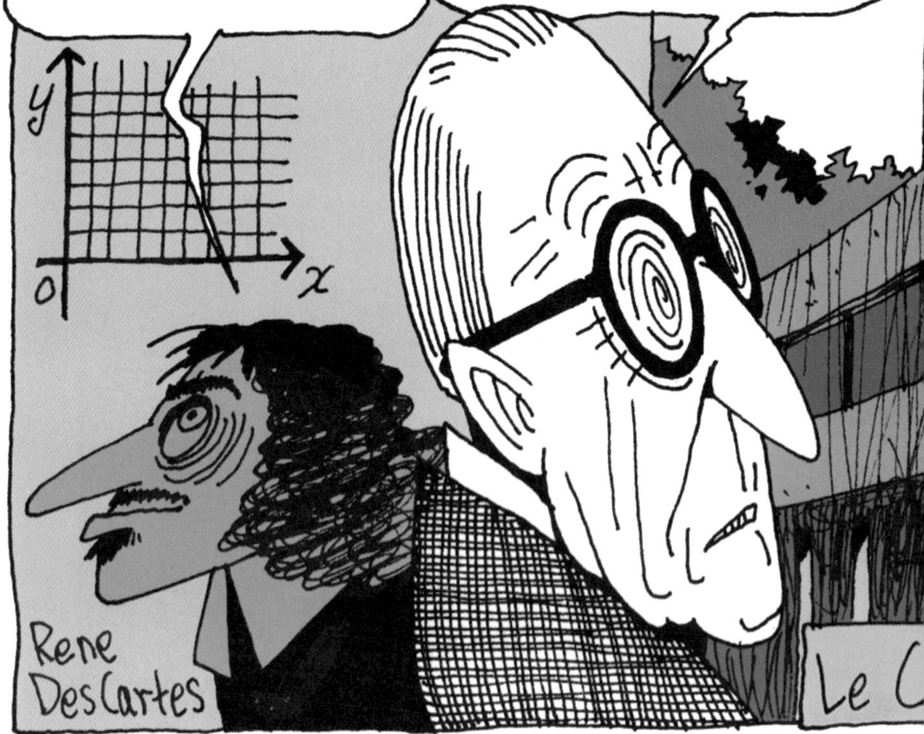
일찍이 근대사상의 문을 열었던 철학자 데카르트는
해석기하학을 창안해 세계를 균질적이고
수학적인 공간으로 보았습니다.
르 코르뷔지에는 그런 합리적 이성주의를
건축에 적용시킵니다.
그는 인간에게
편리한 공간을
만들기 위해서는
평균적인 인간의
신체와 활동 범위를
세계는 합리적으로
해석할 수 있다.
내겐 이성이 있기 때문에!
하모요!
건축도 매한가진기라예.
y
0
x
Rene
DesCartes
Le C

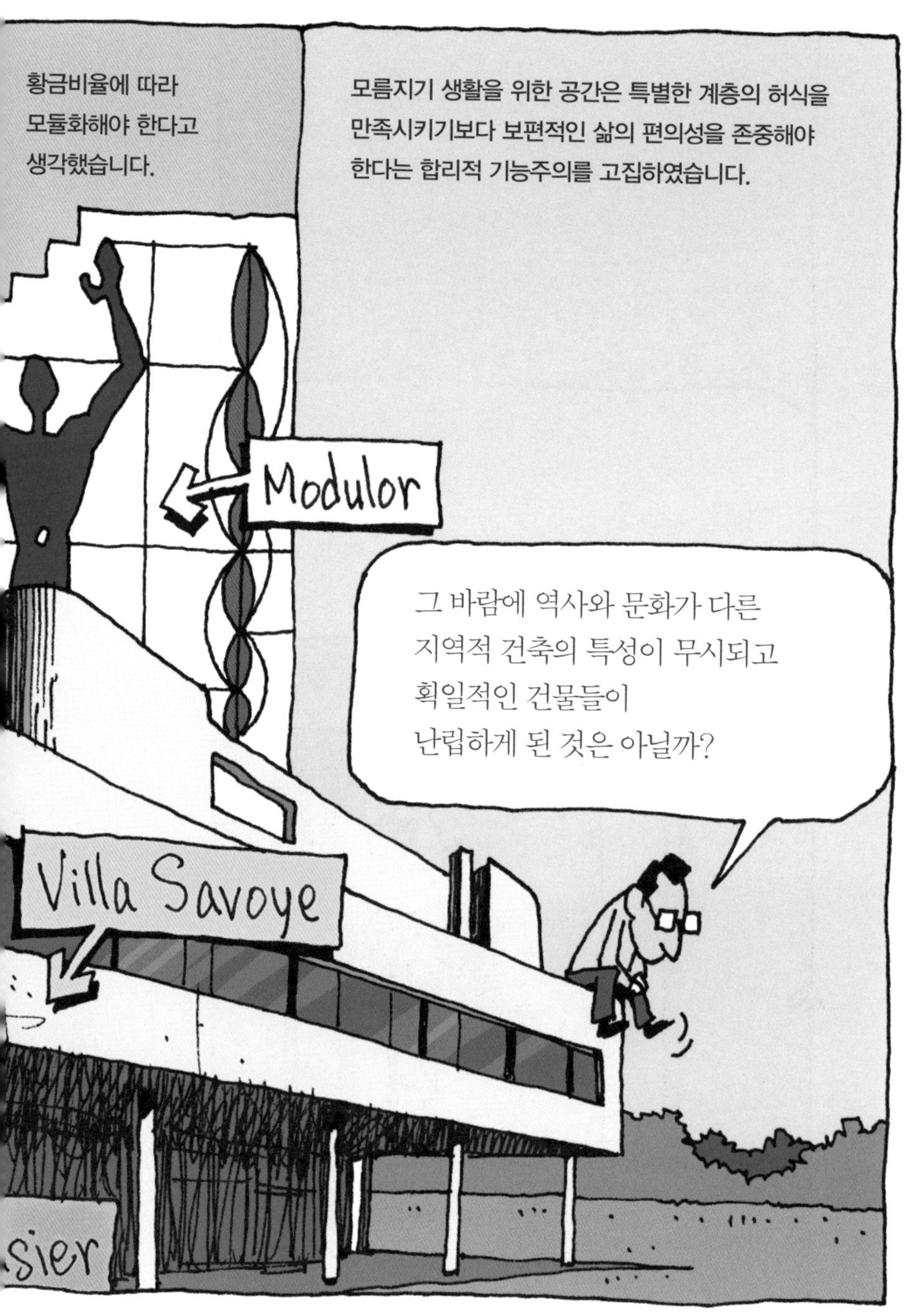
황금비율에 따라
모듈화해야 한다고
생각했습니다.
모름지기 생활을 위한 공간은 특별한 계층의 허식을
만족시키기보다 보편적인 삶의 편의성을 존중해야
한다는 합리적 기능주의를 고집하였습니다.
Modulor
그 바람에 역사와 문화가 다른
지역적 건축의 특성이 무시되고
획일적인 건물들이
난립하게 된 것은 아닐까?
Villa Savoye
sier

르 코르뷔지에의 건축 철학을 몰개성과
비인간화의 유래라며 비판하는 관점도 존재합니다.
그러나 그의 업적이 우리에게 남긴 효용이
무척 큰 것도 사실이죠.

이런 황당하고 전위적인 디자인 제품 위에
앉아 있는 것보다는 그래도
르 코르뷔지에의 모듈 이론이 낫겠군.

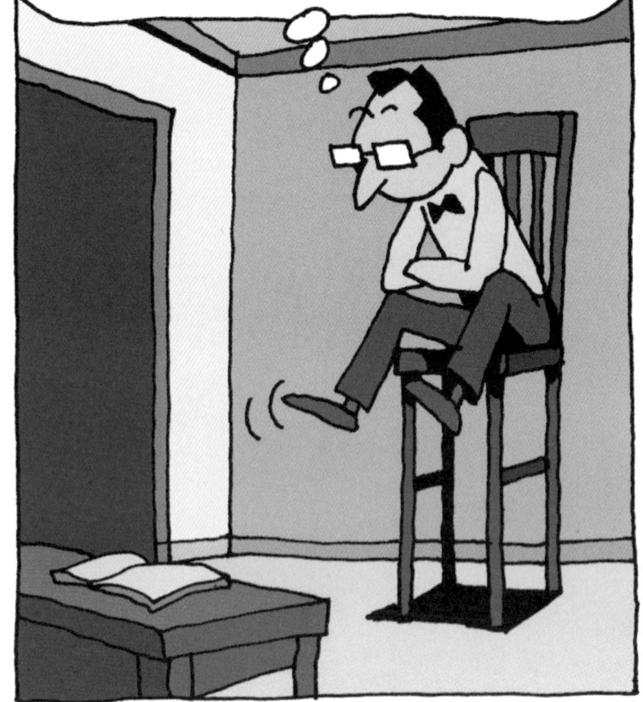

실험적인 건축디자인의 대가, 프랭크 게리

철학자 니체는 서양 문명의 원류인 그리스문화를
이성과 균형의 상징인 아폴론적인 요소와
도취와 격정의 상징인 디오니소스적인 요소로
나누어 분석한 바 있습니다.
오늘날 건축계의 살아 있는 전설로 통하는 프랭크 게리는
건축에 디오니소스적 요소를 가장 잘 드러낸 인물입니다.
그는 디오니소스적 열정으로 파괴적인 실험을 거듭하며
세계 각지에 춤추는 듯한 건물들을 세우고 있습니다.

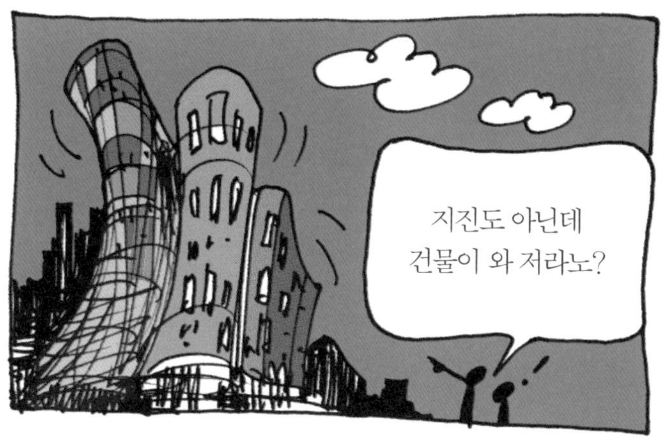

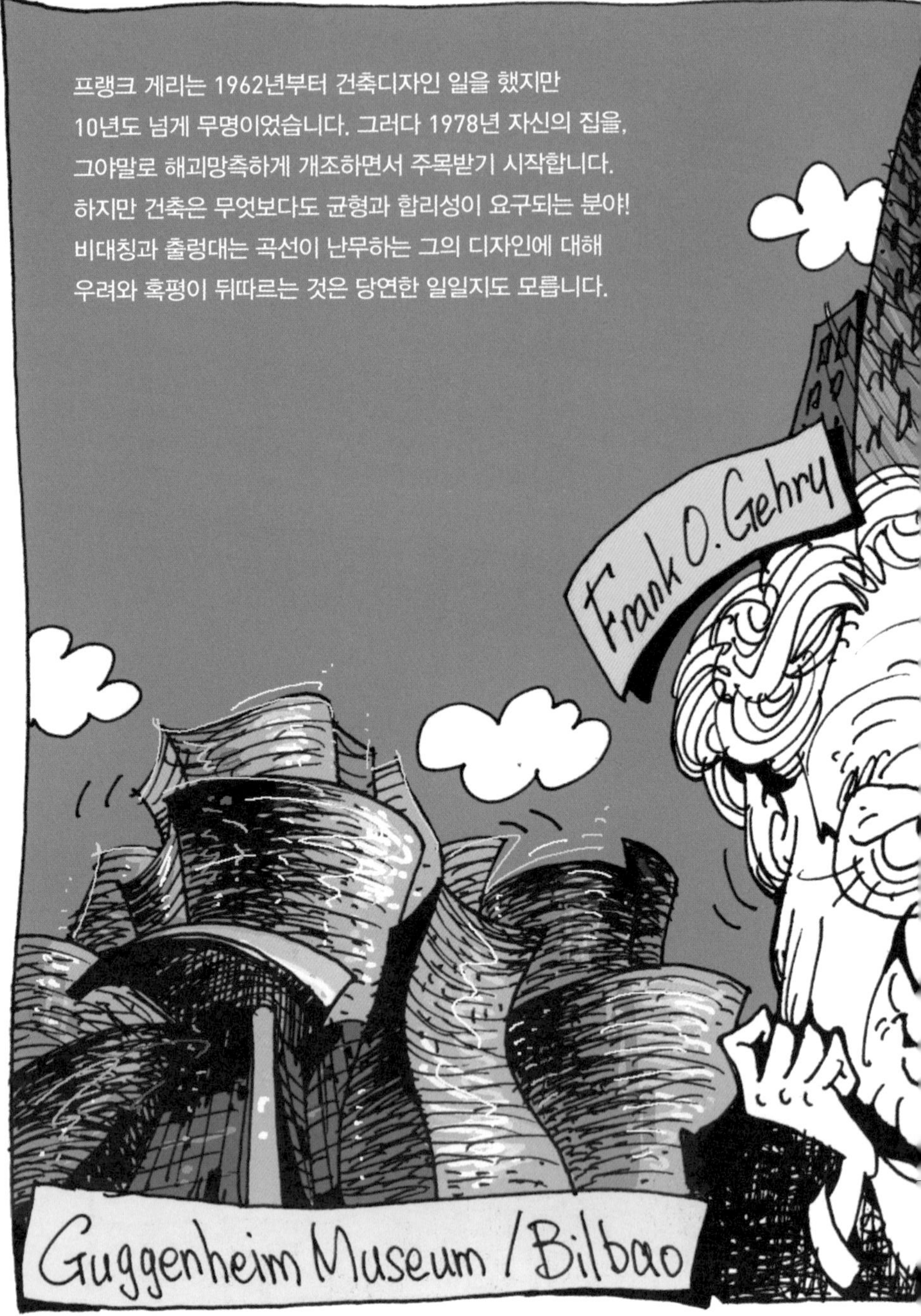
프랭크 게리는 1962년부터 건축디자인 일을 했지만
10년도 넘게 무명이었습니다. 그러다 1978년 자신의 집을,
그야말로 해괴망측하게 개조하면서 주목받기 시작합니다.
하지만 건축은 무엇보다도 균형과 합리성이 요구되는 분야!
비대칭과 출렁대는 곡선이 난무하는 그의 디자인에 대해
우려와 혹평이 뒤따르는 것은 당연한 일일지도 모릅니다.
Frank O. Gehry
Guggenheim Museum / Bilbao

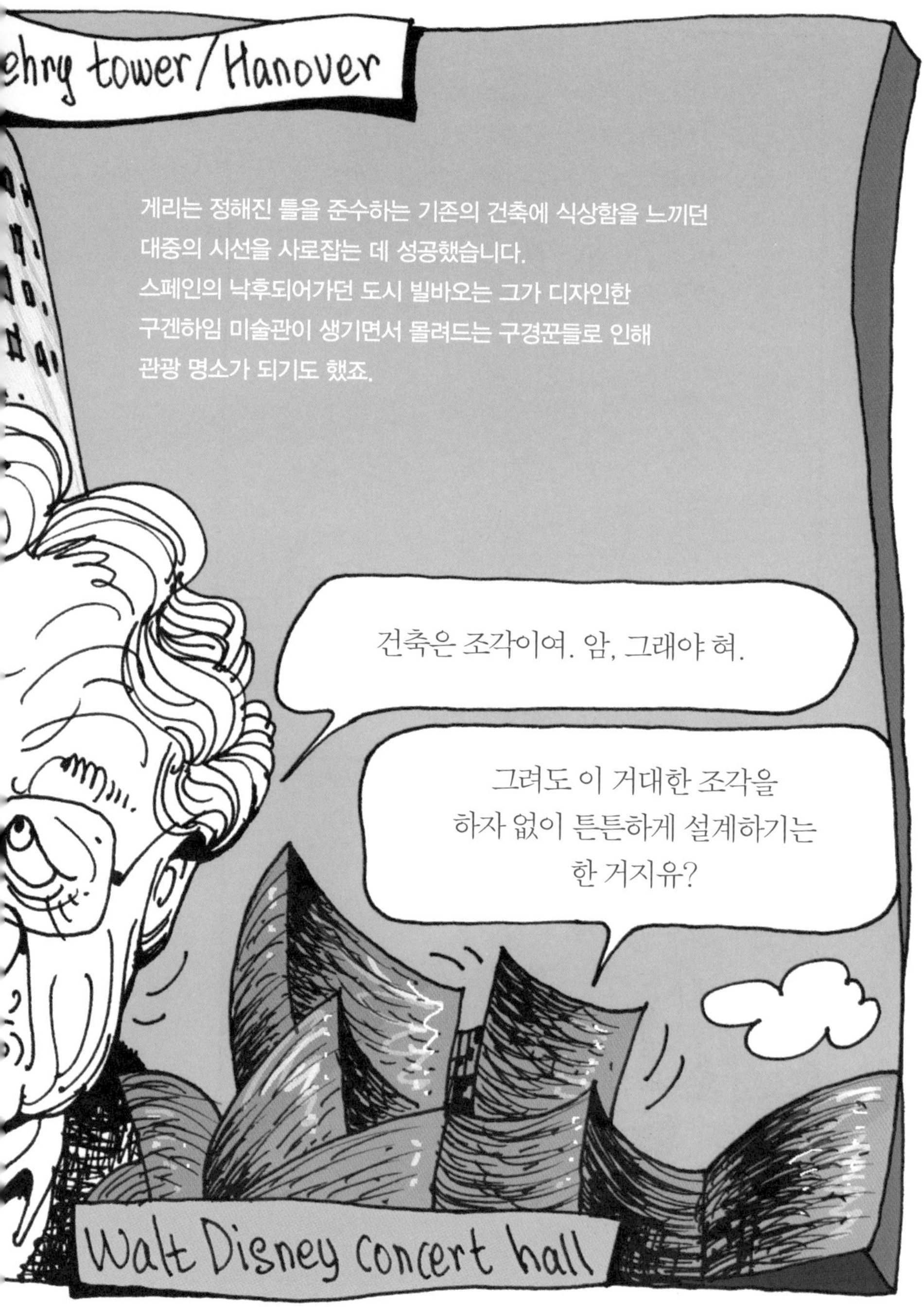

ehry tower/Hanover

게리는 정해진 틀을 준수하는 기존의 건축에 식상함을 느끼던 대중의 시선을 사로잡는 데 성공했습니다.
스페인의 낙후되어가던 도시 빌바오는 그가 디자인한 구겐하임 미술관이 생기면서 몰려드는 구경꾼들로 인해 관광 명소가 되기도 했죠.

건축은 조각이여. 암, 그래야 혀.

그러도 이 거대한 조각을
하자 없이 튼튼하게 설계하기는
한 거지유?

Walt Disney concert hall

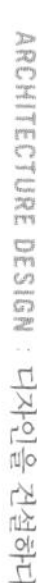

게리의 건축을 해체주의로 해석하고
그를 기성 건축 개념의 파괴자로 여기는
사람들도 있습니다. 그러나 달리 생각하면
그는 엄격한 규칙과 권위보다는 대중들의
감성과 유희를 더욱 소중히 여기는
친절한 건축가이기도 합니다.

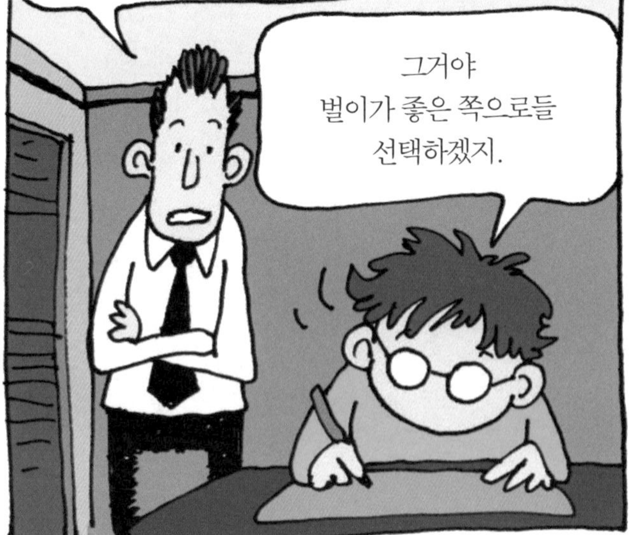

이탈리아 디자인의 저력, 도무스

1928년에 이탈리아에서 창간되어
세계적인 디자인 저널로 성장한 잡지
「도무스」는 라틴어로 집을 뜻합니다.

독일 근대 디자인운동의 아이콘인
바우하우스의 의미도 '집'으로 같지만
멋에 대한 관점과 디자인을 규정하는
방식은 판이하게 달랐죠.

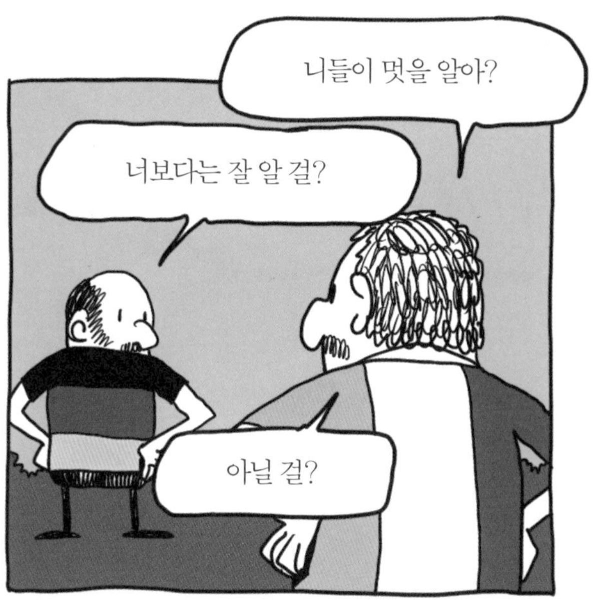

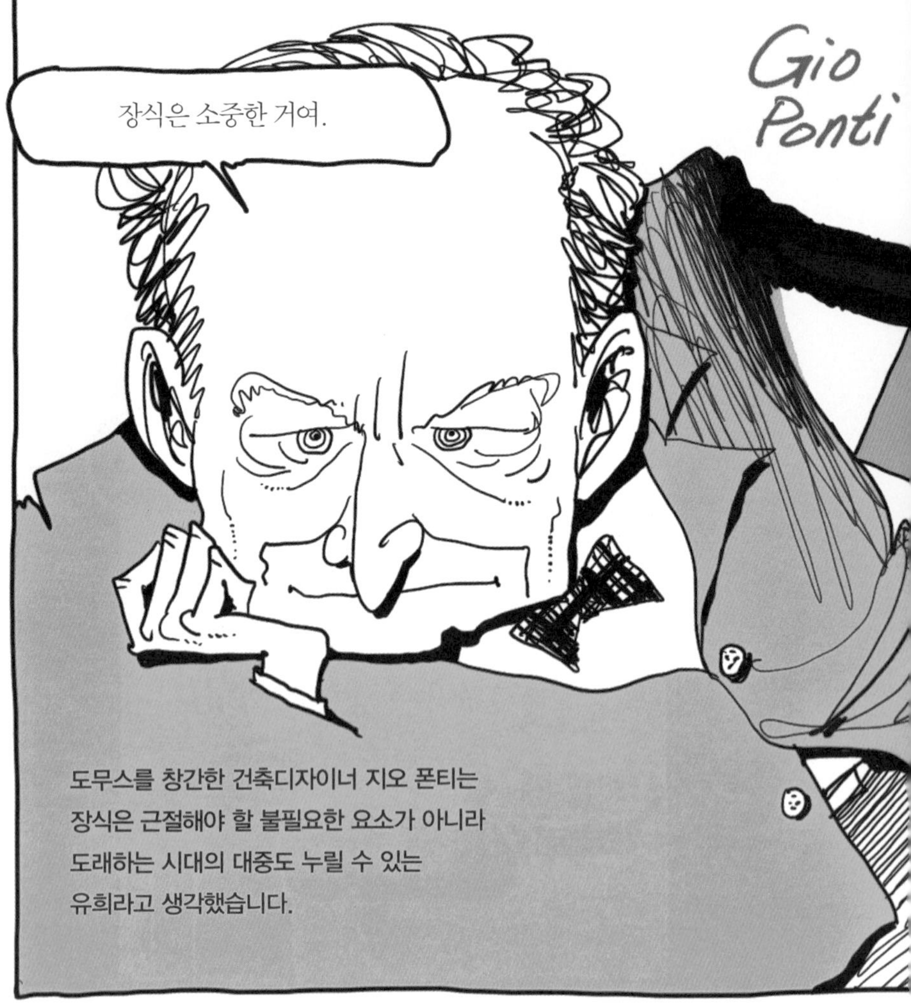
20세기 초 모더니즘이 디자인계를 휩쓸었습니다.
바우하우스의 교장을 지냈던 건축가
미스 반 데어 로에의 "Less is more"라는 말이
근대 디자인의 강령으로 받아들여지는 분위기였죠.
그렇지만 이탈리아의 디자이너들은
'멋 부리기'를 포기할 마음이 없었습니다.
Gio Ponti
장식은 소중한 거여.
도무스를 창간한 건축디자이너 지오 폰티는
장식은 근절해야 할 불필요한 요소가 아니라
도래하는 시대의 대중도 누릴 수 있는
유희라고 생각했습니다.

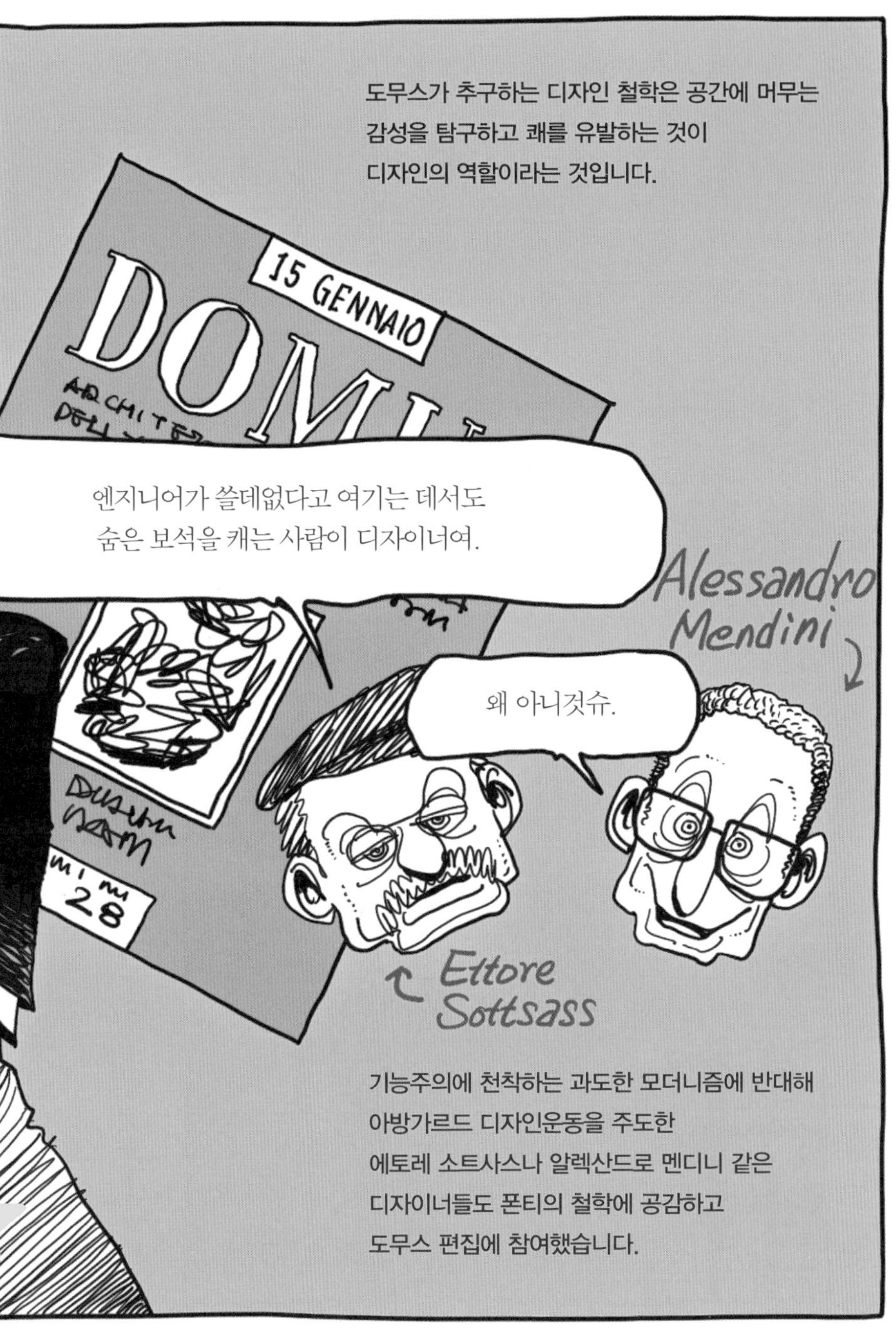
도무스가 추구하는 디자인 철학은 공간에 머무는
감성을 탐구하고 쾌를 유발하는 것이
디자인의 역할이라는 것입니다.
15 GENNAIO
DOMU
엔지니어가 쓸데없다고 여기는 데서도
숨은 보석을 캐는 사람이 디자이너여.
Alessandro
Mendini
왜 아니것슈.
28
Ettore
Sottsass
기능주의에 천착하는 과도한 모더니즘에 반대해
아방가르드 디자인운동을 주도한
에토레 소트사스나 알렉산드로 멘디니 같은
디자이너들도 폰티의 철학에 공감하고
도무스 편집에 참여했습니다.

찬란했던 로마 문명으로부터
르네상스를 거쳐 미래파로 대표되는
특유의 장식 문화를 계승하는
이탈리아의 DNA를 담은 듯,
도무스는 일상의 미학을 배제하지
않으면서도 혁신을 거듭해
멀티미디어 시대에도 유효한
문화 저널로 살아남았습니다.

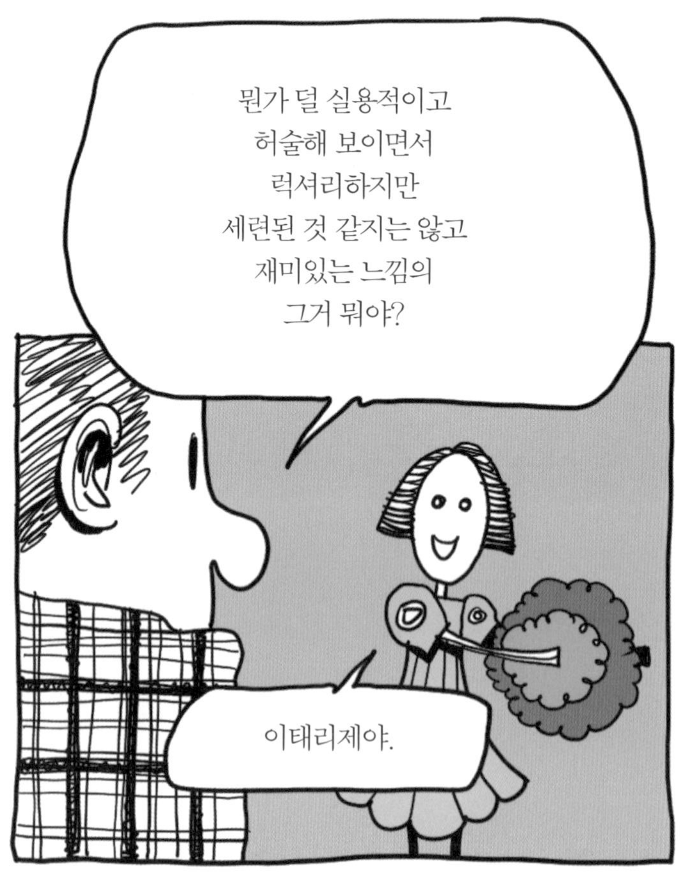

FURNITURE DESIGN

일상의 퀄리티를 올리는 디자인

스칸디나비아 디자인, 인테리어를 장악하다

몇 년 전부터 스칸디나비아 디자인이 꾸준히 사랑받고 있습니다.
값비싼 북유럽 가구를 취급하는 상점들이 종종 눈에 띄지만
사실 스칸디나비아 디자인은 소박함과 실용성에 근간이 있습니다.

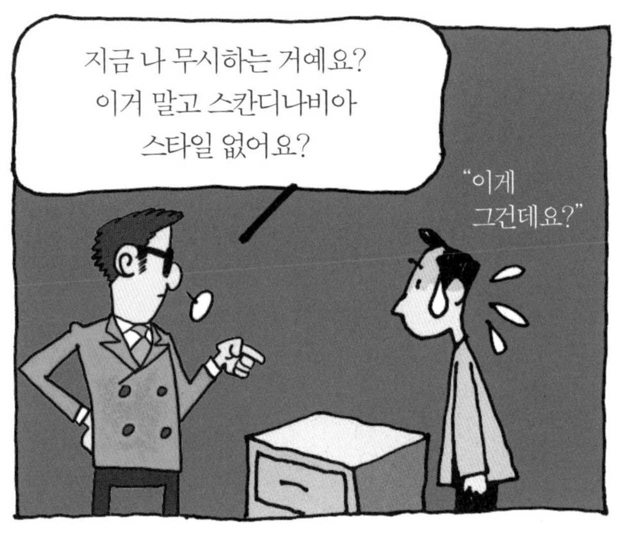

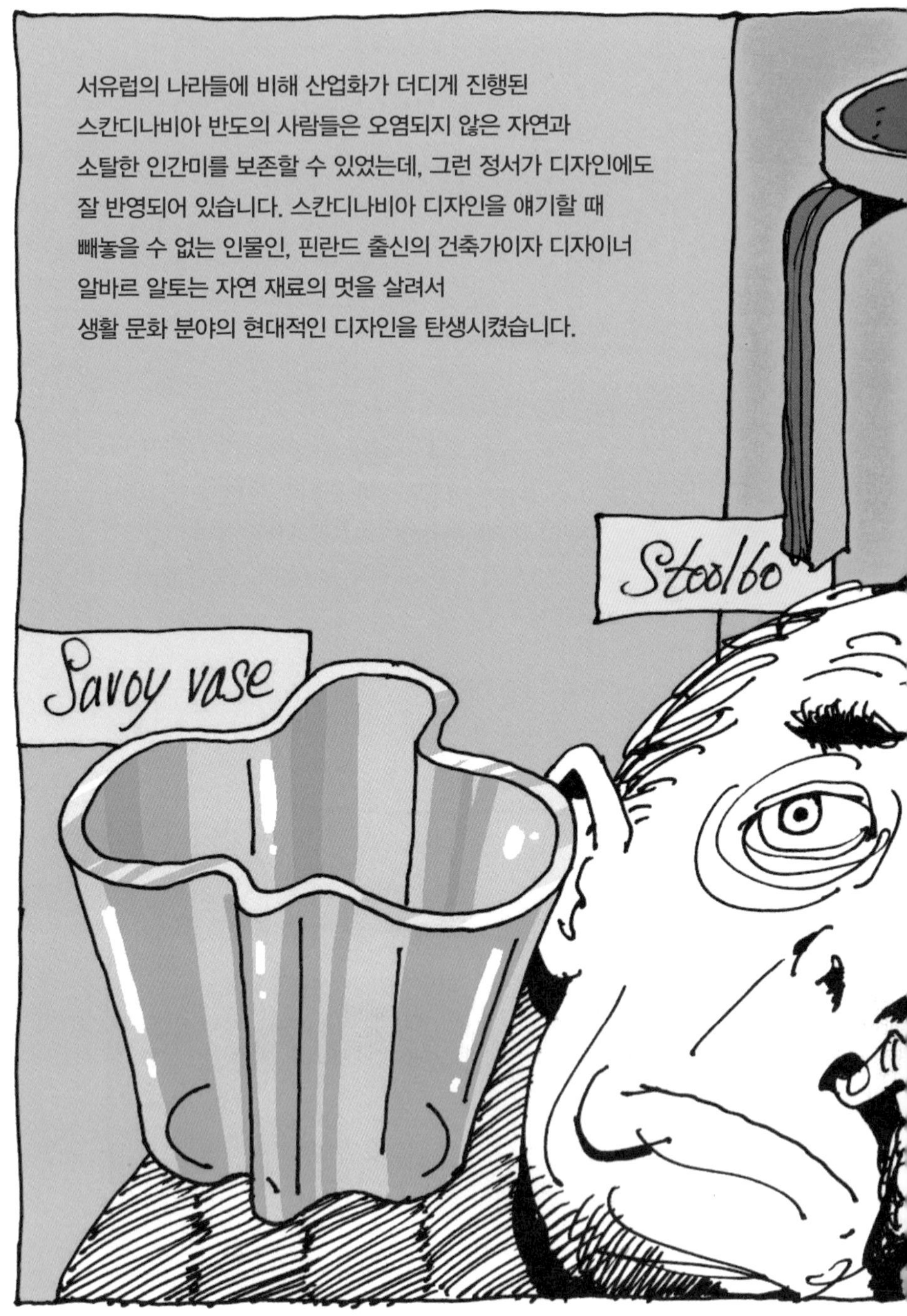
서유럽의 나라들에 비해 산업화가 더디게 진행된 스칸디나비아 반도의 사람들은 오염되지 않은 자연과 소탈한 인간미를 보존할 수 있었는데, 그런 정서가 디자인에도 잘 반영되어 있습니다. 스칸디나비아 디자인을 얘기할 때 빼놓을 수 없는 인물인, 핀란드 출신의 건축가이자 디자이너 알바르 알토는 자연 재료의 멋을 살려서 생활 문화 분야의 현대적인 디자인을 탄생시켰습니다.
Stool60
Savoy vase

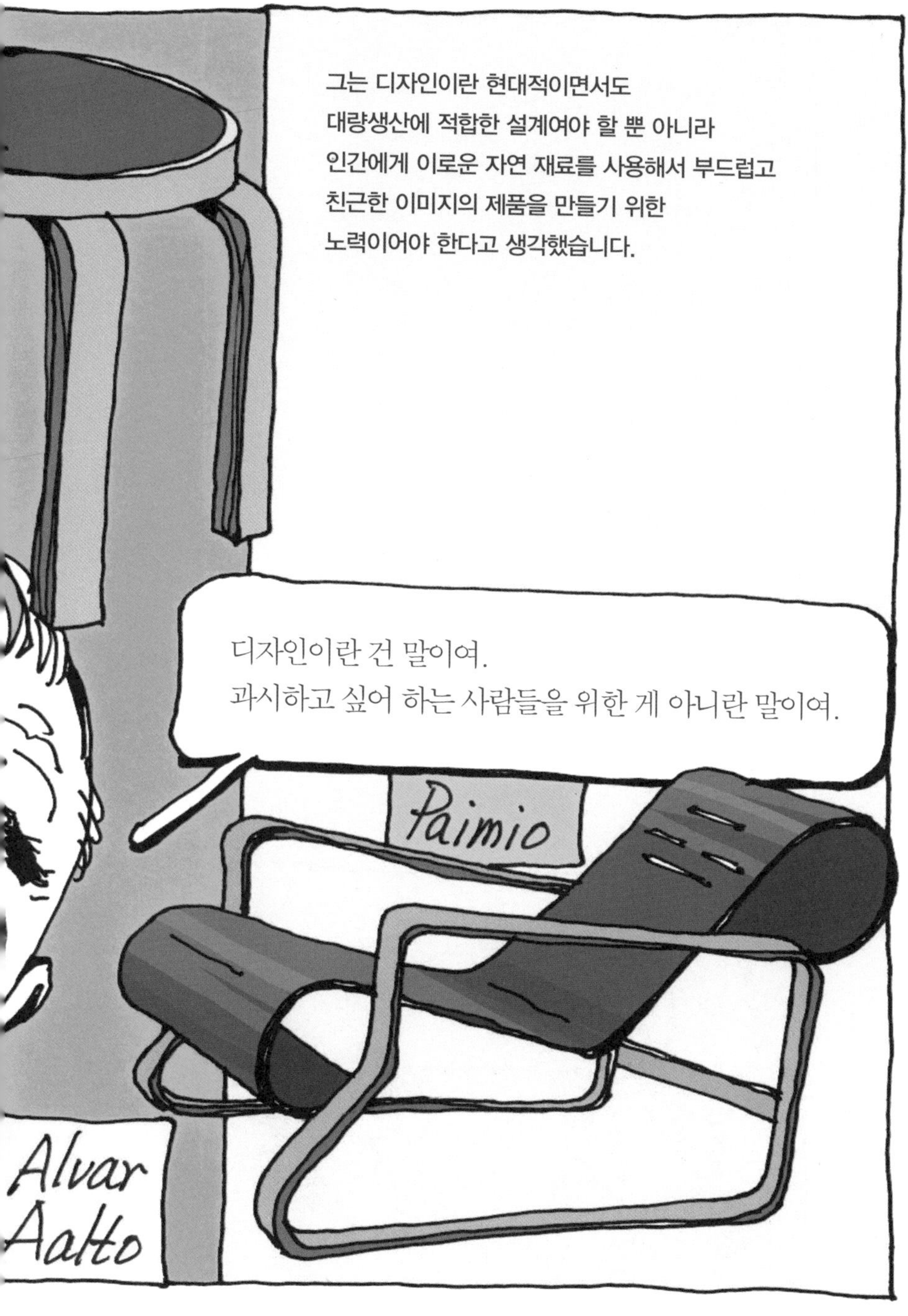

그는 디자인이란 현대적이면서도
대량생산에 적합한 설계여야 할 뿐 아니라
인간에게 이로운 자연 재료를 사용해서 부드럽고
친근한 이미지의 제품을 만들기 위한
노력이어야 한다고 생각했습니다.

디자인이란 건 말이여.
과시하고 싶어 하는 사람들을 위한 게 아니란 말이여.

Paimio

Alvar Aalto

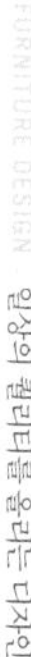

스칸디나비아의 디자인이 바우하우스 중심의
모더니즘과 비슷한 외형을 가지고도
좀 더 푸근하고 안락한 느낌이 드는 것은
자연과 더불어 사는 정취를 이미 생활 속에
지니고 있었던 그곳 사람들의 여유 있고 소탈한
마음씨 때문이지 않을까요?

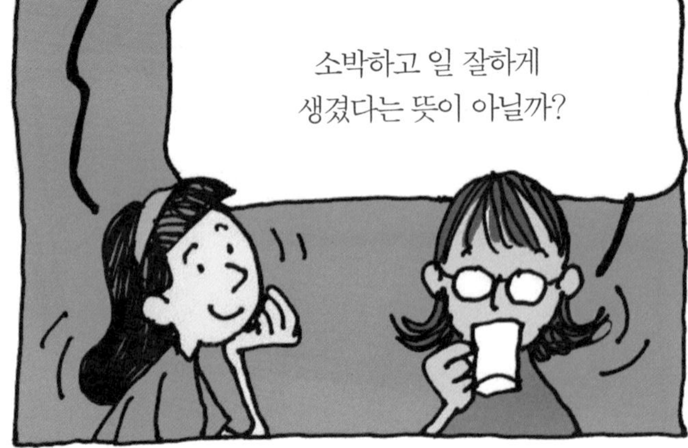

이케아
:북유럽의 정서를 보편화하다

1926년 열일곱 살 소년 하나가 삼촌의 부엌을 빌려 회사를 차렸습니다. 초기에는 잡동사니 생활용품들을 만들어 팔다가 곧 저렴한 재료를 사용한 조립식 가구를 주력 품목으로 정하고 팔기 시작했죠. 그리고 1978년, 세상에서 가장 많이 팔린 가구 '빌리'를 탄생시켰습니다. 그리고 소년이었던 회사의 창업주, 잉바르 캄프라드는 지금 몇 손가락 안에 드는 세계 최고의 갑부가 되었습니다.

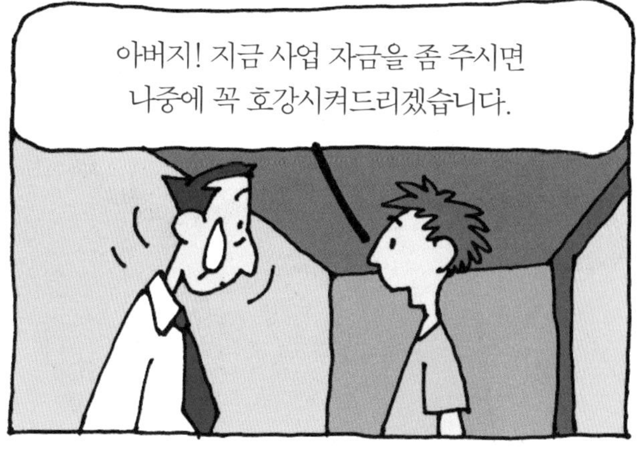

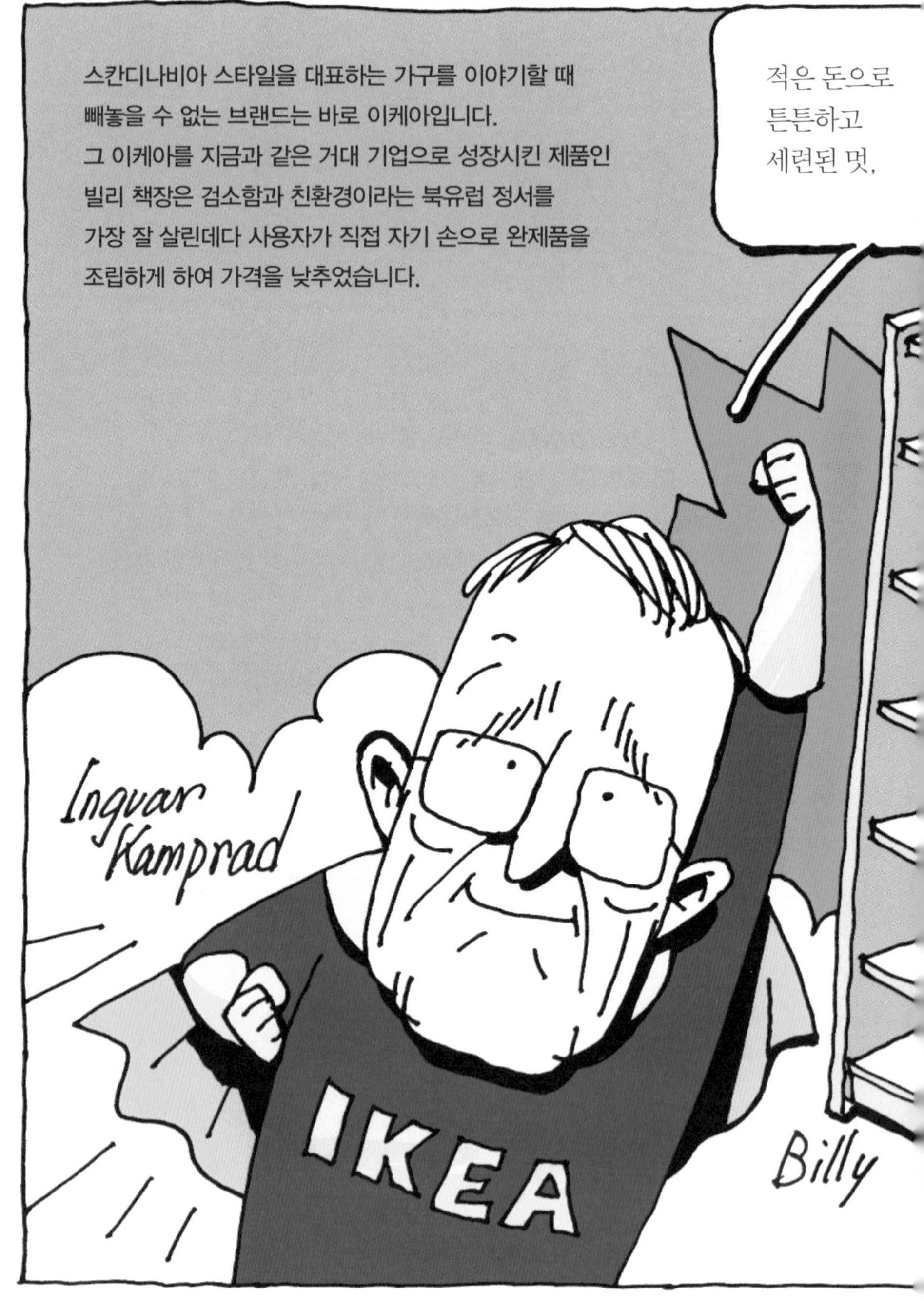
스칸디나비아 스타일을 대표하는 가구를 이야기할 때
빼놓을 수 없는 브랜드는 바로 이케아입니다.
그 이케아를 지금과 같은 거대 기업으로 성장시킨 제품인
빌리 책장은 검소함과 친환경이라는 북유럽 정서를
가장 잘 살린데다 사용자가 직접 자기 손으로 완제품을
조립하게 하여 가격을 낮추었습니다.
적은 돈으로
튼튼하고
세련된 멋,
Ingvar
Kamprad
IKEA
Billy

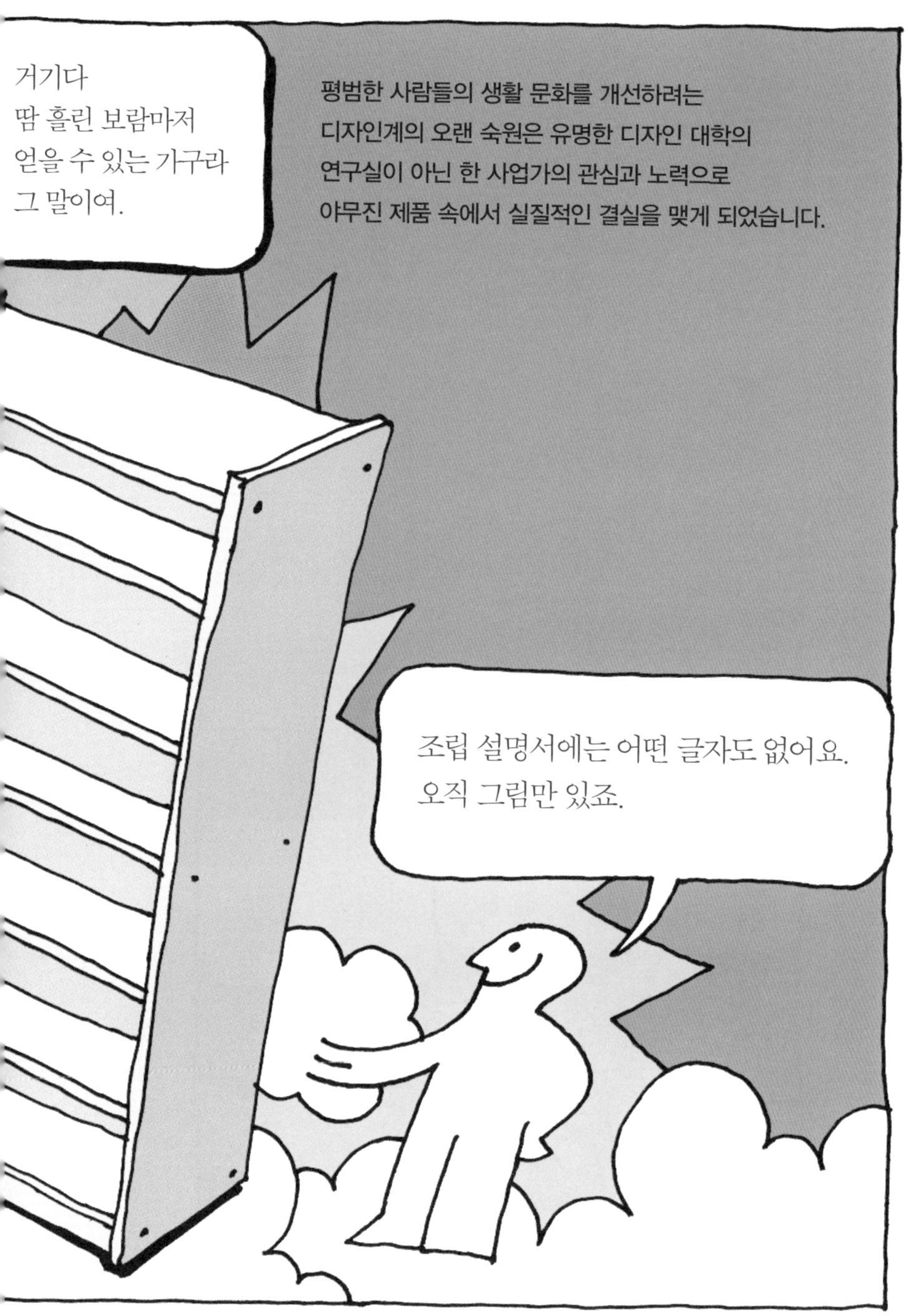
거기다
땀 흘린 보람마저
얻을 수 있는 가구라
그 말이여.
평범한 사람들의 생활 문화를 개선하려는
디자인계의 오랜 숙원은 유명한 디자인 대학의
연구실이 아닌 한 사업가의 관심과 노력으로
야무진 제품 속에서 실질적인 결실을 맺게 되었습니다.
조립 설명서에는 어떤 글자도 없어요.
오직 그림만 있죠.

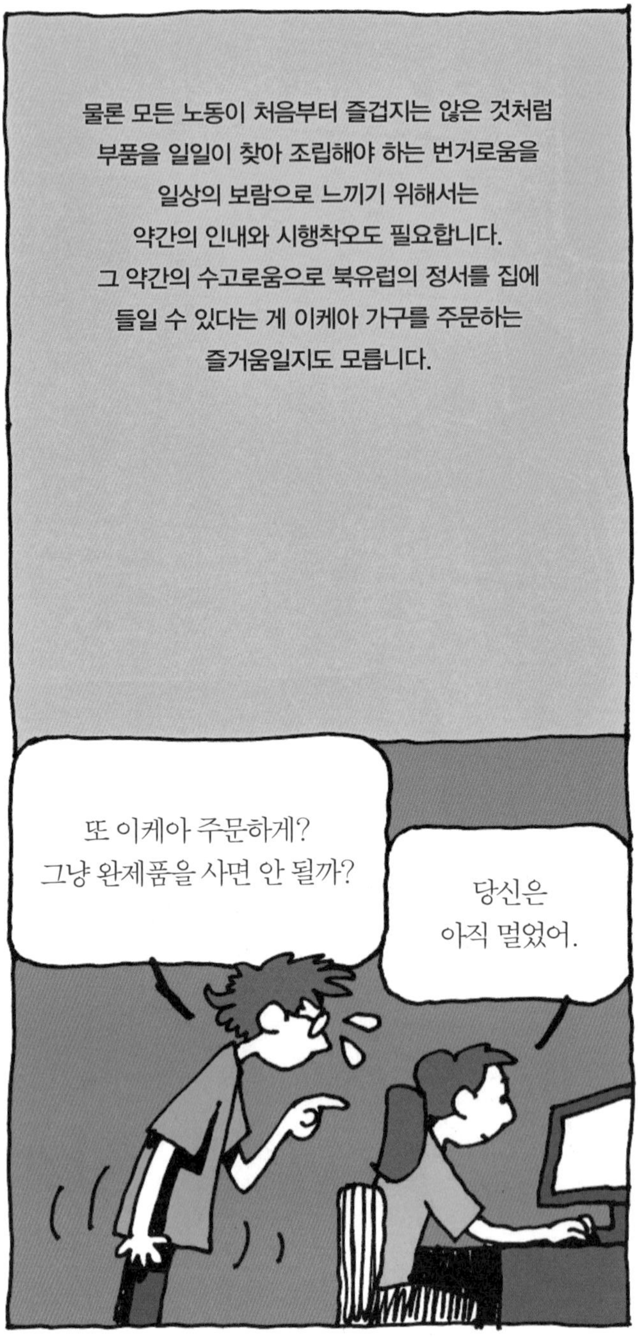

물론 모든 노동이 처음부터 즐겁지는 않은 것처럼
부품을 일일이 찾아 조립해야 하는 번거로움을
일상의 보람으로 느끼기 위해서는
약간의 인내와 시행착오도 필요합니다.
그 약간의 수고로움으로 북유럽의 정서를 집에
들일 수 있다는 게 이케아 가구를 주문하는
즐거움일지도 모릅니다.

또 이케아 주문하게?
그냥 완제품을 사면 안 될까?

당신은
아직 멀었어.

토네트 No.14
: 조립형 의자의 시작

유명한 건축가 겸 디자이너들이 한결같이 저마다의 개성을 담아서 작품으로 남긴 한 가지 아이템이 있습니다. 바로 의자입니다. 디자인 문화비평가인 김신 씨는 디자이너들이 유독 의자디자인에 관심을 갖는 이유에 대해, "의자는 예술적 이상과 철학을 압축해서 담아내기에 적합한 제품이기 때문"이라고 설명하기도 했습니다.

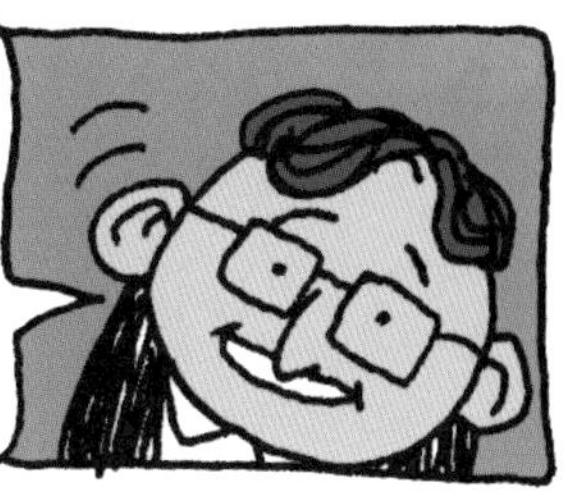

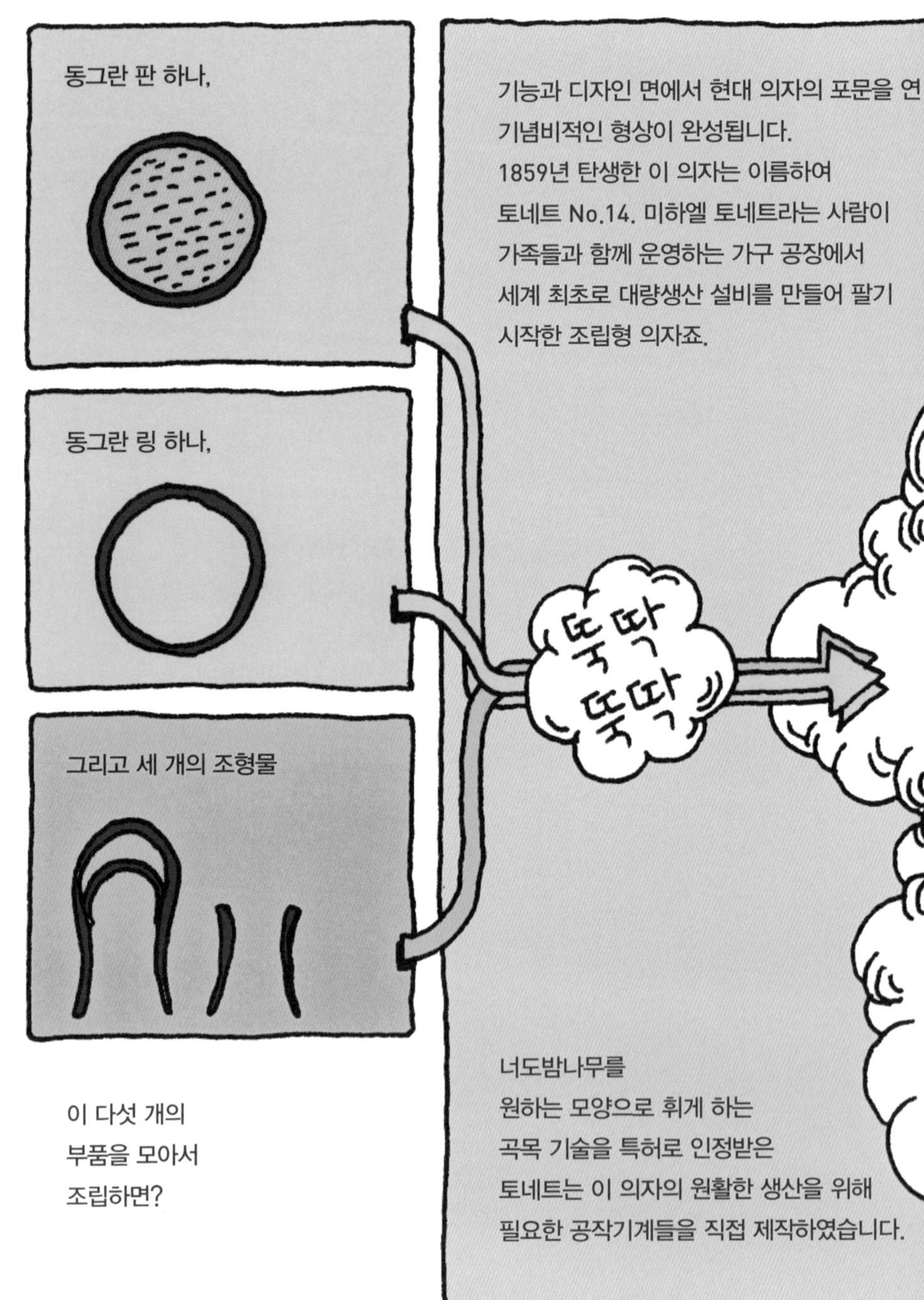

이 다섯 개의
부품을 모아서
조립하면?

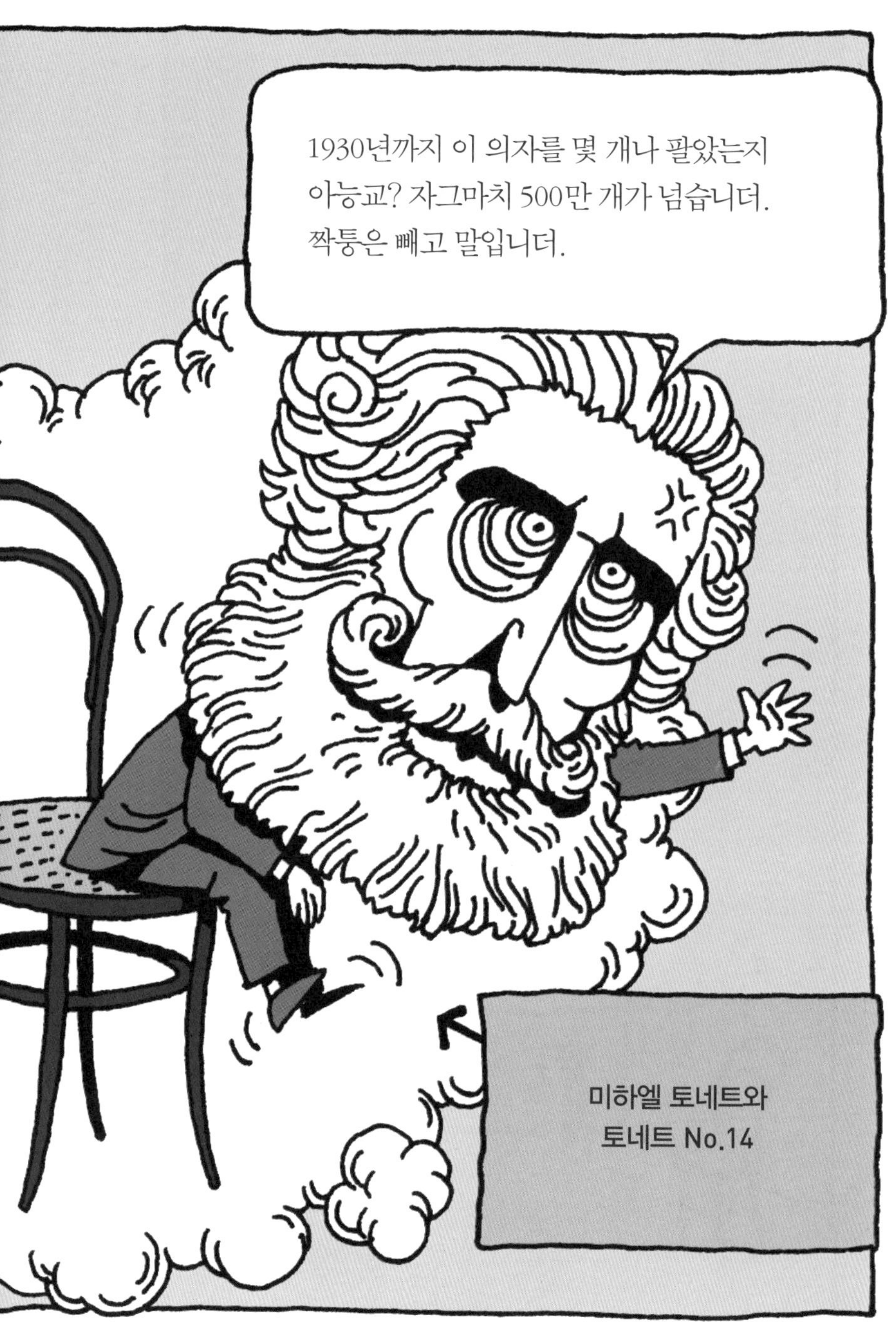
1930년까지 이 의자를 몇 개나 팔았는지 아능교? 자그마치 500만 개가 넘습니더. 짝퉁은 빼고 말입니더.
미하엘 토네트와 토네트 No.14

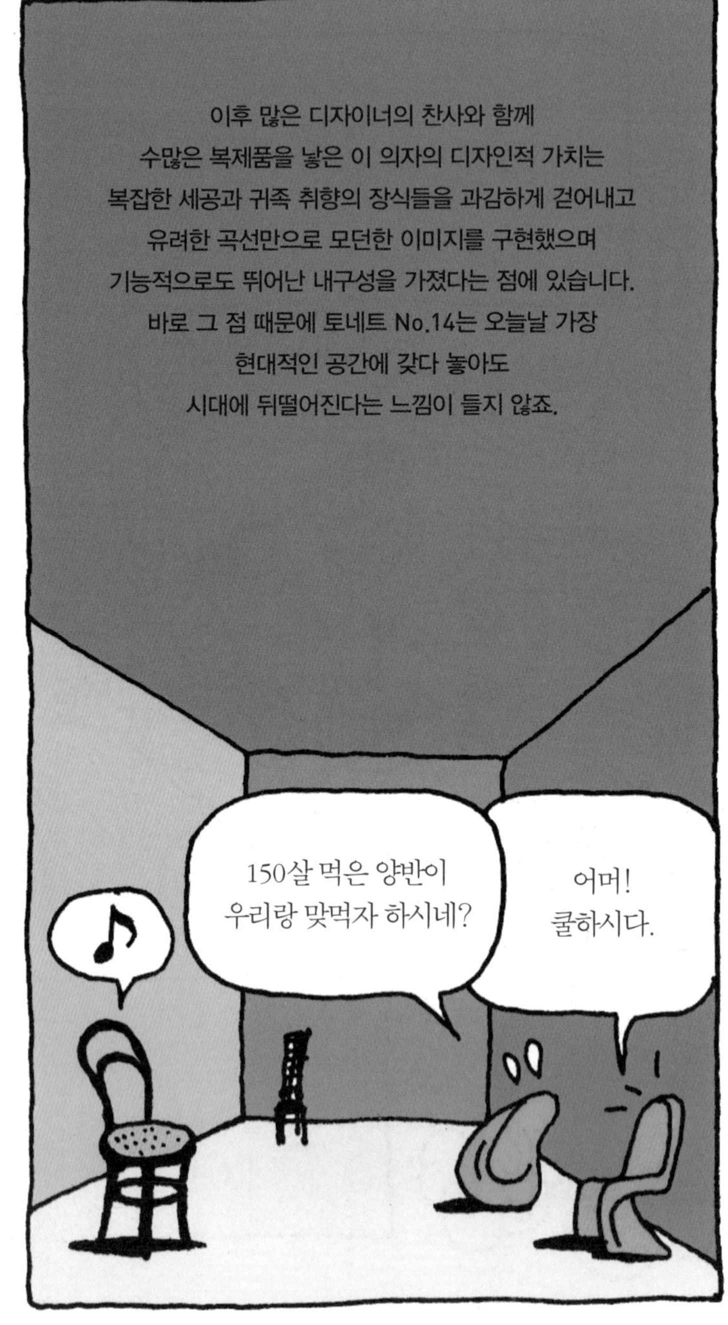
이후 많은 디자이너의 찬사와 함께
수많은 복제품을 낳은 이 의자의 디자인적 가치는
복잡한 세공과 귀족 취향의 장식들을 과감하게 걷어내고
유려한 곡선만으로 모던한 이미지를 구현했으며
기능적으로도 뛰어난 내구성을 가졌다는 점에 있습니다.
바로 그 점 때문에 토네트 No.14는 오늘날 가장
현대적인 공간에 갖다 놓아도
시대에 뒤떨어진다는 느낌이 들지 않죠.
♪
150살 먹은 양반이 우리랑 맞먹자 하시네?
어머! 쿨하시다.

바실리 체어
: 최초의 금속 튜브 의자

모임의 우두머리 격인 의장이나 위원장 같은 사람을
영어로 Chairman이라고 부릅니다.
이로 미루어 보아 옛날 서양에서는 의자라는 것이
아무나 앉을 수 없는 높은 신분과 권력의
상징이었음을 알 수 있습니다.

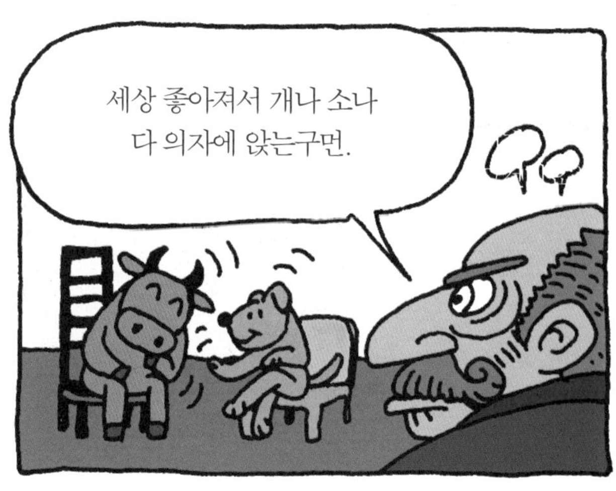

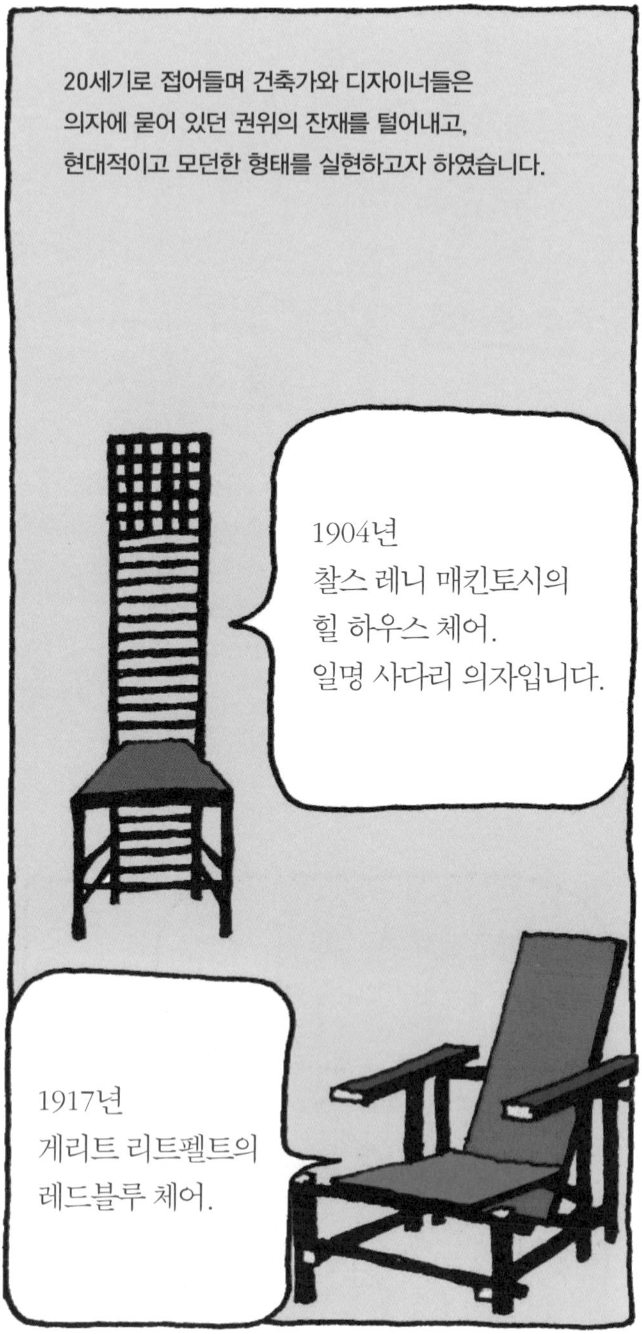

20세기로 접어들며 건축가와 디자이너들은
의자에 묻어 있던 권위의 잔재를 털어내고,
현대적이고 모던한 형태를 실현하고자 하였습니다.

1904년
찰스 레니 매킨토시의
힐 하우스 체어.
일명 사다리 의자입니다.

1917년
게리트 리트펠트의
레드블루 체어.

그런 조형 운동이 한창이던 시절,
바우하우스 가구 공방의 책임자였던
헝가리 태생의 건축가 마르셀 브로이어는
자전거를 타다가 의자디자인의 역사를 새로 쓸
아이디어를 떠올립니다.

의자도 자전거처럼 만들 수 있을 것 같다는
생각이 막 떠올라유~

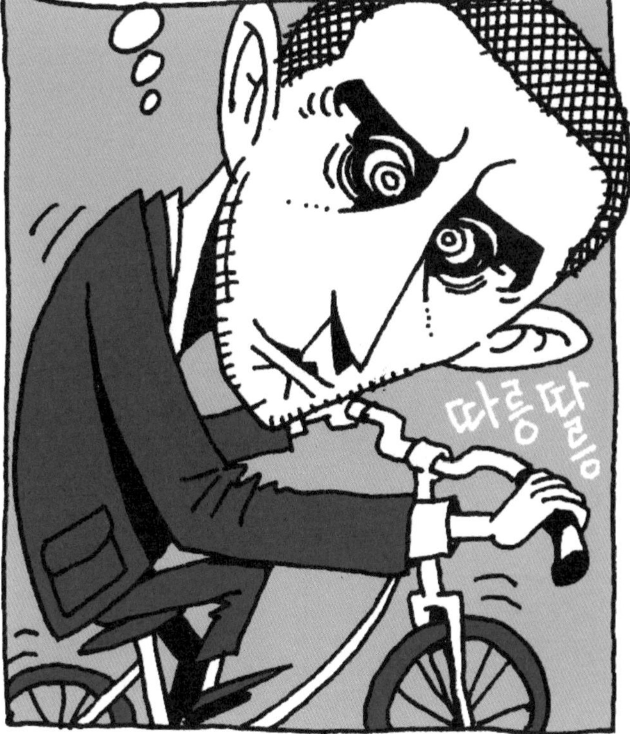

나무가 아닌 금속 튜브를 사용한 의자를 디자인하여
또 하나의 혁신을 이룩한 것이죠.
1925년 만들어진 이 최초의 금속 튜브 의자는
러시아의 구성주의 화가 바실리 칸딘스키의 이름을 따서
'바실리 체어'라고 불립니다.

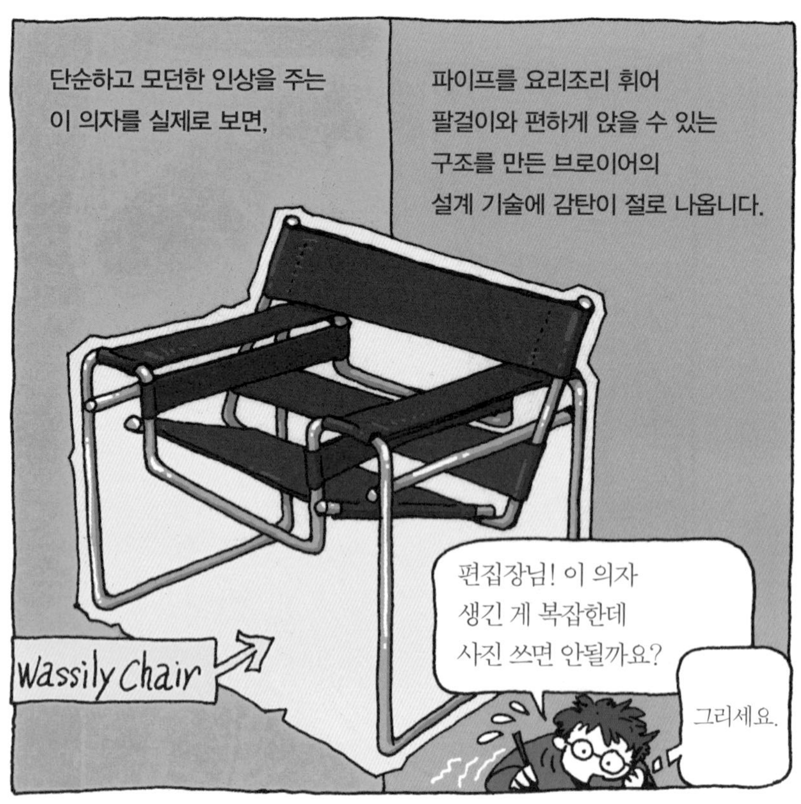

바르셀로나 체어
: 디자인사에 남을 명품 의자

'Less is more'
덜어낼수록 풍부해진다, 라고 번역되는 이 짧은 문장은
디자인계에서 가장 오랫동안 회자되고 있으며
많은 디자이너가 작업의 신조로 삼는 유명한 경구입니다.
이 한마디를 남긴 사람은 독일 출신의 건축가이자
디자이너인 루트비히 미스 반 데어 로에. 그는 이 명언 외에도
기념비적인 건축물, 그리고 의자 몇 개를 세상에 남겼습니다.

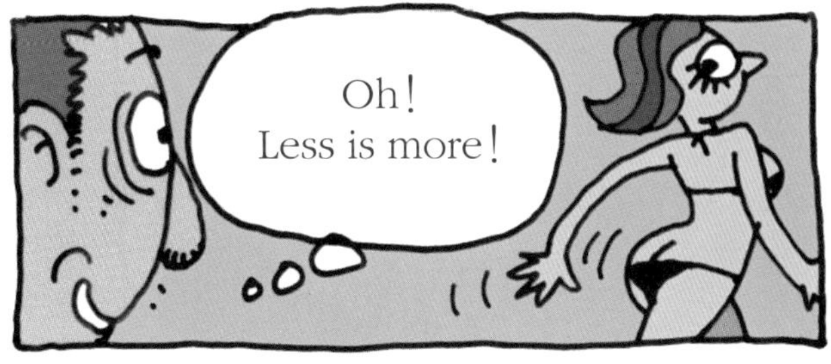

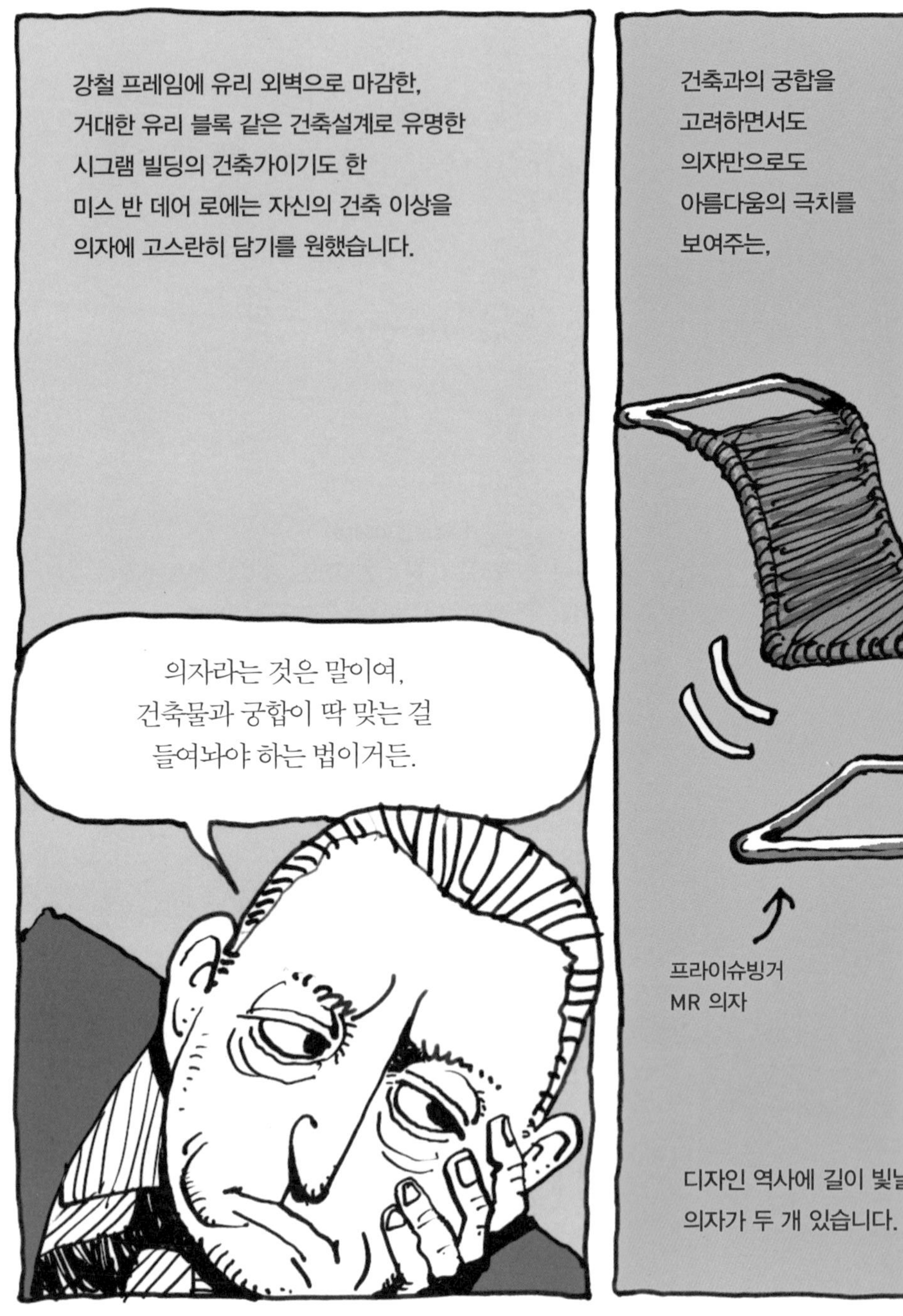

강철 프레임에 유리 외벽으로 마감한, 거대한 유리 블록 같은 건축설계로 유명한 시그램 빌딩의 건축가이기도 한 미스 반 데어 로에는 자신의 건축 이상을 의자에 고스란히 담기를 원했습니다.
의자라는 것은 말이여, 건축물과 궁합이 딱 맞는 걸 들여놔야 하는 법이거든.
건축과의 궁합을 고려하면서도 의자만으로도 아름다움의 극치를 보여주는,
프라이슈빙거 MR 의자
디자인 역사에 길이 빛날 의자가 두 개 있습니다.

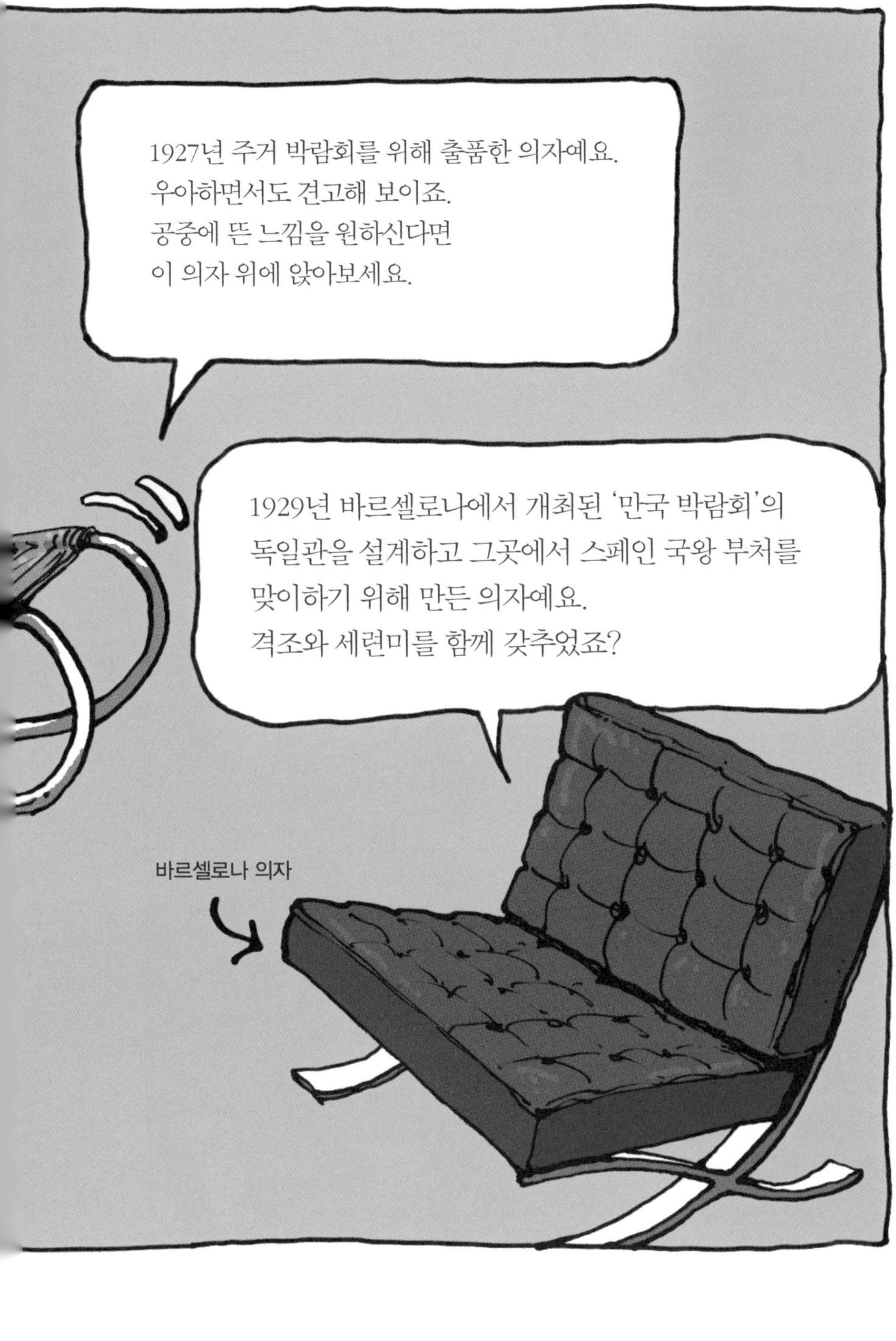

1927년 주거 박람회를 위해 출품한 의자예요.
우아하면서도 견고해 보이죠.
공중에 뜬 느낌을 원하신다면
이 의자 위에 앉아보세요.

1929년 바르셀로나에서 개최된 '만국 박람회'의
독일관을 설계하고 그곳에서 스페인 국왕 부처를
맞이하기 위해 만든 의자예요.
격조와 세련미를 함께 갖추었죠?

바르셀로나 의자

역사에 길이 남을
이 의자는 지금도
판매되고 있지만
진품의 가격을 알면
깜짝 놀랄 겁니다.
가격의 공포를
경험하고 싶은 분들은
도전해보시길!

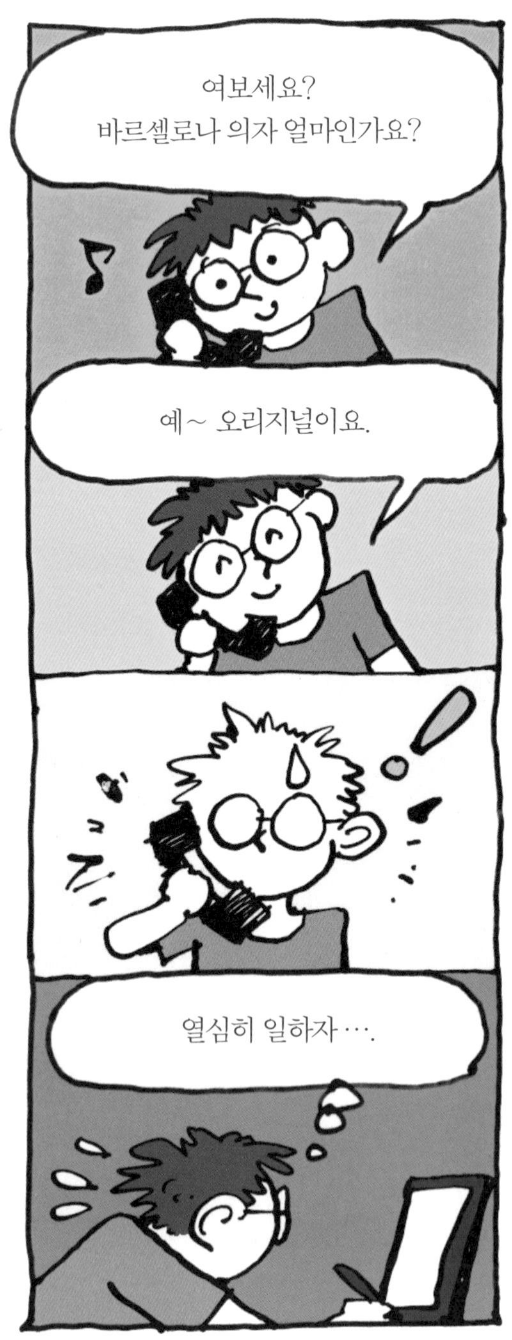

팬톤 체어
:가구 역사의 획을 긋다

이렇게 말하는 사람도 있습니다.
"갈수록 전자제품 외관에서 동작 버튼이 사라지는 추세라
산업디자이너들이 할 일이 없어지고 있어요."
맞는 말입니다.
하지만 디자이너들은 영리해서 단순함마저 개성 있는
멋을 표현하기 위한 요소로 활용합니다.

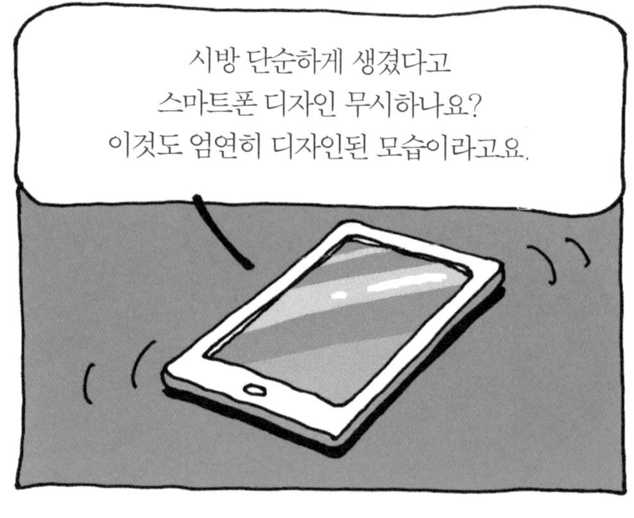

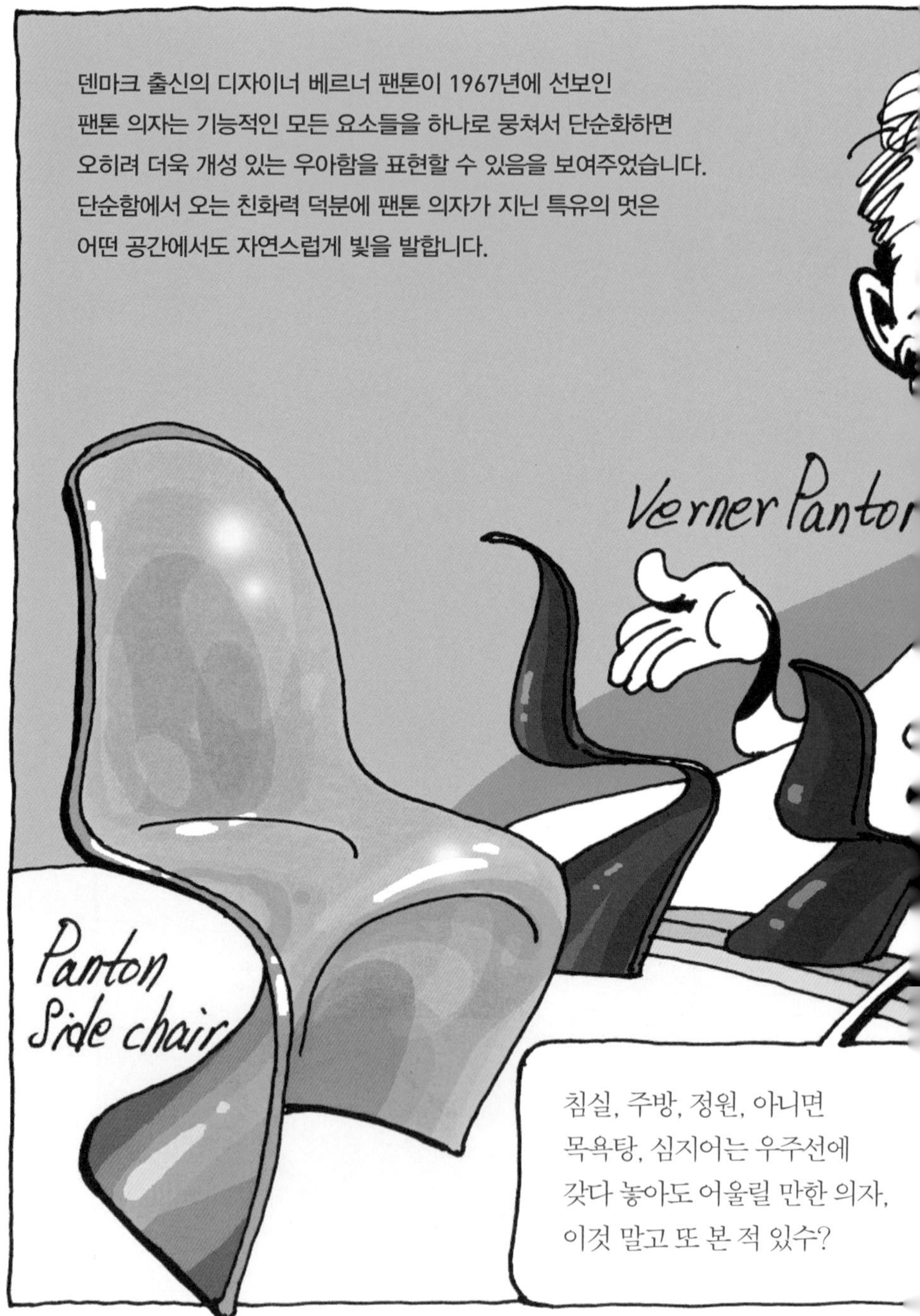
덴마크 출신의 디자이너 베르너 팬톤이 1967년에 선보인
팬톤 의자는 기능적인 모든 요소들을 하나로 뭉쳐서 단순화하면
오히려 더욱 개성 있는 우아함을 표현할 수 있음을 보여주었습니다.
단순함에서 오는 친화력 덕분에 팬톤 의자가 지닌 특유의 멋은
어떤 공간에서도 자연스럽게 빛을 발합니다.
Verner Panton
Panton Side chair
침실, 주방, 정원, 아니면
목욕탕, 심지어는 우주선에
갖다 놓아도 어울릴 만한 의자,
이것 말고 또 본 적 있수?

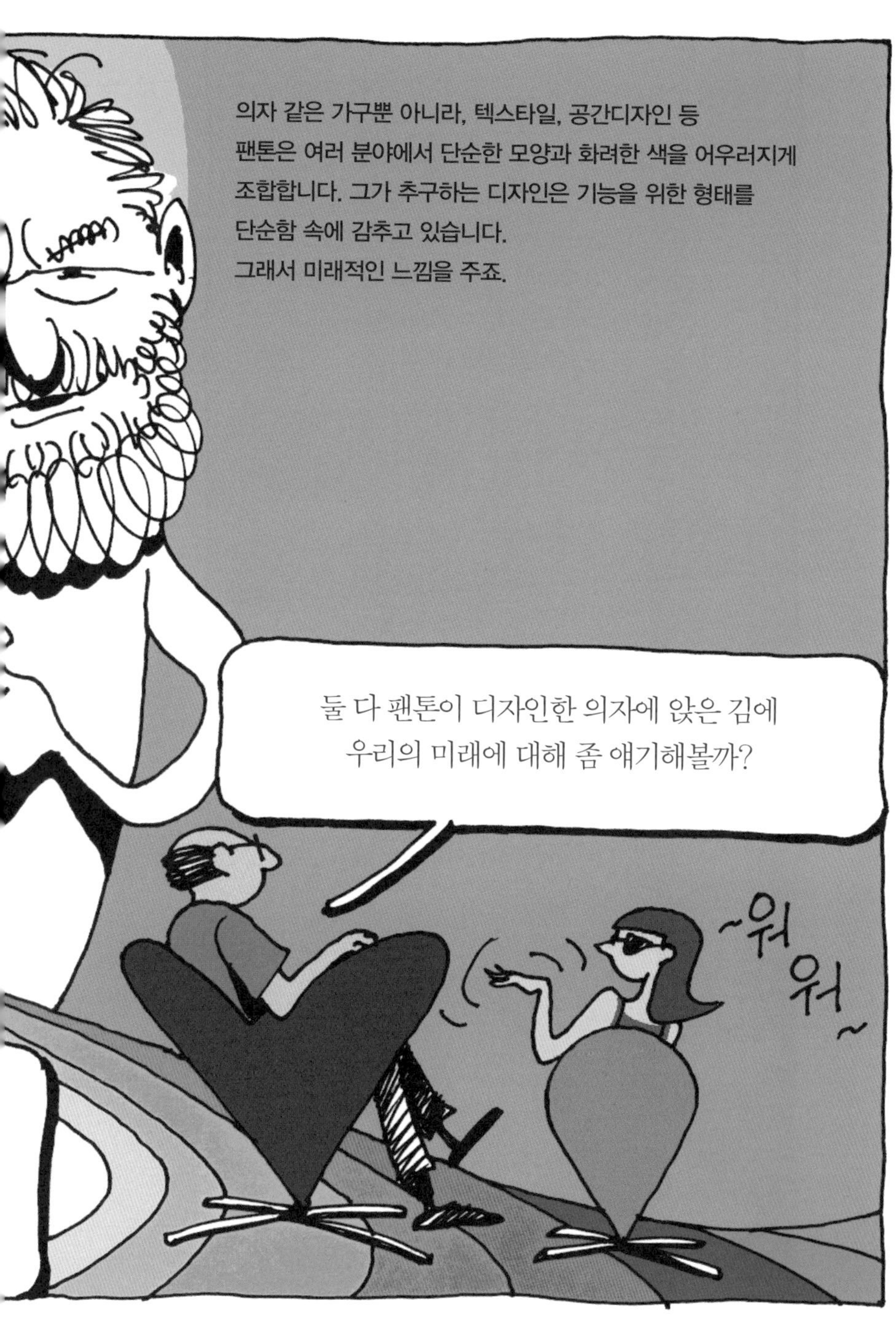
의자 같은 가구뿐 아니라, 텍스타일, 공간디자인 등
팬톤은 여러 분야에서 단순한 모양과 화려한 색을 어우러지게
조합합니다. 그가 추구하는 디자인은 기능을 위한 형태를
단순함 속에 감추고 있습니다.
그래서 미래적인 느낌을 주죠.
둘 다 팬톤이 디자인한 의자에 앉은 김에
우리의 미래에 대해 좀 얘기해볼까?
~워
워~

팬톤은 형태가 일체화된 제품은
획일적이고 무미건조할 것이라는 통념을 깨트립니다.
이처럼 단순함은 하나의 디자인 전략이기도
한 셈입니다. 톡톡 튀는 개성이 난무하는 때에는
단순한 것이 오히려 더 강력한 개성이
될 수 있는 것처럼 말입니다.

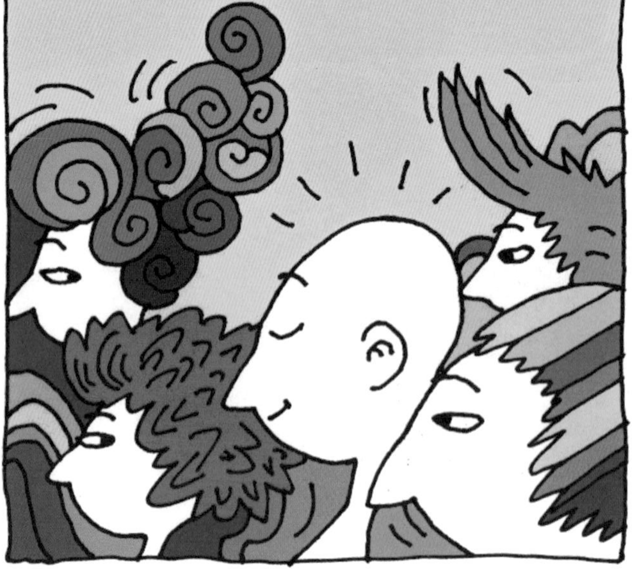

임스 부부
: 건축과 회화, 결혼하다

기술적으로 뛰어난 사람과 미적 감각이 훌륭한 사람이 만나서
함께 일을 하게 된다면 금상첨화가 아닐까요?
그런 환상의 궁합을 자랑하는 의자디자이너 부부가 있습니다.
전후 시대 가장 왕성한 활약을 펼친 찰스와 레이 임스입니다.

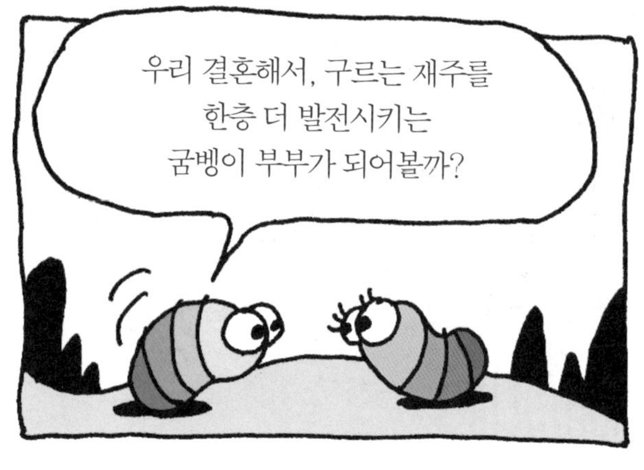

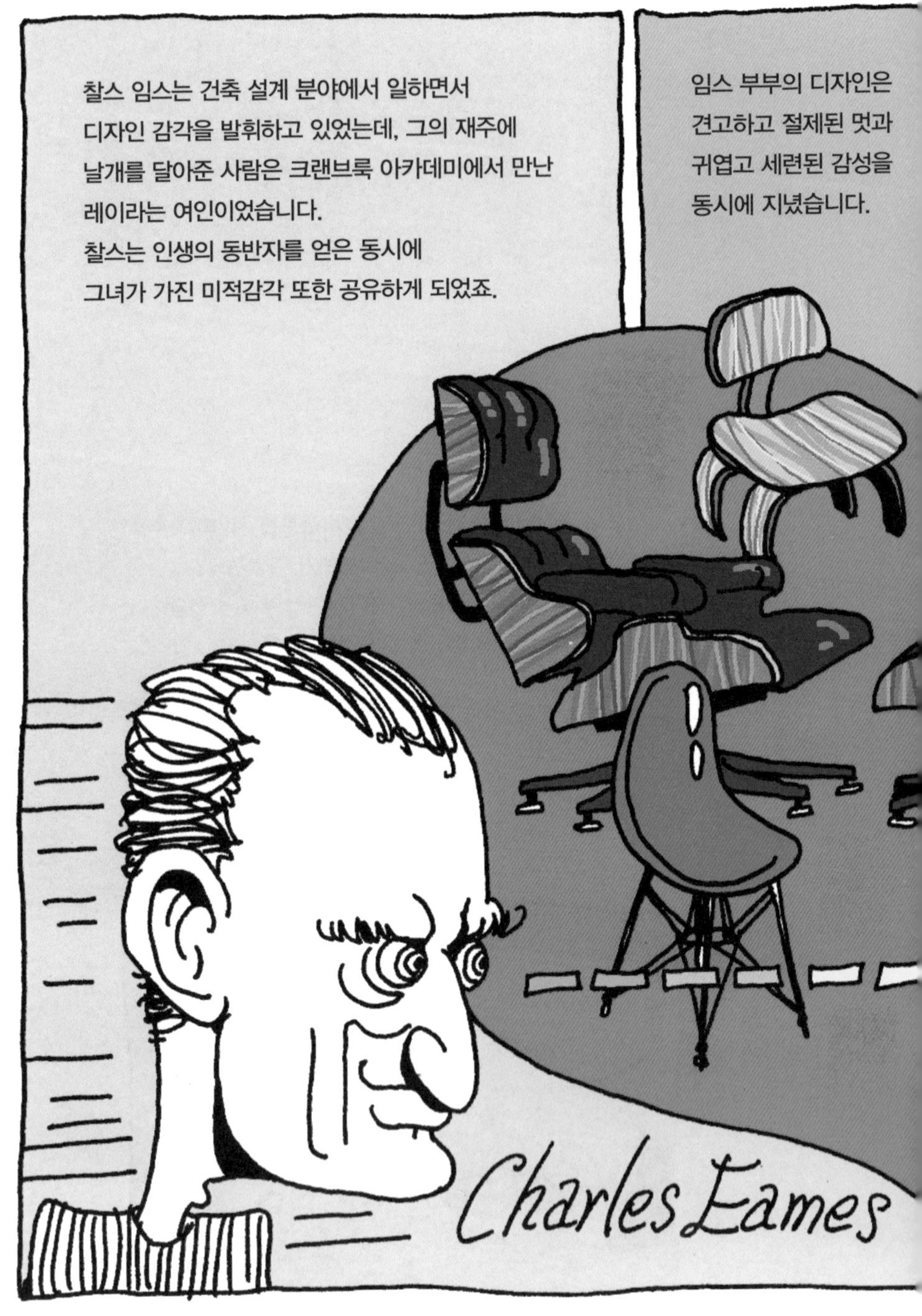
찰스 임스는 건축 설계 분야에서 일하면서
디자인 감각을 발휘하고 있었는데, 그의 재주에
날개를 달아준 사람은 크랜브룩 아카데미에서 만난
레이라는 여인이었습니다.
찰스는 인생의 동반자를 얻은 동시에
그녀가 가진 미적감각 또한 공유하게 되었죠.
Charles Eames
임스 부부의 디자인은
견고하고 절제된 멋과
귀엽고 세련된 감성을
동시에 지녔습니다.

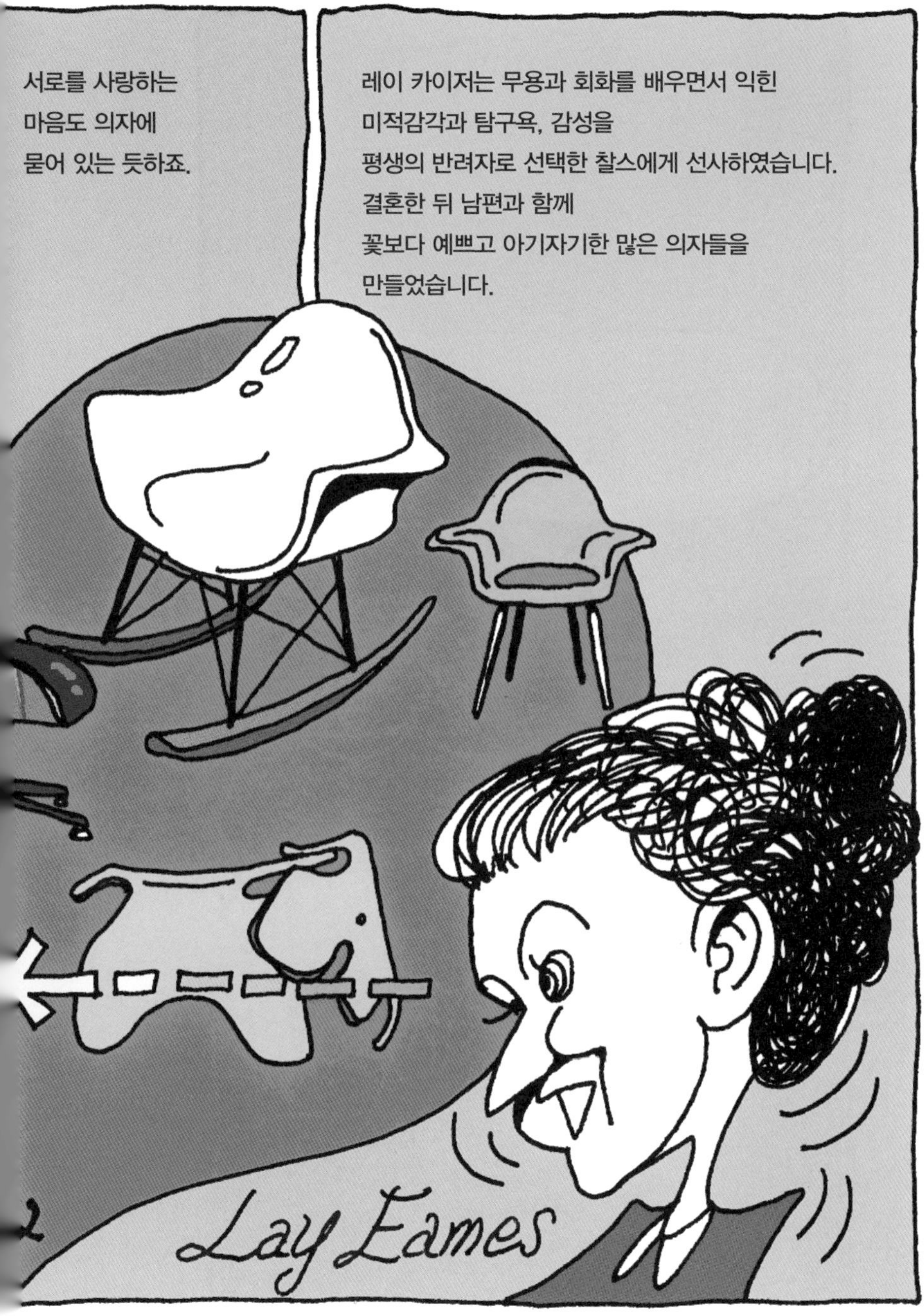

서로를 사랑하는
마음도 의자에
묻어 있는 듯하죠.

레이 카이저는 무용과 회화를 배우면서 익힌
미적감각과 탐구욕, 감성을
평생의 반려자로 선택한 찰스에게 선사하였습니다.
결혼한 뒤 남편과 함께
꽃보다 예쁘고 아기자기한 많은 의자들을
만들었습니다.

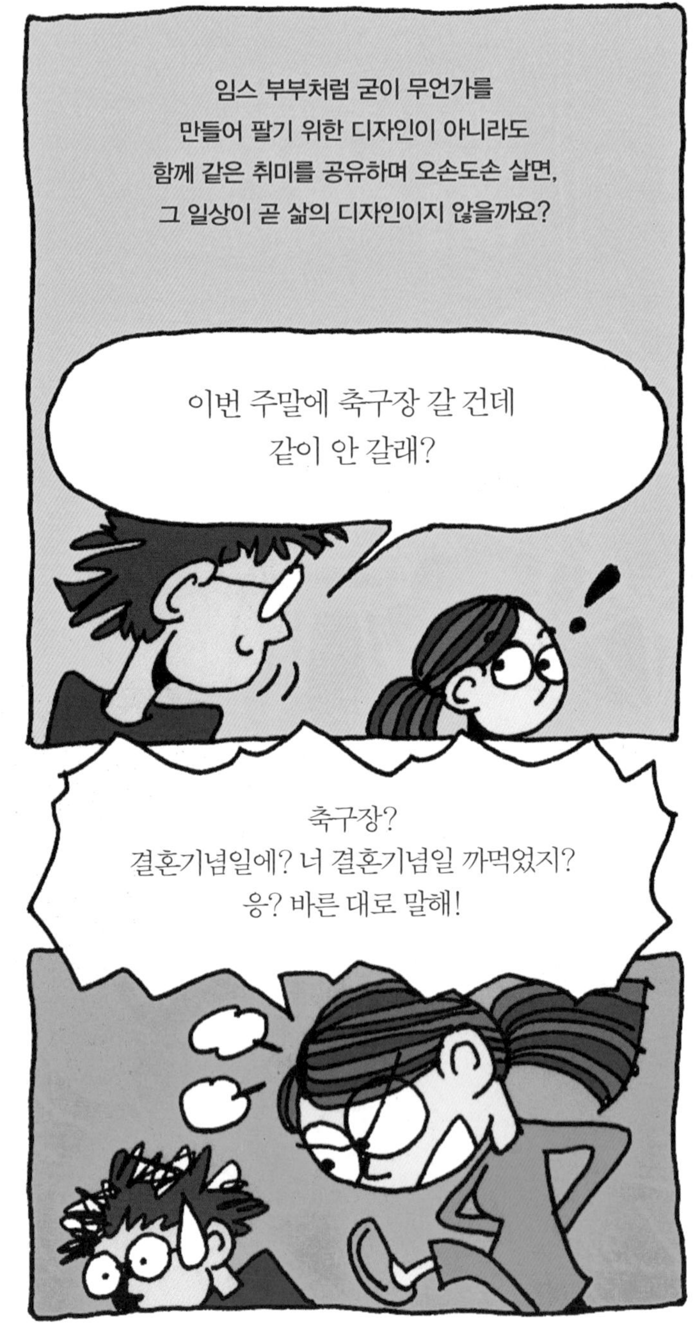
임스 부부처럼 굳이 무언가를
만들어 팔기 위한 디자인이 아니라도
함께 같은 취미를 공유하며 오손도손 살면,
그 일상이 곧 삶의 디자인이지 않을까요?
이번 주말에 축구장 갈 건데
같이 안 갈래?
!
축구장?
결혼기념일에? 너 결혼기념일 까먹었지?
응? 바른 대로 말해!

LIGHTING DESIGN

빛을 디자인하다

빛의 인터페이스 혁명,
앵글포이즈 램프

기념비적인 디자인 제품은 종종 디자이너가 아닌
다른 분야의 사람이 품었던 호기심과 열정으로부터 나오기도 합니다.
자동차 엔지니어였던 조지 카워딘이 그랬습니다.
자신의 회사를 차린 그는 엉뚱한 분야를 연구하고 있었죠.

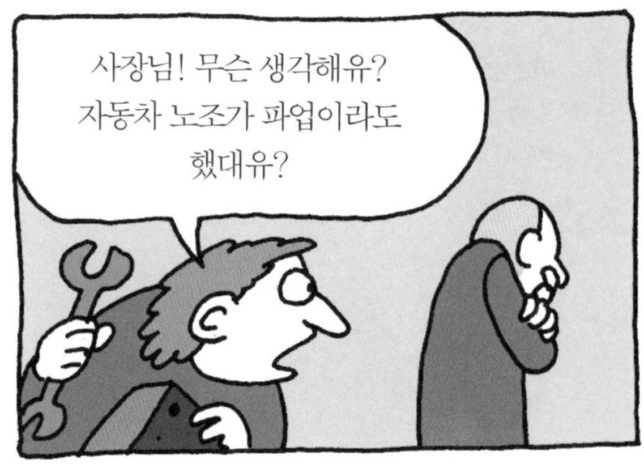

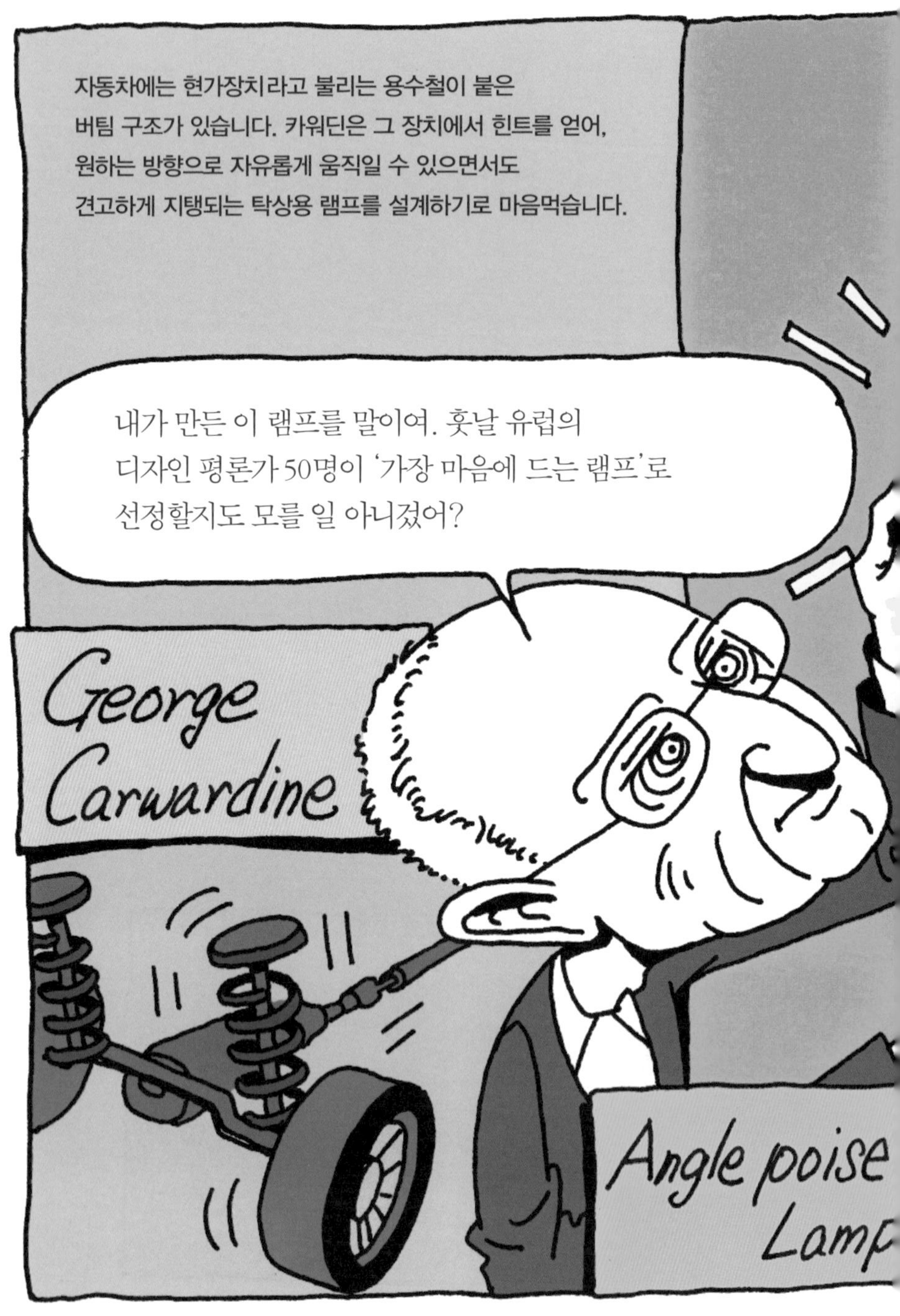
자동차에는 현가장치라고 불리는 용수철이 붙은
버팀 구조가 있습니다. 카워딘은 그 장치에서 힌트를 얻어,
원하는 방향으로 자유롭게 움직일 수 있으면서도
견고하게 지탱되는 탁상용 램프를 설계하기로 마음먹습니다.
내가 만든 이 램프를 말이여. 훗날 유럽의
디자인 평론가 50명이 '가장 마음에 드는 램프'로
선정할지도 모를 일 아니겠어?
George
Carwardine
Angle poise
Lamp

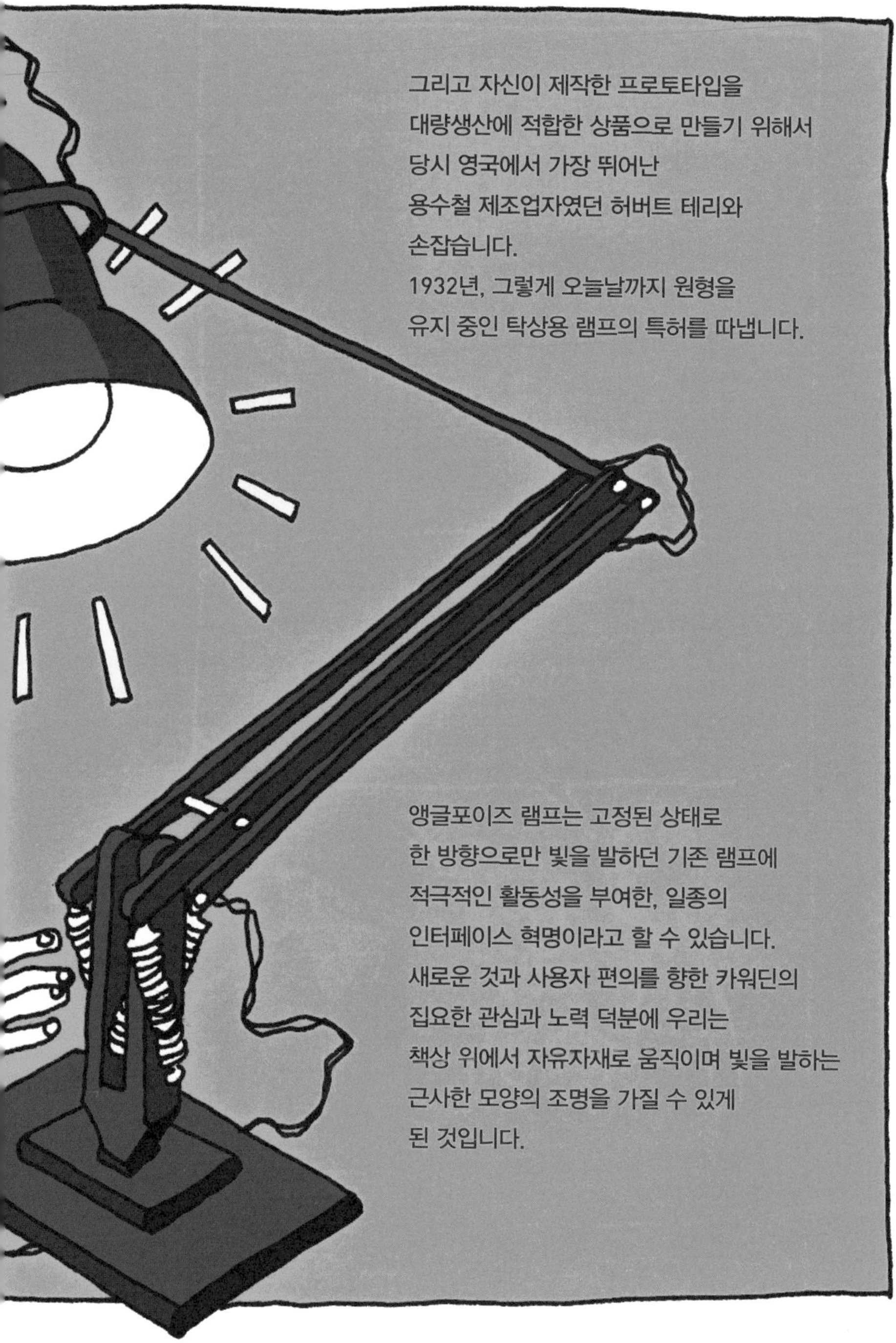

그리고 자신이 제작한 프로토타입을
대량생산에 적합한 상품으로 만들기 위해서
당시 영국에서 가장 뛰어난
용수철 제조업자였던 허버트 테리와
손잡습니다.
1932년, 그렇게 오늘날까지 원형을
유지 중인 탁상용 램프의 특허를 따냅니다.

앵글포이즈 램프는 고정된 상태로
한 방향으로만 빛을 발하던 기존 램프에
적극적인 활동성을 부여한, 일종의
인터페이스 혁명이라고 할 수 있습니다.
새로운 것과 사용자 편의를 향한 카워딘의
집요한 관심과 노력 덕분에 우리는
책상 위에서 자유자재로 움직이며 빛을 발하는
근사한 모양의 조명을 가질 수 있게
된 것입니다.

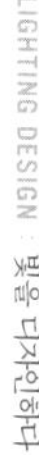

좋은 조명디자인은 학업 성적 향상에도
도움이 되는 걸까요? 앵글포이즈 램프를 책상에 두면
그 세련된 모양에 끌려 책상에
더 오래 앉아 있게 될지도 모릅니다.

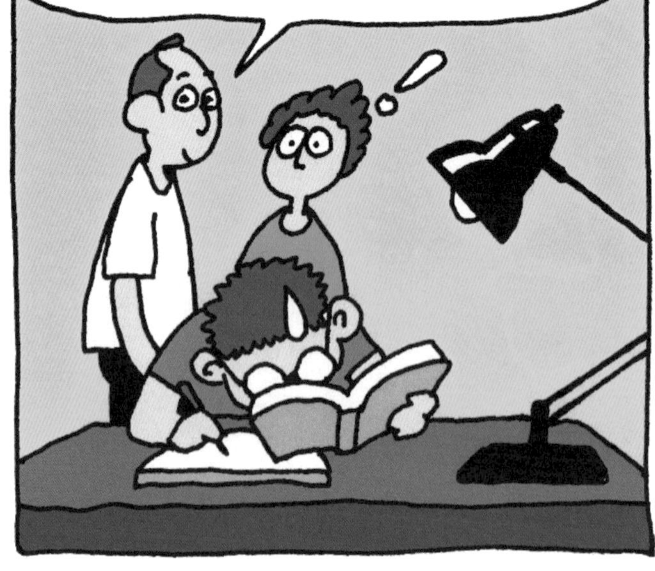

통념을 깨는 조명, 티치오

1932년 앵글포이즈 램프가 유행을 장악한 이후로
수십 년 동안 대적할 만한 새로운 형태의 탁상용 램프는 나오지 않았습니다.
그러다 1972년에 이르러 그토록 견고했던 앵글포이즈의 성을 위협하는
혁신적인 램프가 나타납니다.

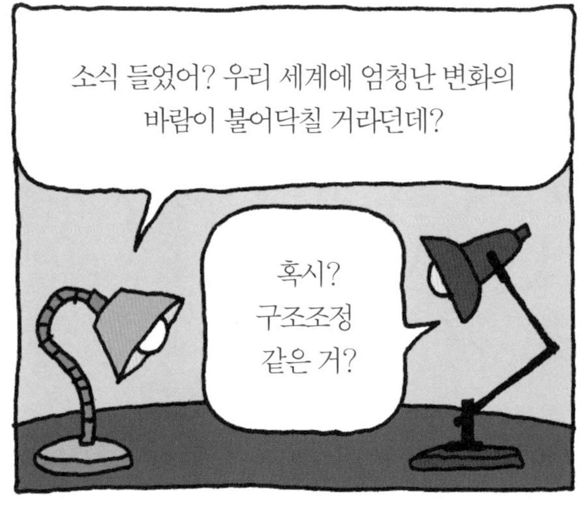

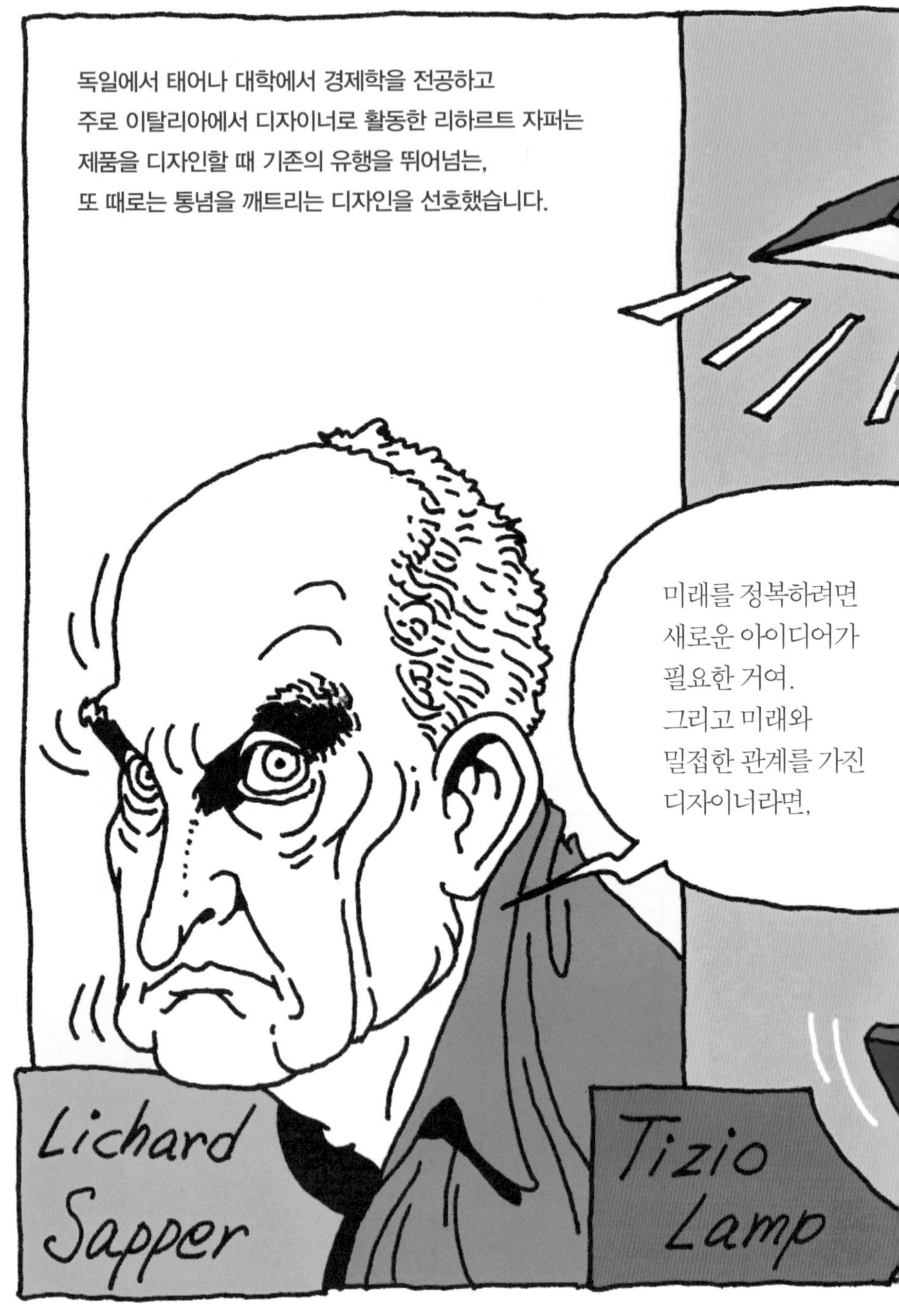
독일에서 태어나 대학에서 경제학을 전공하고
주로 이탈리아에서 디자이너로 활동한 리하르트 자퍼는
제품을 디자인할 때 기존의 유행을 뛰어넘는,
또 때로는 통념을 깨트리는 디자인을 선호했습니다.
미래를 정복하려면
새로운 아이디어가
필요한 거여.
그리고 미래와
밀접한 관계를 가진
디자이너라면,
Lichard Sapper
Tizio Lamp

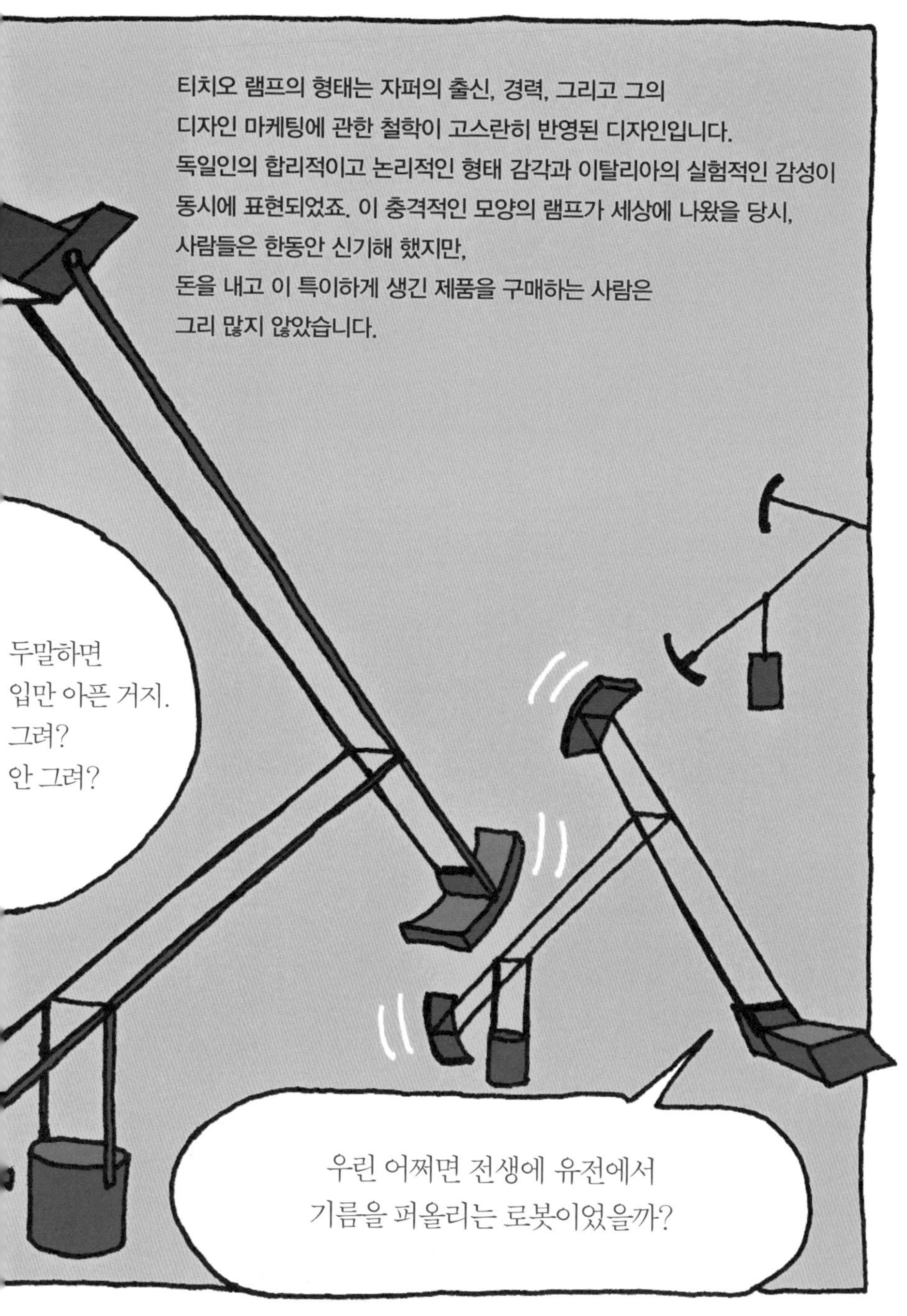
티치오 램프의 형태는 자퍼의 출신, 경력, 그리고 그의
디자인 마케팅에 관한 철학이 고스란히 반영된 디자인입니다.
독일인의 합리적이고 논리적인 형태 감각과 이탈리아의 실험적인 감성이
동시에 표현되었죠. 이 충격적인 모양의 램프가 세상에 나왔을 당시,
사람들은 한동안 신기해 했지만,
돈을 내고 이 특이하게 생긴 제품을 구매하는 사람은
그리 많지 않았습니다.
두말하면
입만 아픈 거지.
그려?
안 그려?
우린 어쩌면 전생에 유전에서
기름을 퍼올리는 로봇이었을까?

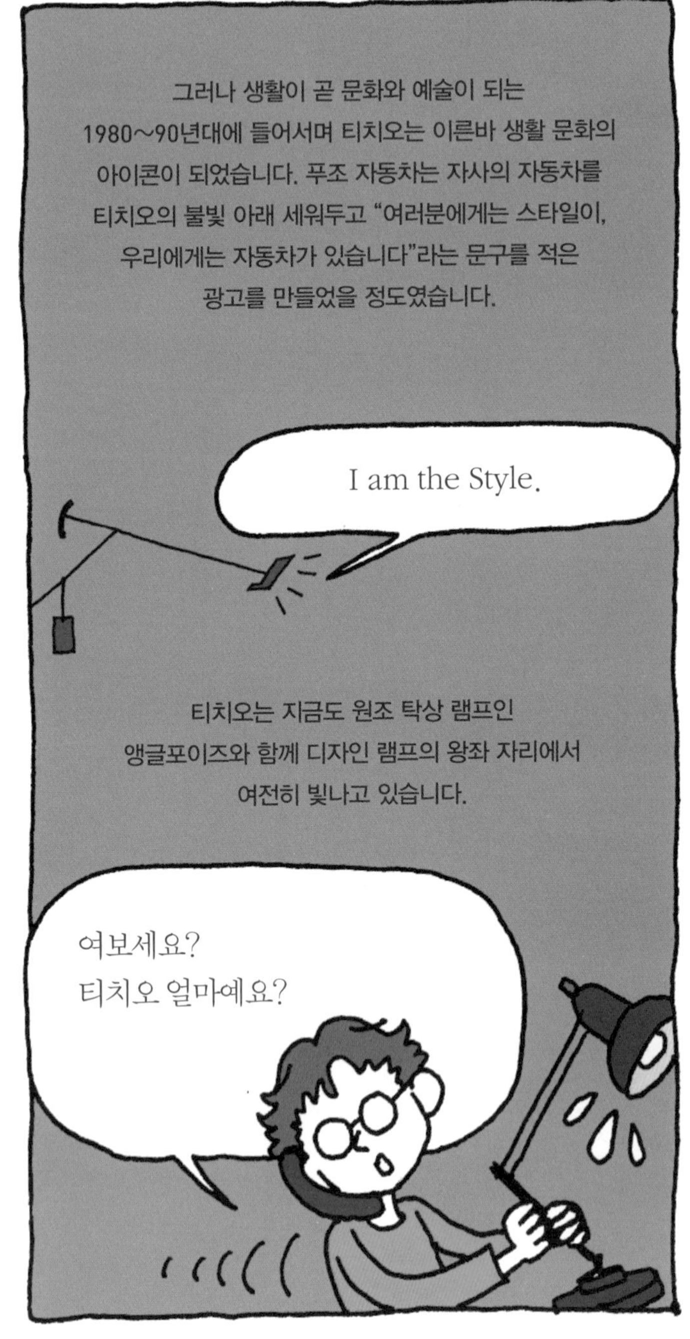
그러나 생활이 곧 문화와 예술이 되는
1980~90년대에 들어서며 티치오는 이른바 생활 문화의
아이콘이 되었습니다. 푸조 자동차는 자사의 자동차를
티치오의 불빛 아래 세워두고 "여러분에게는 스타일이,
우리에게는 자동차가 있습니다"라는 문구를 적은
광고를 만들었을 정도였습니다.
I am the Style.
티치오는 지금도 원조 탁상 램프인
앵글포이즈와 함께 디자인 램프의 왕좌 자리에서
여전히 빛나고 있습니다.
여보세요?
티치오 얼마예요?

최고의 조명디자이너, 포울 헤닝센

달빛이나 심지를 태우는 촛불은 마음을 편하게 만들어줍니다. 반면 형광등 같은 전깃불은 사물을 더 밝게 비추기는 하지만 왠지 마음을 비추지는 못할 것 같죠. 20세기 초반, 그런 기계적인 느낌의 전깃불로도 온화하고 따스한 빛을 만들어내려고 고민했던 한 디자이너가 있었습니다.

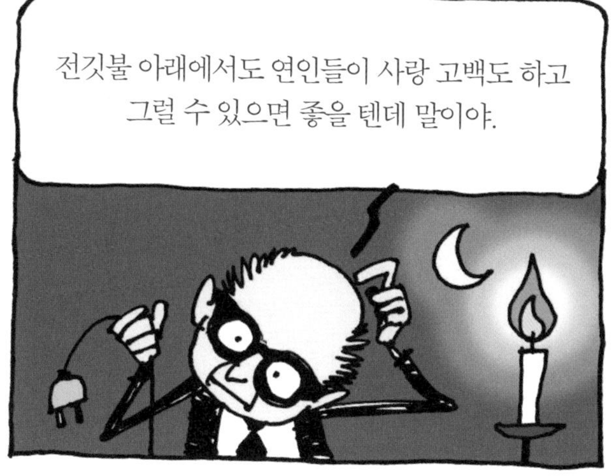

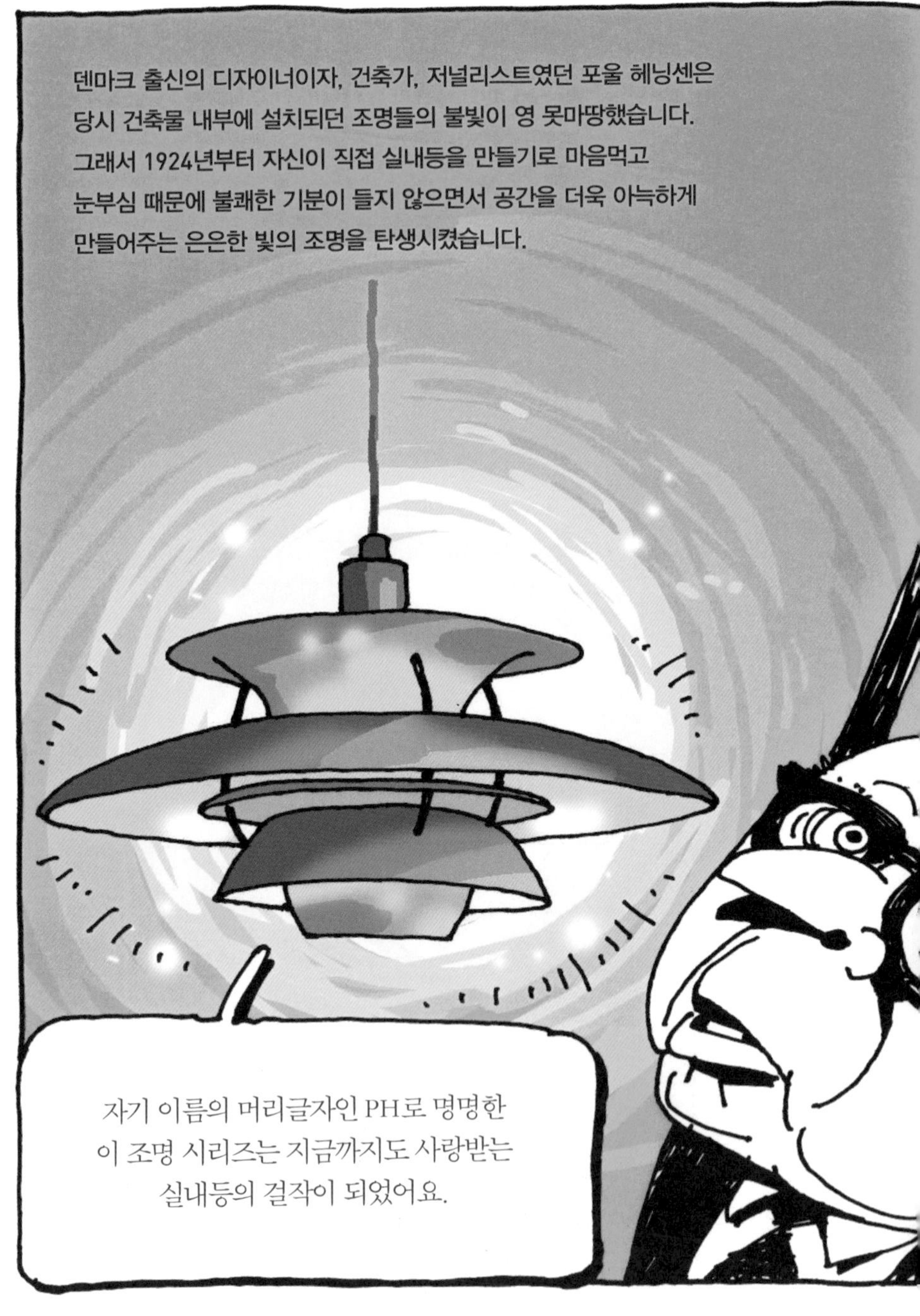
덴마크 출신의 디자이너이자, 건축가, 저널리스트였던 포울 헤닝센은
당시 건축물 내부에 설치되던 조명들의 불빛이 영 못마땅했습니다.
그래서 1924년부터 자신이 직접 실내등을 만들기로 마음먹고
눈부심 때문에 불쾌한 기분이 들지 않으면서 공간을 더욱 아늑하게
만들어주는 은은한 빛의 조명을 탄생시켰습니다.
자기 이름의 머리글자인 PH로 명명한
이 조명 시리즈는 지금까지도 사랑받는
실내등의 걸작이 되었어요.

어디서 많이 봤던 모양이라고? 그 이유는 내가 남긴 조명이
열 가지가 넘고, 이후 수많은 조명디자인의 본보기가 되었기 때문이지.

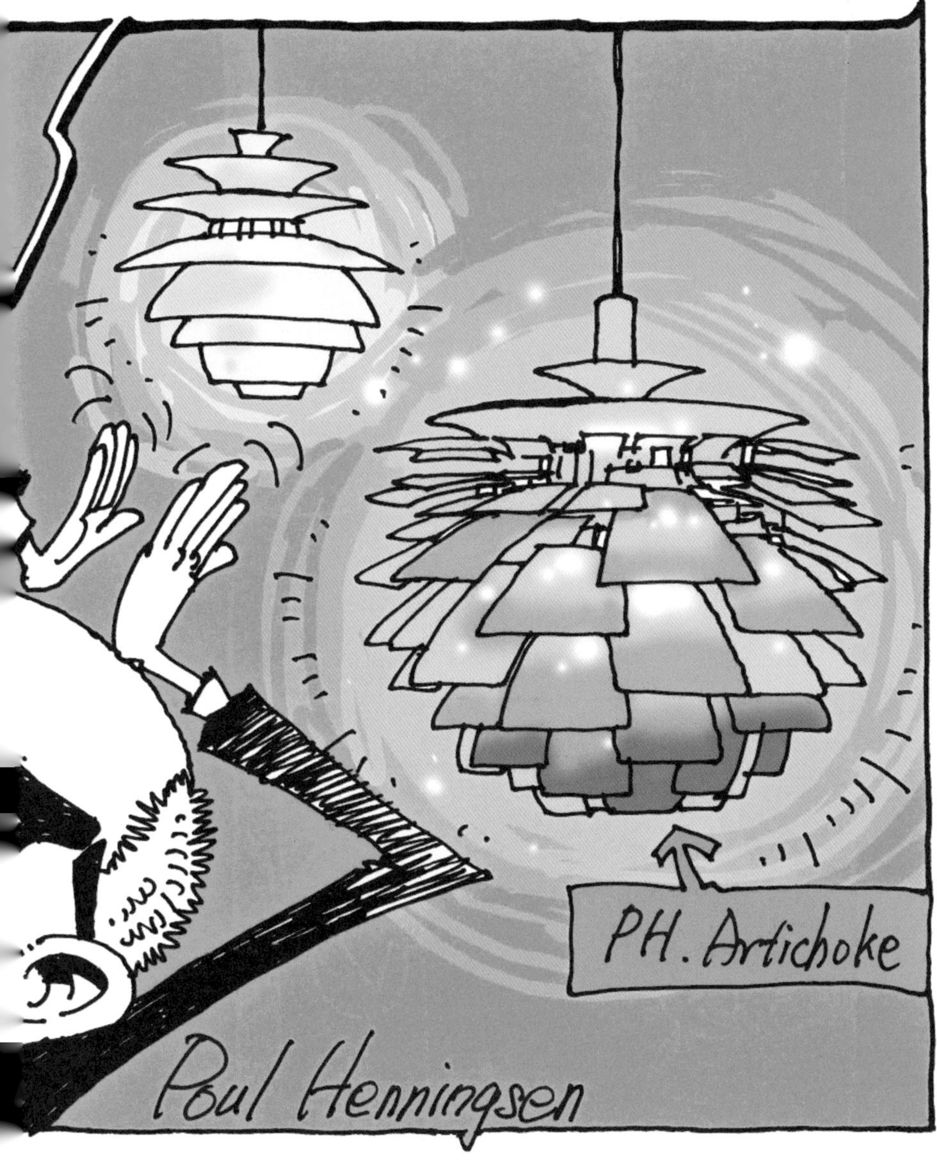

빛이라는 것이 원래는 눈에 보이는 색이나 형체가
없는 성질이지만 그 빛을 담는 소재를
어떻게 디자인하느냐에 따라 여러 이미지로 우리에게
전달이 되며 그 빛이 조성하는 분위기는
무언의 감정 표현이 되기도 합니다.

침실 조명을 좀 바꿨어요.
뭘 뜻하는지 아시겠지?

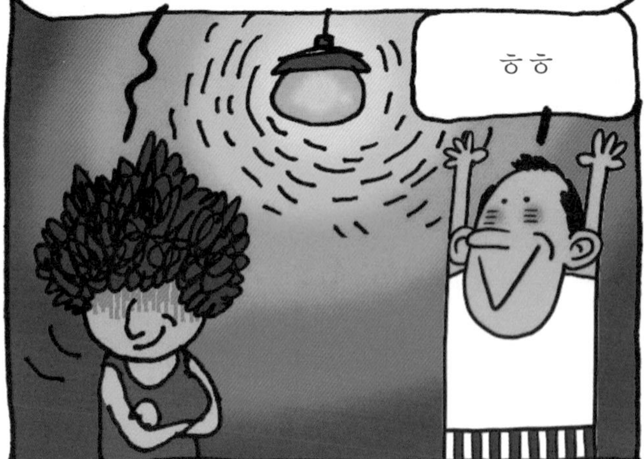

조명을 예술로 승화시키다, 잉고 마우러

디자인과 예술의 차이는 무엇일까요?
이 물음에 지금까지 수많은 이들이 나름의 관점에서 해답을 내놓았습니다.
그리고 현대로 오면서 많은 디자이너가 자신만의 특별한 창의력을
발휘해서 만든 작품들로 이 질문에 답하였는데,
독일 태생의 잉고 마우러는 공간을 밝히는 조명등에
예술의 옷을 입히려고 애를 썼습니다.

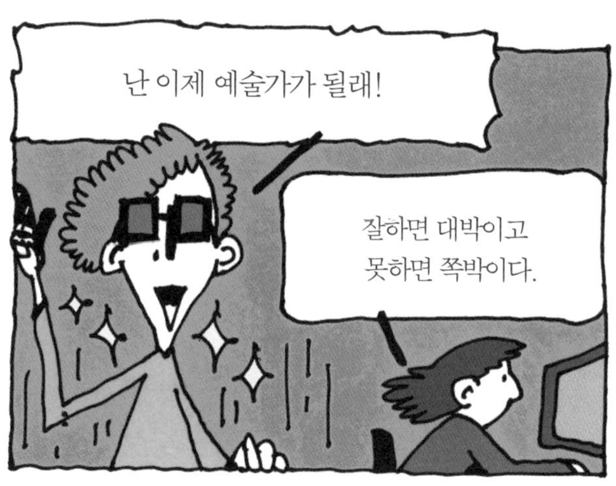

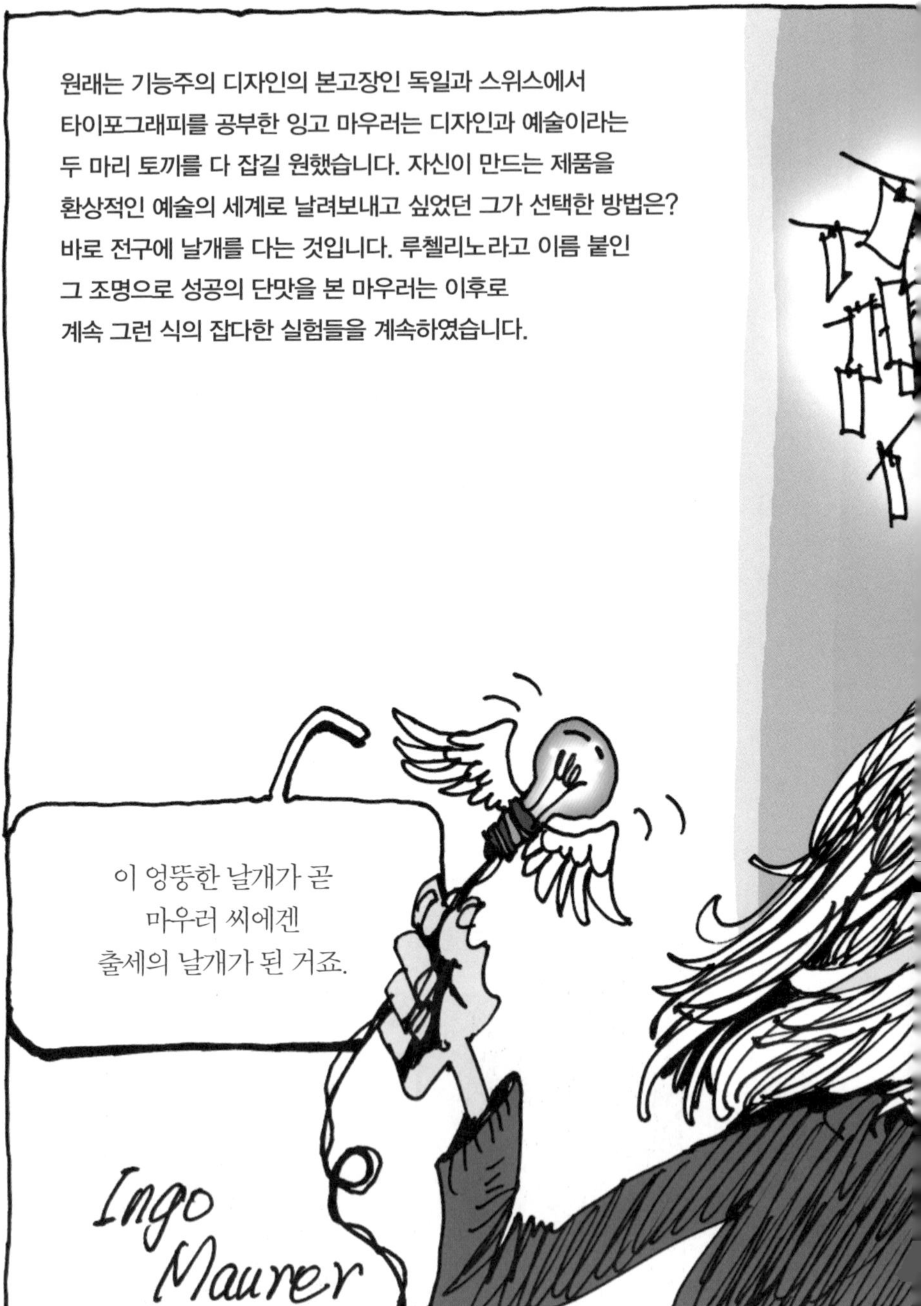

원래는 기능주의 디자인의 본고장인 독일과 스위스에서 타이포그래피를 공부한 잉고 마우러는 디자인과 예술이라는 두 마리 토끼를 다 잡길 원했습니다. 자신이 만드는 제품을 환상적인 예술의 세계로 날려보내고 싶었던 그가 선택한 방법은? 바로 전구에 날개를 다는 것입니다. 루첼리노라고 이름 붙인 그 조명으로 성공의 단맛을 본 마우러는 이후로 계속 그런 식의 잡다한 실험들을 계속하였습니다.

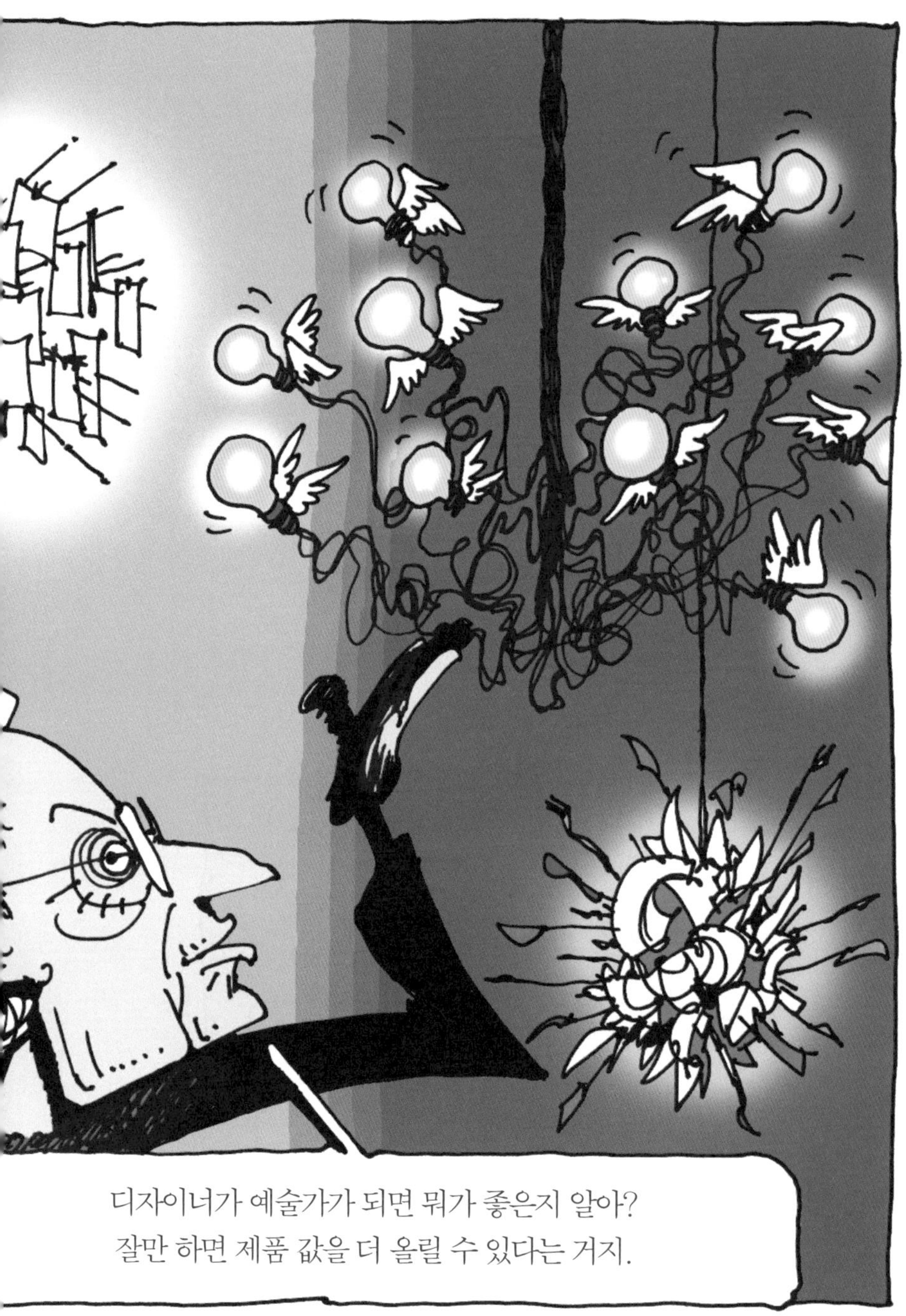
디자이너가 예술가가 되면 뭐가 좋은지 알아?
잘만 하면 제품 값을 더 올릴 수 있다는 거지.

예술적인 거장이라는 칭호를 얻은 디자이너의 위세는
웬만해서는 꺾이지 않는 법. 마우러가 깨진 접시와 포크,
스푼 등을 뭉쳐서 주렁주렁 매달아 놓아도 비평가들은
"허공에서 빛이 폭발하는 듯한 감동을 준다"며 찬사를 보냅니다.
그렇다고 그의 조명등이 단지 실험적인 것만은 아닙니다.
실생활에 유용한 기능적인 쓰임새도 갖고 있죠.

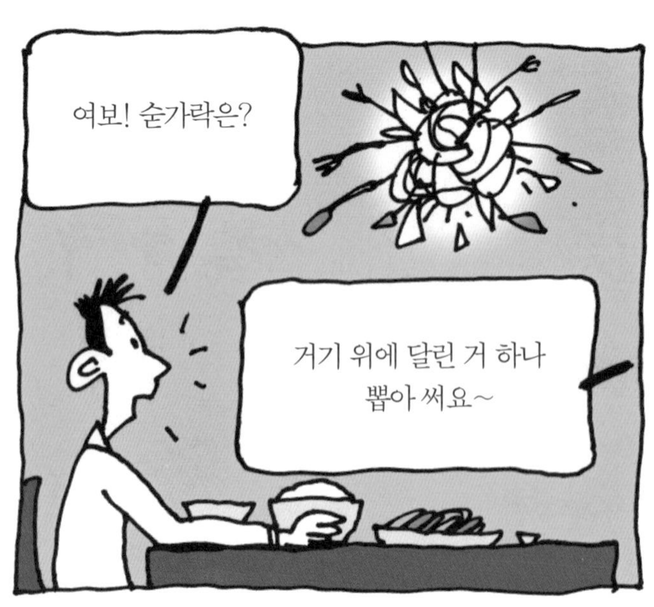

CAR DESIGN

산업디자인의 꽃, 자동차

페라리
: 질주하는 조각 작품

모터쇼의 꽃이라고도 불리는
레이싱 모델

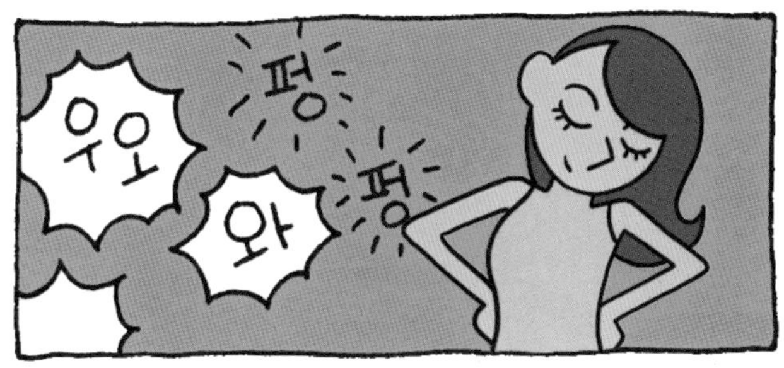

그러나 아무리 아름다운 모델도 무색할 만큼
더 이목을 잡아끄는 차가 있습니다.

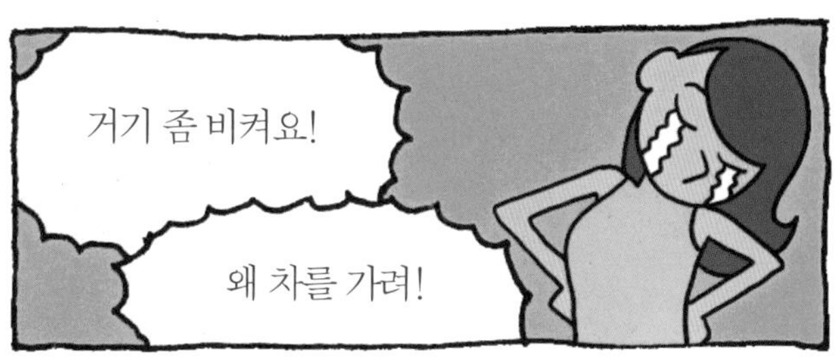

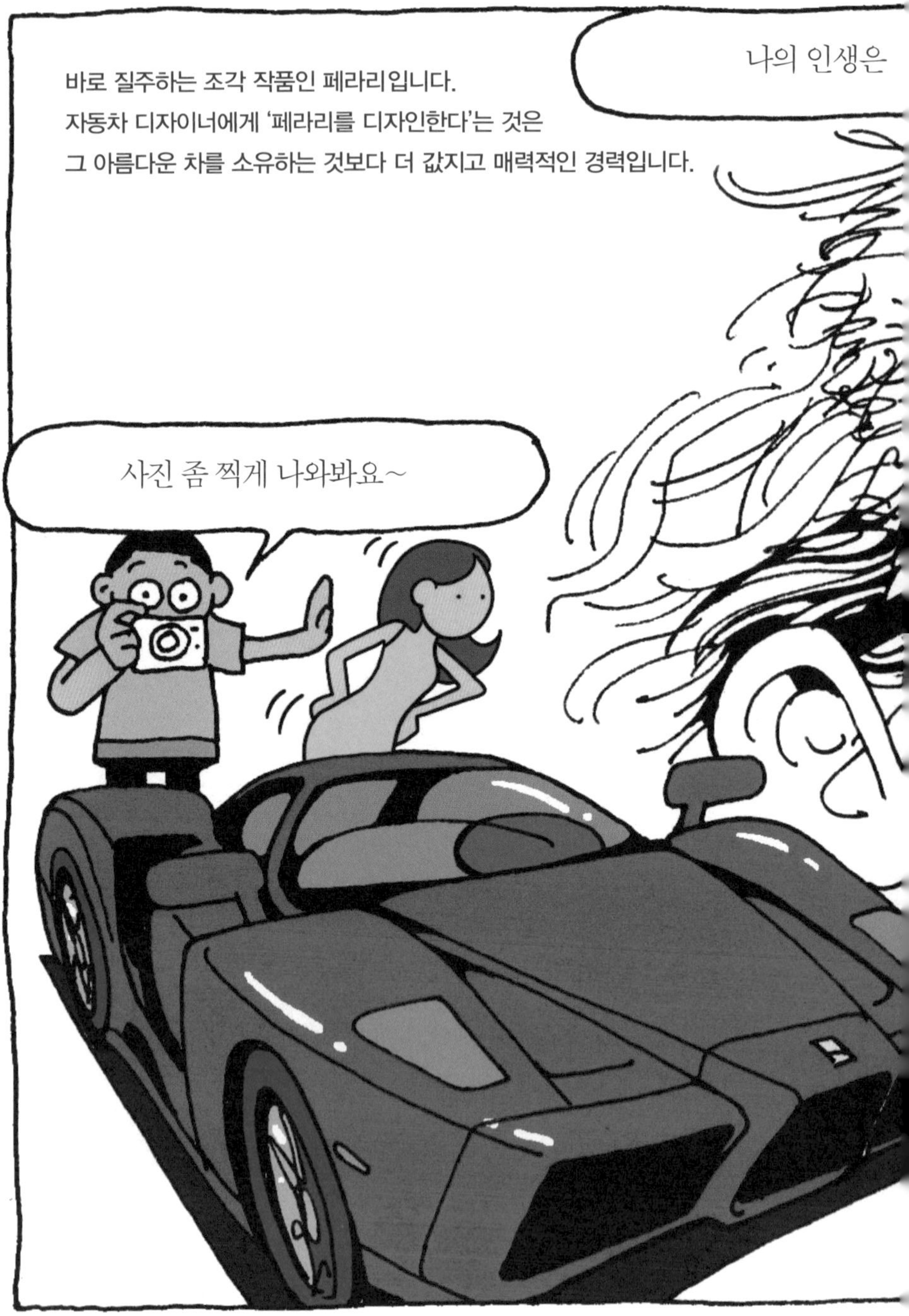

바로 질주하는 조각 작품인 페라리입니다.
자동차 디자이너에게 '페라리를 디자인한다'는 것은
그 아름다운 차를 소유하는 것보다 더 값지고 매력적인 경력입니다.

나의 인생은

사진 좀 찍게 나와봐요~

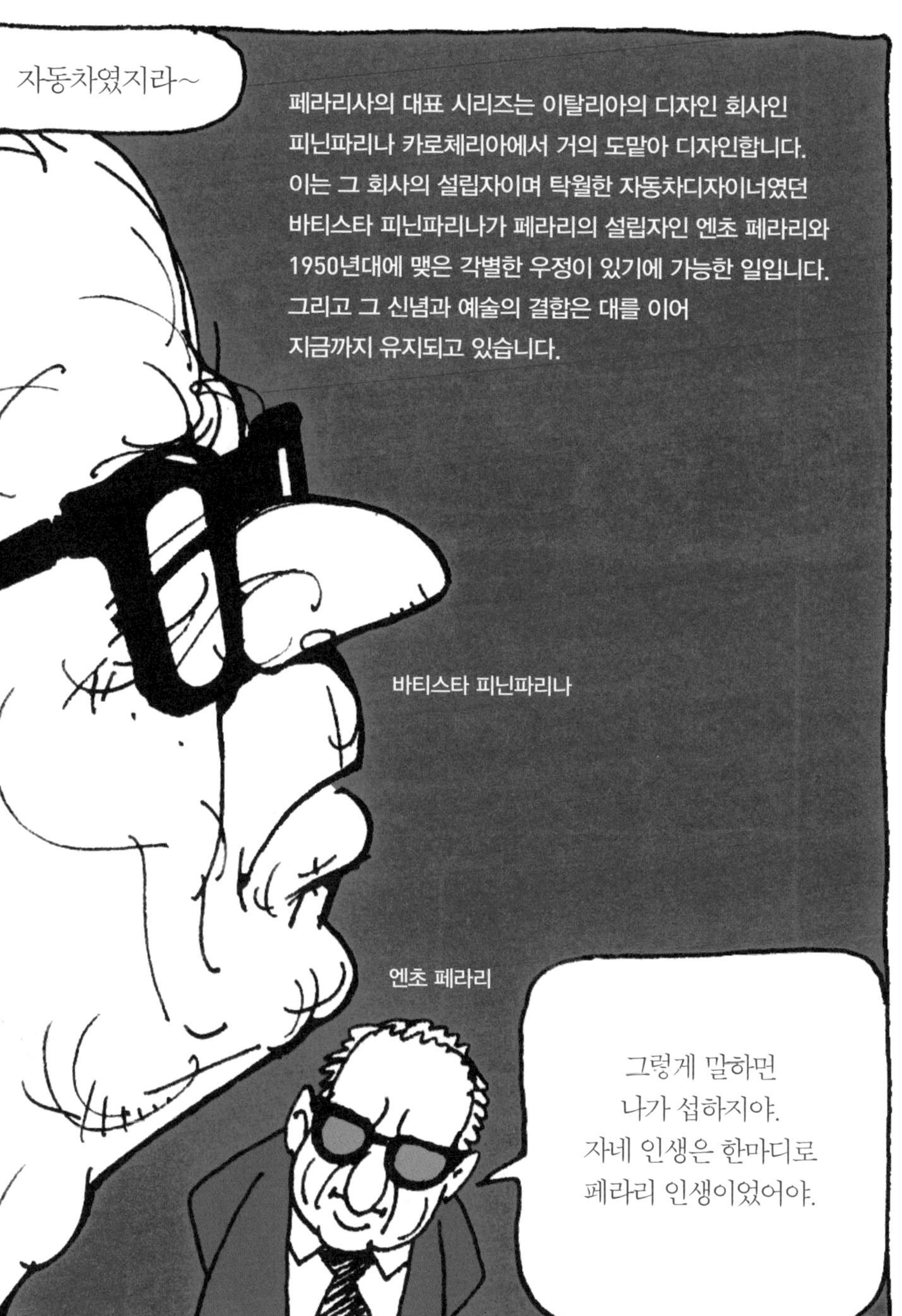
자동차였지라~
페라리사의 대표 시리즈는 이탈리아의 디자인 회사인 피닌파리나 카로체리아에서 거의 도맡아 디자인합니다. 이는 그 회사의 설립자이며 탁월한 자동차디자이너였던 바티스타 피닌파리나가 페라리의 설립자인 엔초 페라리와 1950년대에 맺은 각별한 우정이 있기에 가능한 일입니다. 그리고 그 신념과 예술의 결합은 대를 이어 지금까지 유지되고 있습니다.
바티스타 피닌파리나
엔초 페라리
그렇게 말하면 나가 섭하지야. 자네 인생은 한마디로 페라리 인생이었어야.

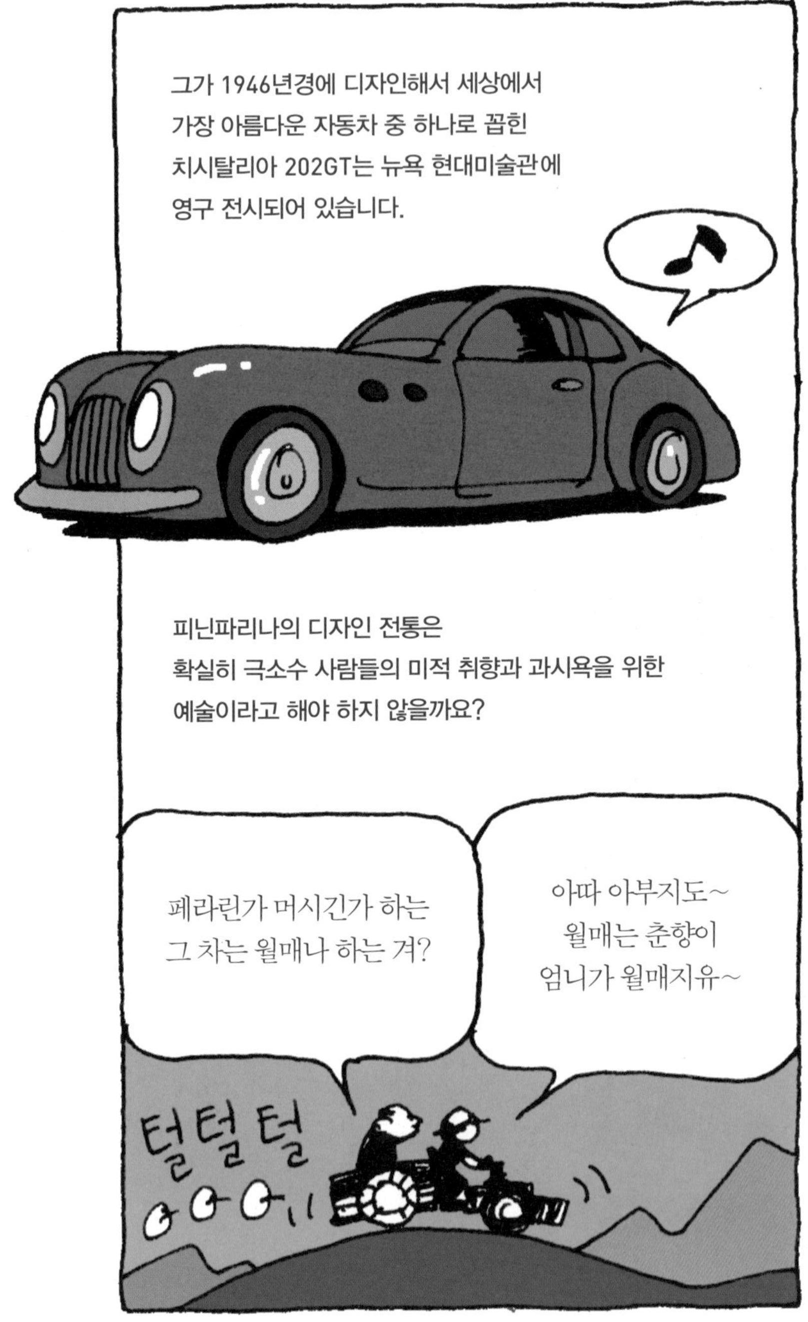
그가 1946년경에 디자인해서 세상에서
가장 아름다운 자동차 중 하나로 꼽힌
치시탈리아 202GT는 뉴욕 현대미술관에
영구 전시되어 있습니다.
피닌파리나의 디자인 전통은
확실히 극소수 사람들의 미적 취향과 과시욕을 위한
예술이라고 해야 하지 않을까요?
페라린가 머시긴가 하는
그 차는 월매나 하는 겨?
아따 아부지도~
월매는 춘향이
엄니가 월매지유~
털털털

포르셰911
:아우토반 위의 명품

철부지 운전자의 허영심보다 성실한 비즈니스맨의 여가를
도전과 낭만으로 채워줄 것 같은 스포츠카.
졸부보다는 노블레스 오블리주를 실천하는
격 있는 부자가 탈 것 같은 스포츠카. 빨간색이나 노란색 같은
자극적이고 튀는 색보다 군청색 같은 엄격하고 지적인 느낌의
색이 더 잘 어울리는 스포츠카, 포르셰입니다.

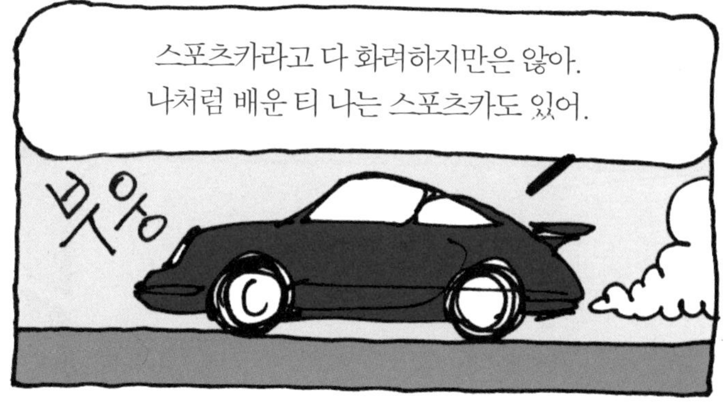

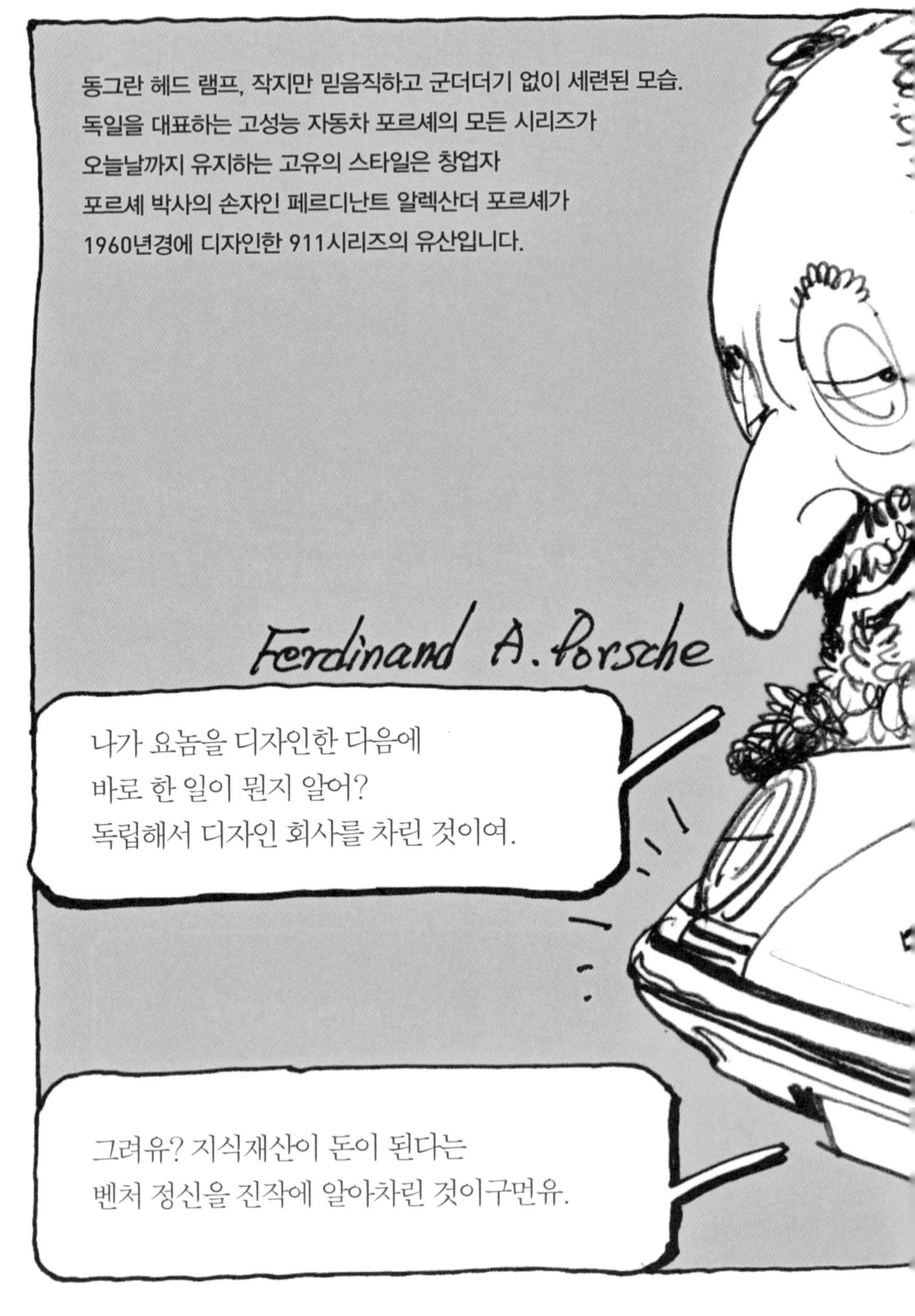
동그란 헤드 램프, 작지만 믿음직하고 군더더기 없이 세련된 모습.
독일을 대표하는 고성능 자동차 포르셰의 모든 시리즈가
오늘날까지 유지하는 고유의 스타일은 창업자
포르셰 박사의 손자인 페르디난트 알렉산더 포르셰가
1960년경에 디자인한 911시리즈의 유산입니다.
Ferdinand A. Porsche
나가 요놈을 디자인한 다음에
바로 한 일이 뭔지 알어?
독립해서 디자인 회사를 차린 것이여.
그려유? 지식재산이 돈이 된다는
벤처 정신을 진작에 알아차린 것이구먼유.

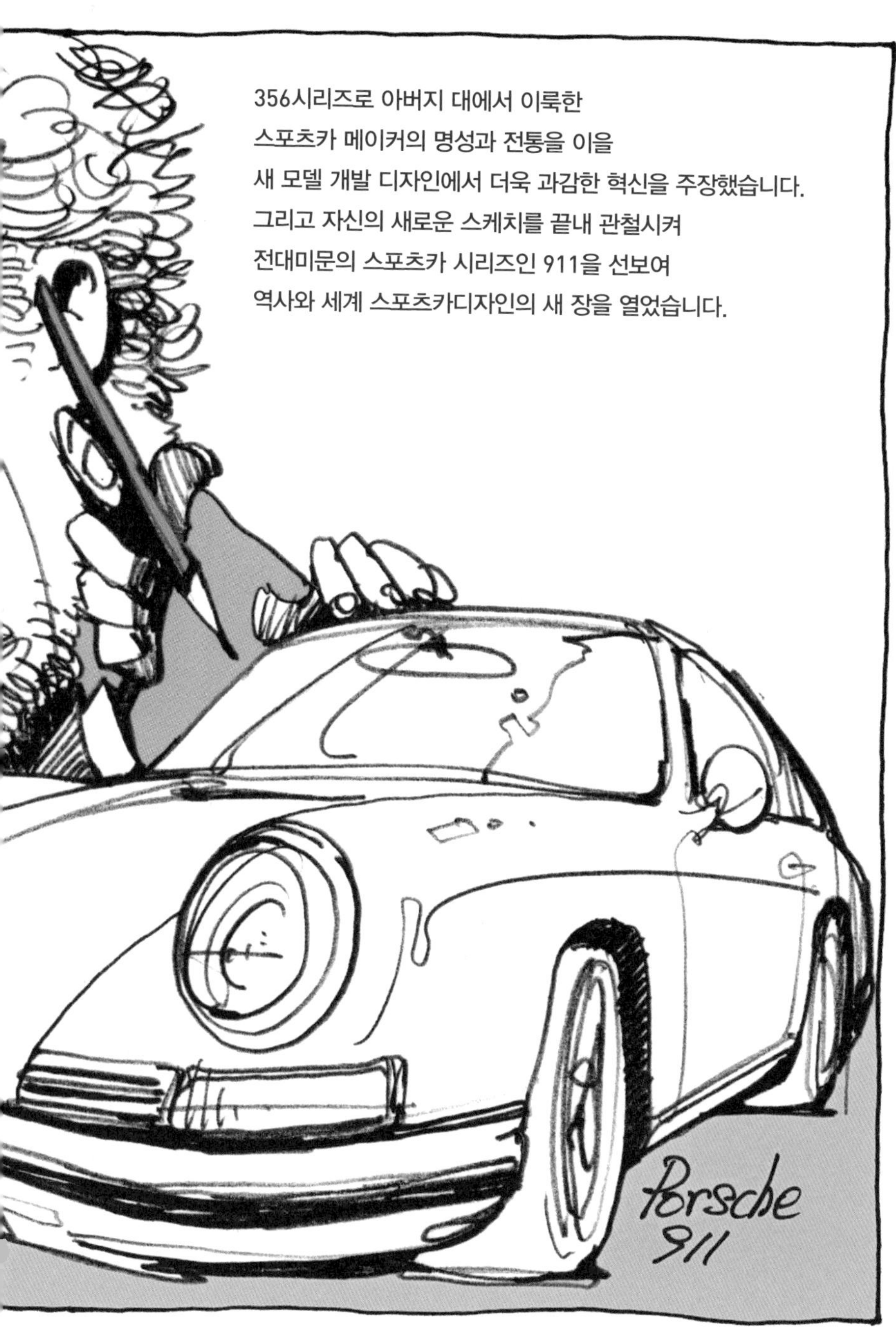
356시리즈로 아버지 대에서 이룩한
스포츠카 메이커의 명성과 전통을 이을
새 모델 개발 디자인에서 더욱 과감한 혁신을 주장했습니다.
그리고 자신의 새로운 스케치를 끝내 관철시켜
전대미문의 스포츠카 시리즈인 911을 선보여
역사와 세계 스포츠카디자인의 새 장을 열었습니다.
Porsche
911

그런데 포르셰의 역사에는 오점이 하나 있습니다.
창업 원조인 페르디난트 포르셰 박사가
제2차세계대전 당시 군수차량과 전차를 설계하는 등
히틀러의 제3제국에 부역한 전범이었다는 사실입니다.
예나 지금이나 권력이 개인의 재능을 이용하려 할 때
어떻게 처신하는 것이 훌륭한 디자이너의 자세일까요?

국가가 당신의 재주를 필요로 하오.

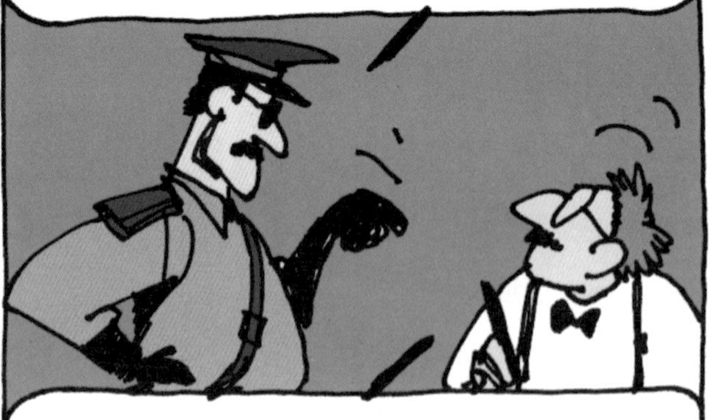

그려? 얼마나 쳐주실 건데?

애스턴 마틴
:007 시리즈의 주인공

스파이 영화 007시리즈의 주인공은 셋입니다.
만능 스파이 제임스 본드, 섹시한 여자 본드걸, 그리고 또 하나는 본드카.
지금까지 007시리즈에는 여러 차들이 나왔지만 그래도 흔히 본드카를
이야기할 때는 으레 애스턴 마틴을 꼽습니다. 왜냐하면
원조 제임스 본드였던 숀 코너리와 함께 처음 출연했던 본드카가
애스턴 마틴 DB5였기 때문입니다.

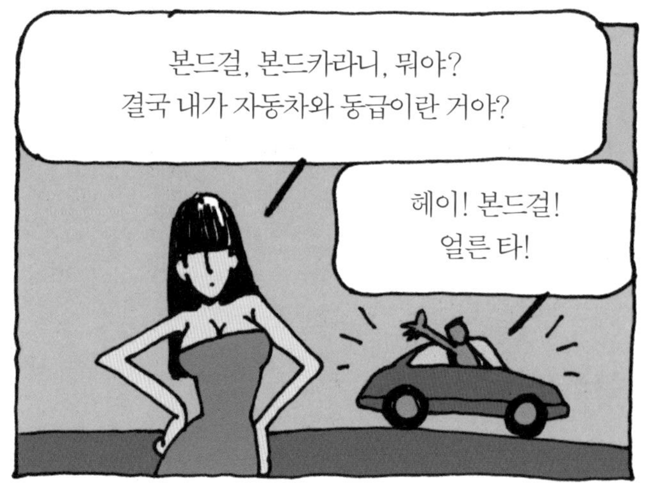

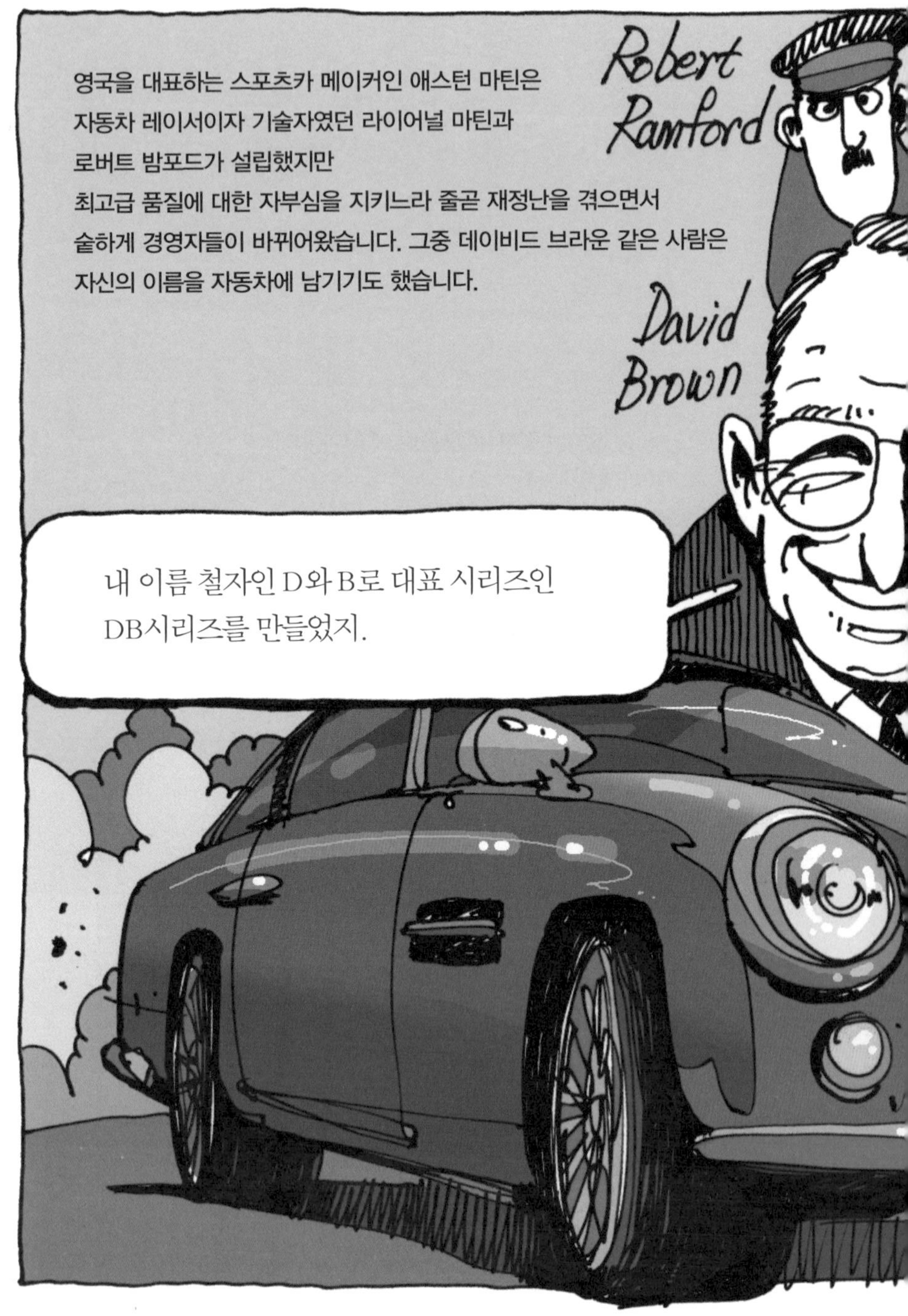
영국을 대표하는 스포츠카 메이커인 애스턴 마틴은
자동차 레이서이자 기술자였던 라이어널 마틴과
로버트 밤포드가 설립했지만
최고급 품질에 대한 자부심을 지키느라 줄곧 재정난을 겪으면서
숱하게 경영자들이 바뀌어왔습니다. 그중 데이비드 브라운 같은 사람은
자신의 이름을 자동차에 남기기도 했습니다.
Robert Ramford
David Brown
내 이름 철자인 D와 B로 대표 시리즈인
DB시리즈를 만들었지.

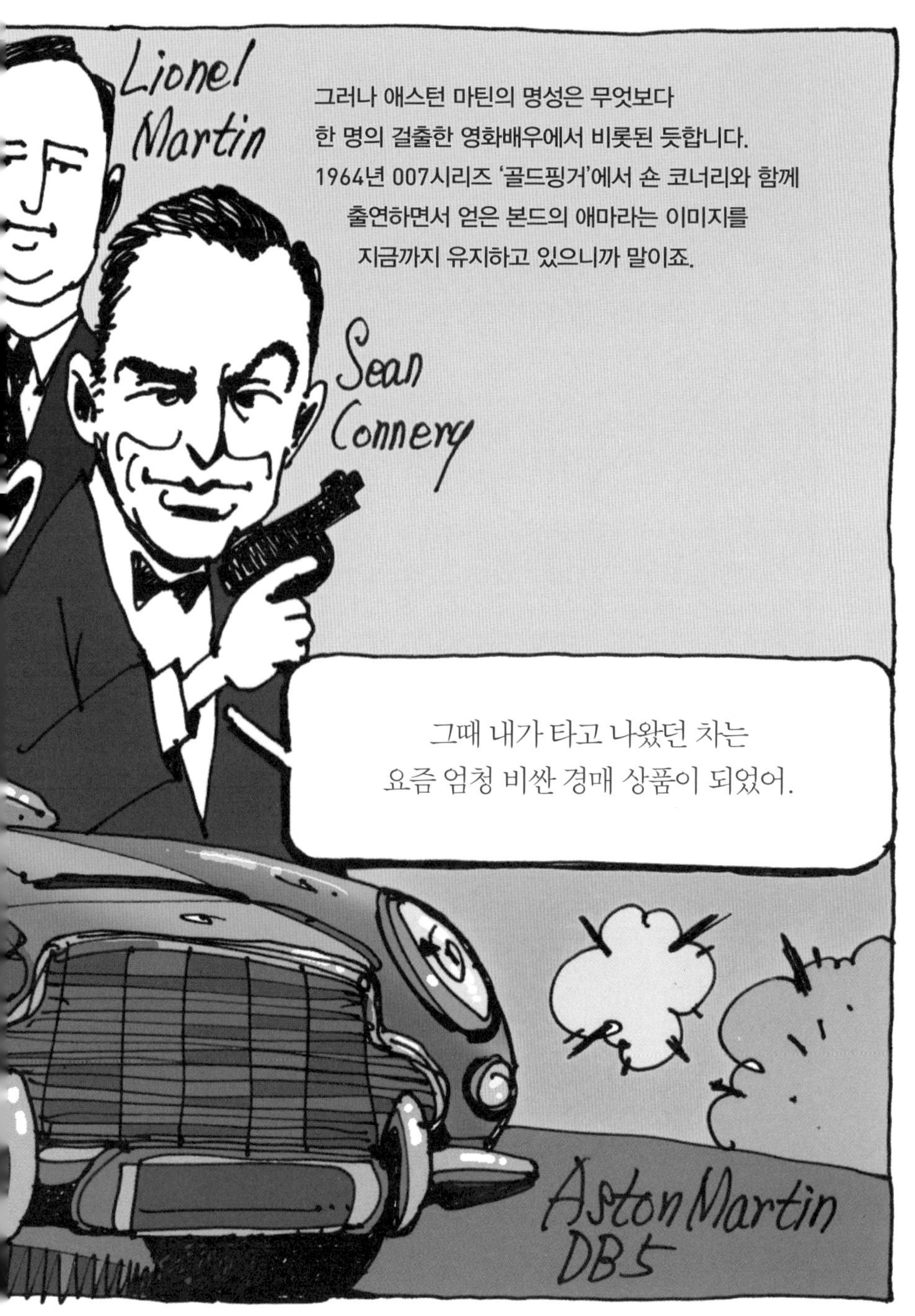
Lionel Martin
그러나 애스턴 마틴의 명성은 무엇보다
한 명의 걸출한 영화배우에서 비롯된 듯합니다.
1964년 007시리즈 '골드핑거'에서 숀 코너리와 함께
출연하면서 얻은 본드의 애마라는 이미지를
지금까지 유지하고 있으니까 말이죠.
Sean Connery
그때 내가 타고 나왔던 차는
요즘 엄청 비싼 경매 상품이 되었어.
Aston Martin DB5

스포츠카의 중요한 가치는 이미지입니다.
그런 점에서는 흥행 영화와 애스턴 마틴의 궁합이
그야말로 찰떡이었던 셈입니다. 그런데 정말 스파이는
실제로도 영화에서처럼 말쑥한 차림에
광나는 스포츠카를 타면서 육감적인 여인의
사랑을 독차지하는 삶을 살까요?

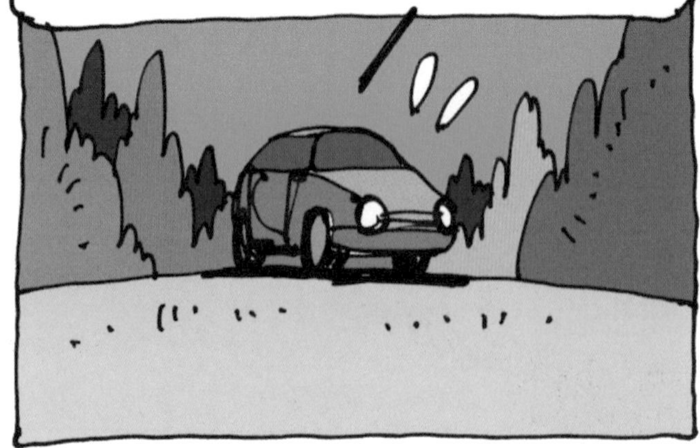

메르세데스 벤츠
:날개를 단 스포츠카

1930년대 유럽의 자동차 경주 대회에서 자웅을 겨루던
독일의 양대 자동차 메이커 아우토 우니온과 다임러 벤츠는
차 무게를 줄이기 위해 차체에 도료를 칠하지 않거나
칠을 벗겨낸 차량을 출전시켰다는 일화가 전해집니다.
그 바람에 금속재의 은빛을 드러낸 채 화살처럼 내달렸던
그 스포츠카들은 이후 실버 애로라는 별칭을 얻게 되었습니다.

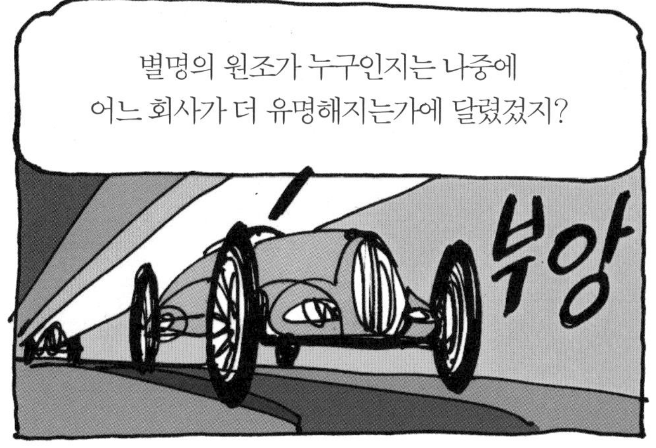

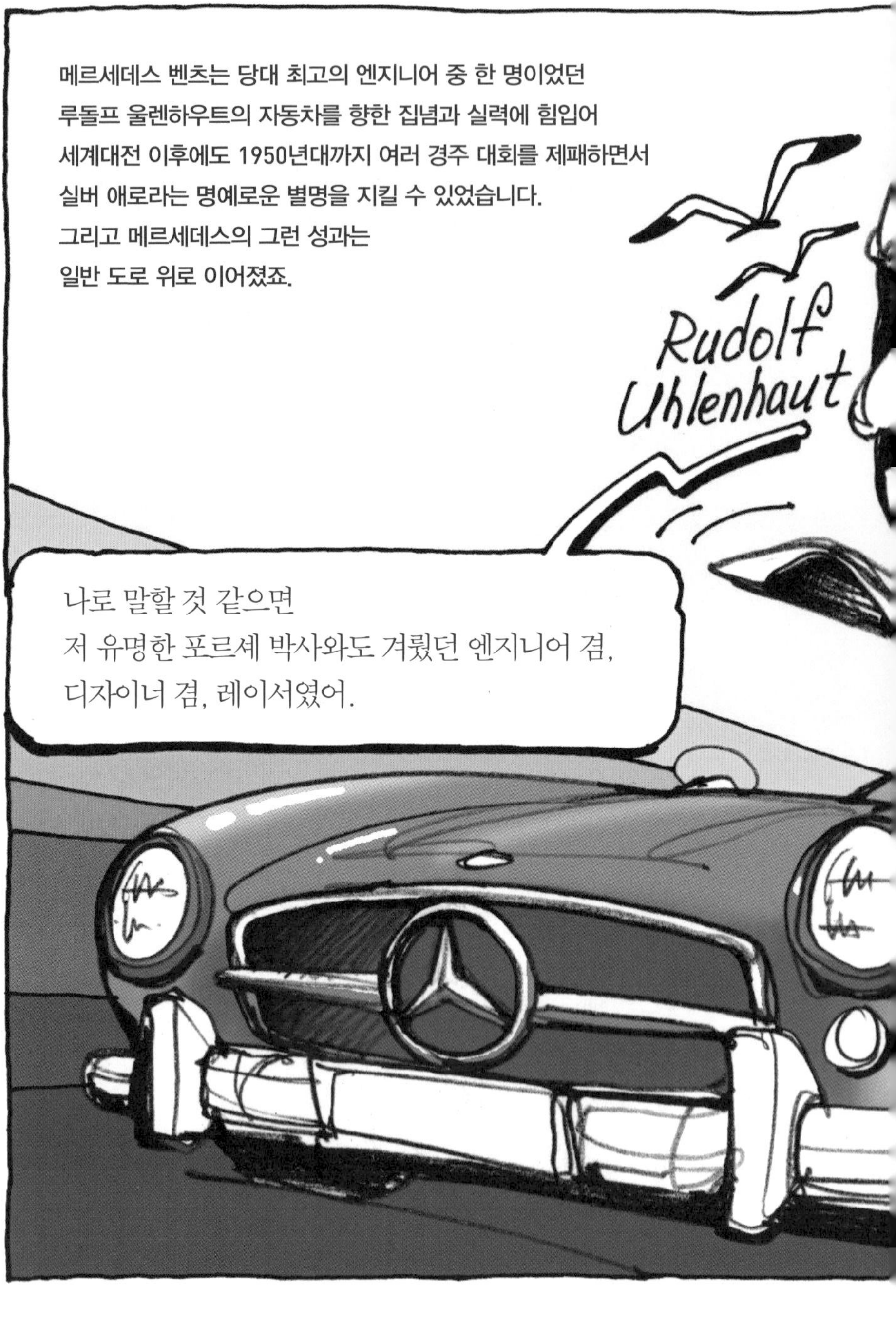

메르세데스 벤츠는 당대 최고의 엔지니어 중 한 명이었던
루돌프 울렌하우트의 자동차를 향한 집념과 실력에 힘입어
세계대전 이후에도 1950년대까지 여러 경주 대회를 제패하면서
실버 애로라는 명예로운 별명을 지킬 수 있었습니다.
그리고 메르세데스의 그런 성과는
일반 도로 위로 이어졌죠.

Rudolf Uhlenhaut

나로 말할 것 같으면
저 유명한 포르셰 박사와도 겨뤘던 엔지니어 겸,
디자이너 겸, 레이서였어.

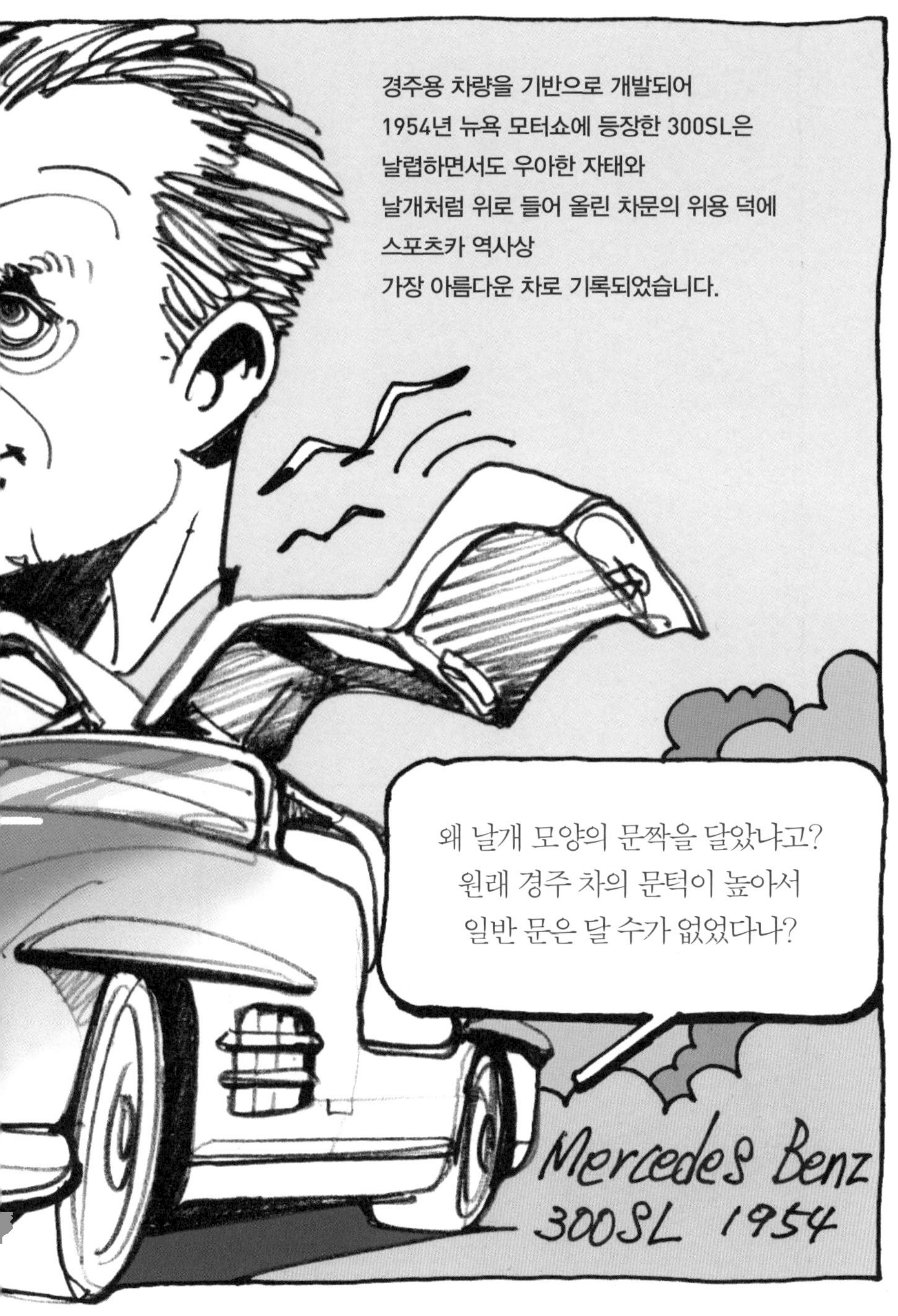
경주용 차량을 기반으로 개발되어
1954년 뉴욕 모터쇼에 등장한 300SL은
날렵하면서도 우아한 자태와
날개처럼 위로 들어 올린 차문의 위용 덕에
스포츠카 역사상
가장 아름다운 차로 기록되었습니다.
왜 날개 모양의 문짝을 달았냐고?
원래 경주 차의 문턱이 높아서
일반 문은 달 수가 없었다나?
Mercedes Benz
300SL 1954

그러나 울렌하우트의 진정한 역작은 따로 있었습니다.
바로 300SLR.
오늘날의 어떤 스포츠카와 비교해도
놀라울 만큼 유려한 곡선과 단순 미학의 극치를 보여줬던
그 모델은 경주용 300SLR이 1955년 르망 24시 대회에서
수많은 인명 피해 사고를 내는 바람에
메르세데스의 경주 참가 중단 선언과 함께
프로토타입 두 대만 남기고 기억 속으로 사라졌습니다.

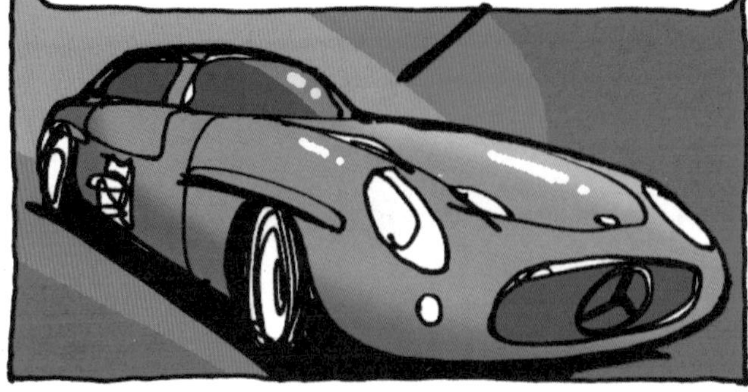

람보르기니
: 모든 자동차광의 드림카

근육을 자랑하며 야성미를 풍기는 남성도 좋지만
뛰어난 능력과 카리스마를 차갑고 도회적인 외모에
담고 있는 남자 역시 아름답지 않습니까?
대부분의 스포츠카들은 곡선과 볼륨 있는 몸체를 자랑합니다.
그런데 기하학적인 형태와 날카로운 모서리로 오늘날까지
전세계 자동차광들의 가슴을 요동치게 만드는
전설적인 스포츠카가 한 대 있습니다.

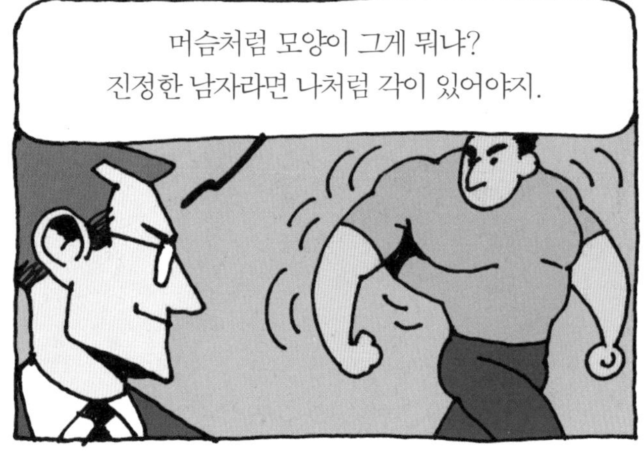

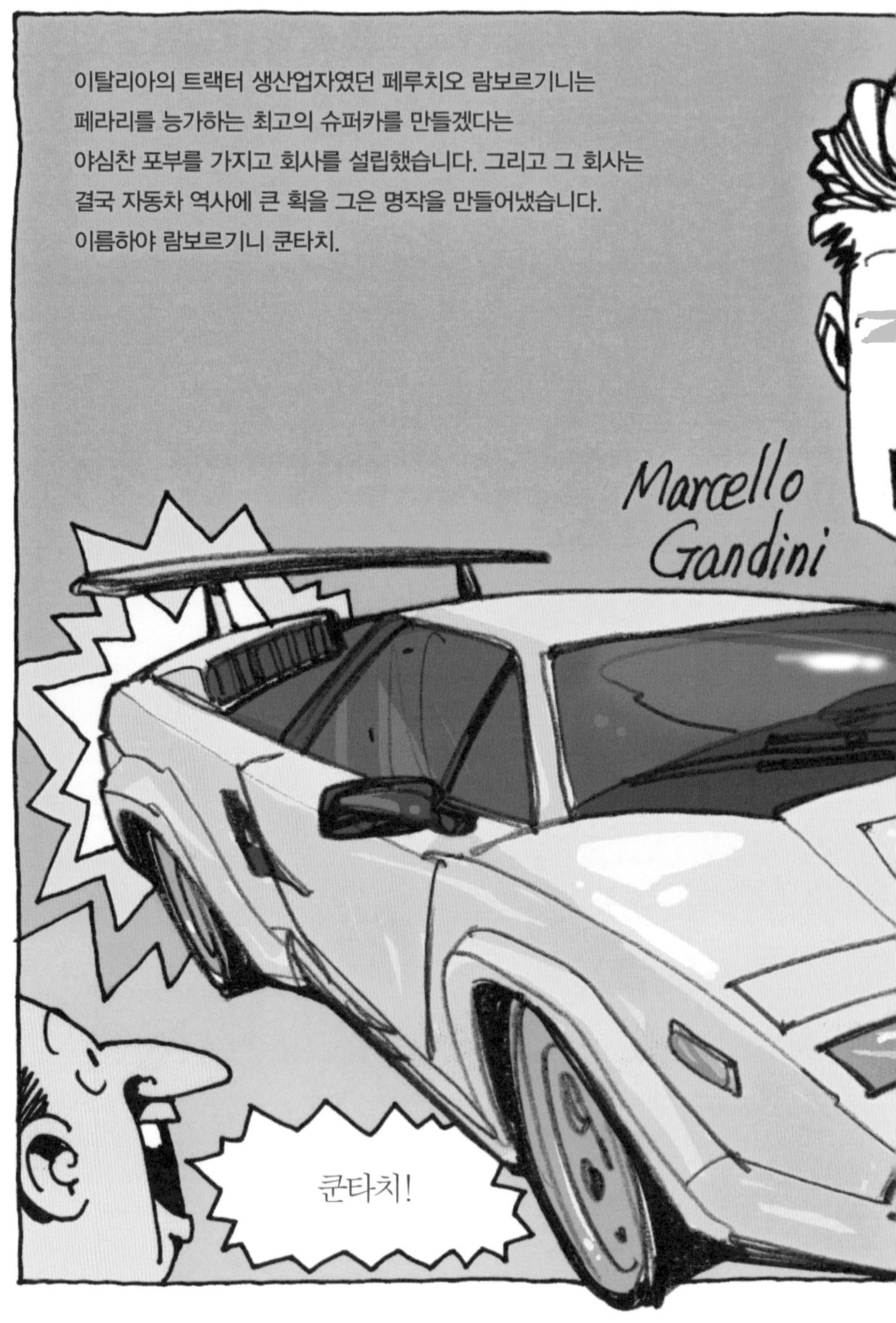
이탈리아의 트랙터 생산업자였던 페루치오 람보르기니는
페라리를 능가하는 최고의 슈퍼카를 만들겠다는
야심찬 포부를 가지고 회사를 설립했습니다. 그리고 그 회사는
결국 자동차 역사에 큰 획을 그은 명작을 만들어냈습니다.
이름하야 람보르기니 쿤타치.
Marcello Gandini
쿤타치!

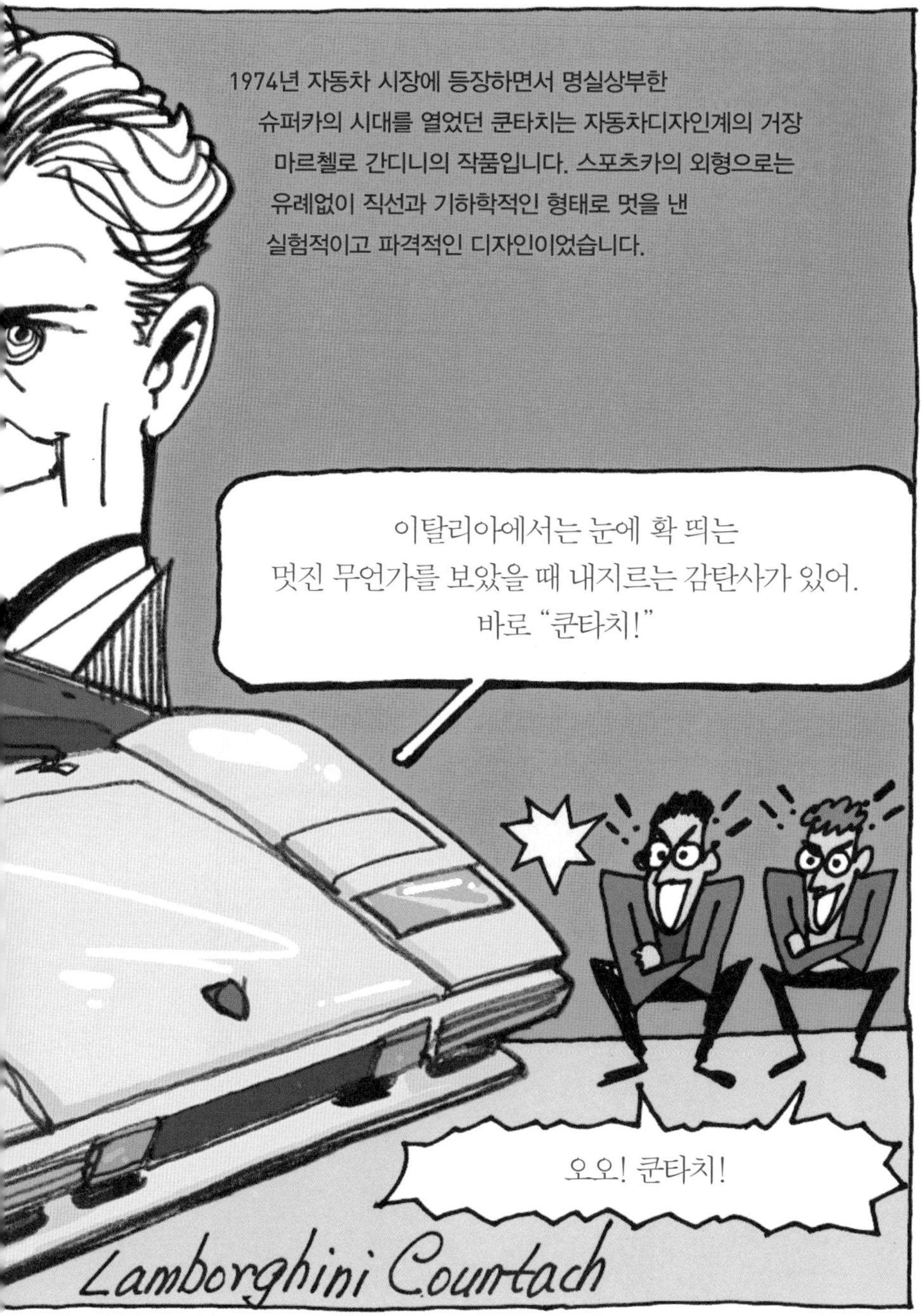

1974년 자동차 시장에 등장하면서 명실상부한 슈퍼카의 시대를 열었던 쿤타치는 자동차디자인계의 거장 마르첼로 간디니의 작품입니다. 스포츠카의 외형으로는 유례없이 직선과 기하학적인 형태로 멋을 낸 실험적이고 파격적인 디자인이었습니다.

이탈리아에서는 눈에 확 띄는
멋진 무언가를 보았을 때 내지르는 감탄사가 있어.
바로 "쿤타치!"

오오! 쿤타치!

Lamborghini Countach

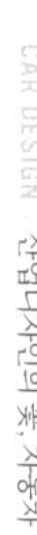

스포츠카는 유능한 디자이너의 기량과 열정을 한데 모은 고부가가치 디자인의 결정체입니다. 그래서 굉음을 내며 달리는 새빨간 스포츠카를 길에서 보면 절로 감탄사가 나옵니다. 하지만 그렇다고 해서 일상의 고단함을 싣고 달리는 보통 차들을 홀대하지는 맙시다. 우리네 삶의 소박한 곳 어디에나 디자인은 있는 법이니까 말입니다.

그려. 저것은 유지비도 겁나 많이 드는
눈요기에 불과한 것이여.

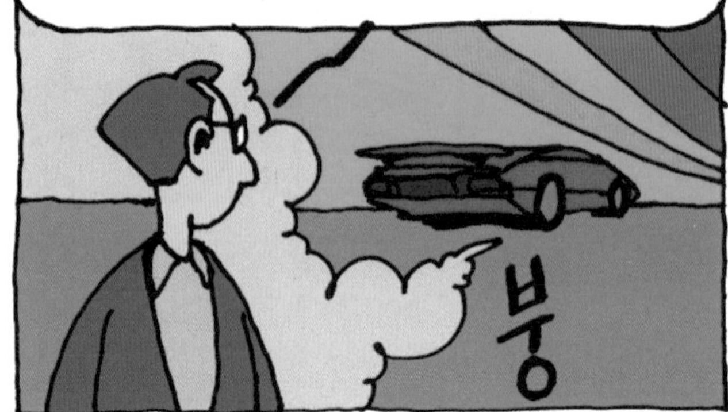

재규어부터 BMW까지, 디자이너의 계보

21세기로 넘어오면서 자동차디자인의 세계에도
혁신의 바람이 불고 있습니다.

앞서 살펴본 주지아로와 피닌파리나, 그리고
베르토네 카로체리아 등을 주축으로 한 이탈리아의 거물급 회사들이
세계 자동차디자인을 선도하던 시대가 막을 내리고
이언 칼럼, 페터 슈라이어, 그리고 크리스 뱅글 같은
차세대 주역들이 이 분야의 이노베이션을 이끌고 있습니다.

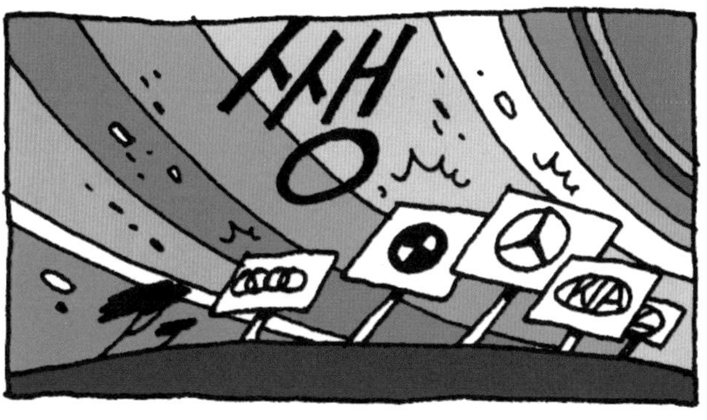

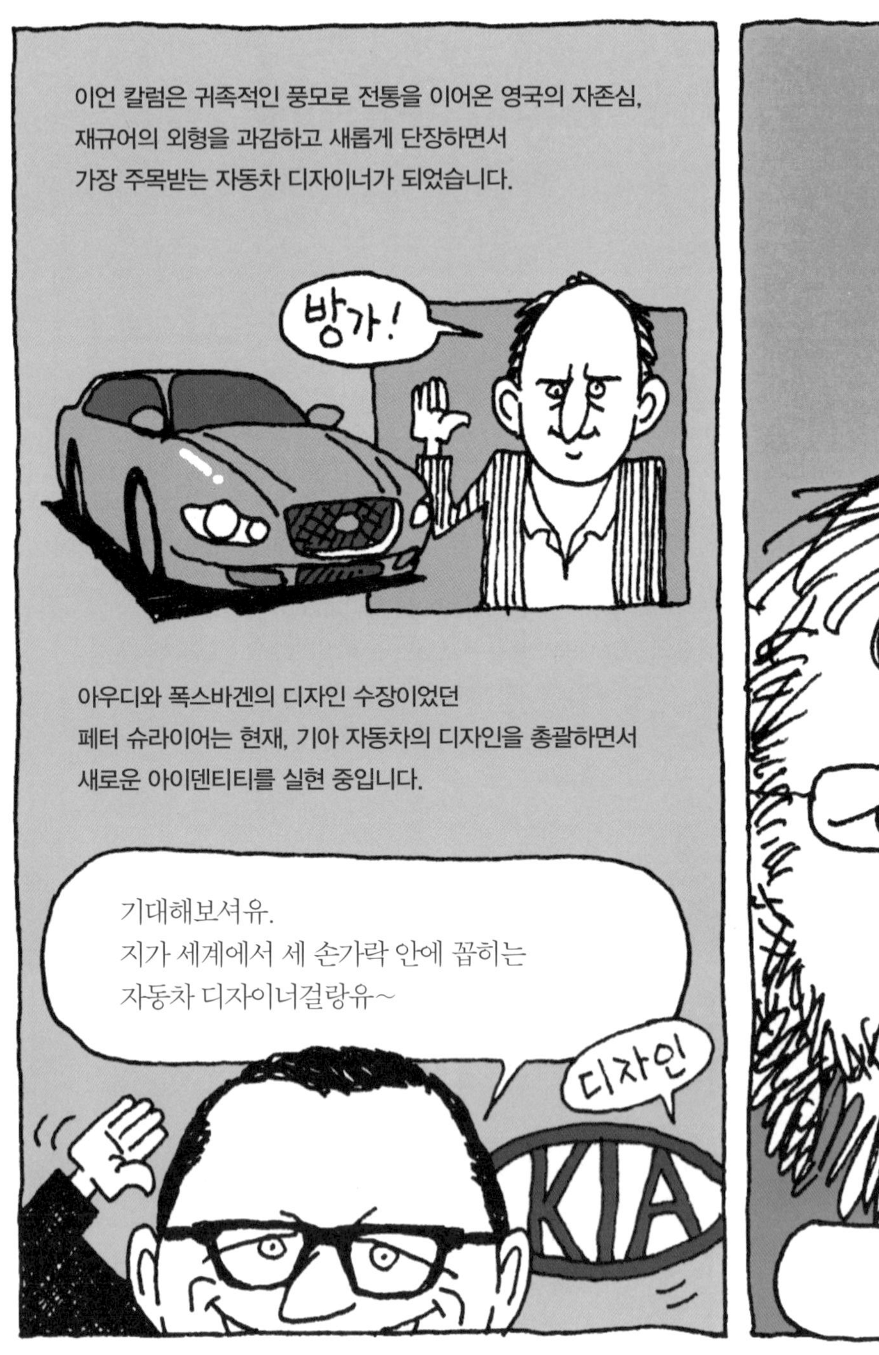
이언 칼럼은 귀족적인 풍모로 전통을 이어온 영국의 자존심,
재규어의 외형을 과감하고 새롭게 단장하면서
가장 주목받는 자동차 디자이너가 되었습니다.
방가!
아우디와 폭스바겐의 디자인 수장이었던
페터 슈라이어는 현재, 기아 자동차의 디자인을 총괄하면서
새로운 아이덴티티를 실현 중입니다.
기대해보셔유.
지가 세계에서 세 손가락 안에 꼽히는
자동차 디자이너걸랑유~
디자인
KIA

이노베이션이라는 말에 진정 어울릴 정도로 드라마틱한 활약상을 보여준 디자이너는 뭐니 뭐니 해도 크리스 뱅글이라고 할 수 있습니다. 뱅글은 미국인이지만 독일 자동차의 역사와 자존심을 고스란히 담은 BMW의 수석 디자이너가 되었습니다. 그는 7시리즈 세단의 뒷모습을 파격적으로 디자인해 당시 사람들, 특히 독일인을 경악하게 만들었습니다. 지나친 변화로 BMW의 전통을 해쳤다는 비난이 쏟아졌죠. 그렇지만 그는 묵묵히 자신의 디자인 철학과 신념을 지켜나갑니다.

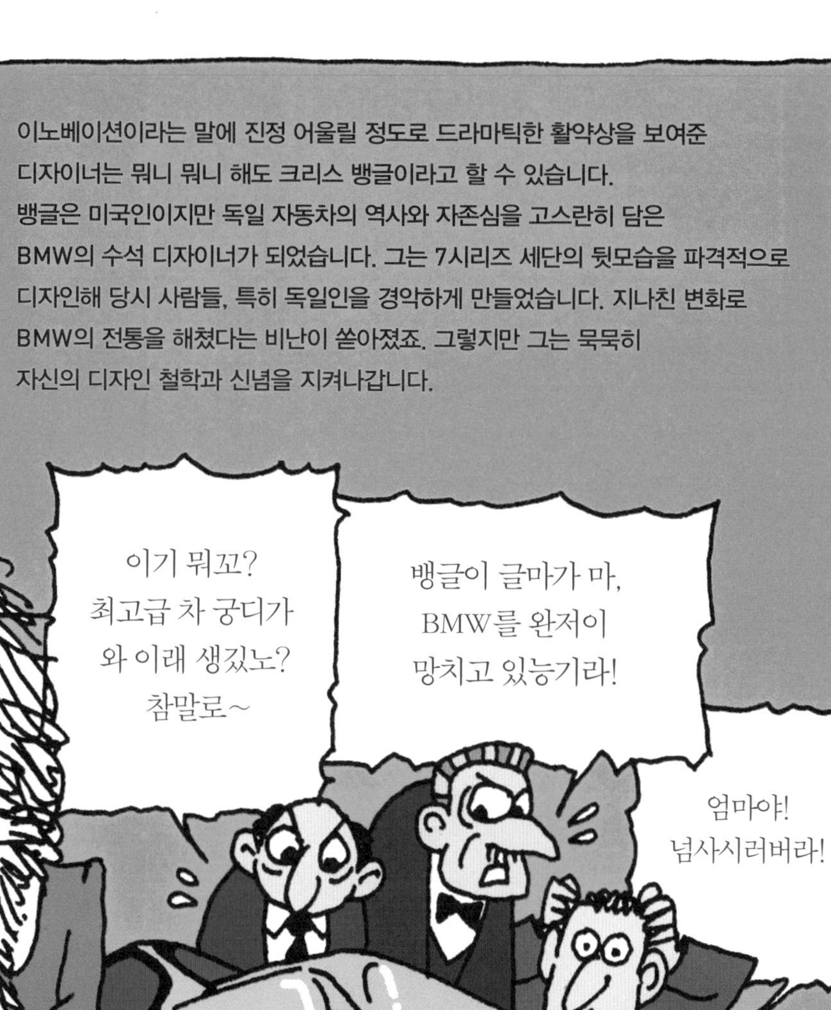

좋은 디자인은 결국 사람들의 마음을 움직잉게 두고 보더라고~

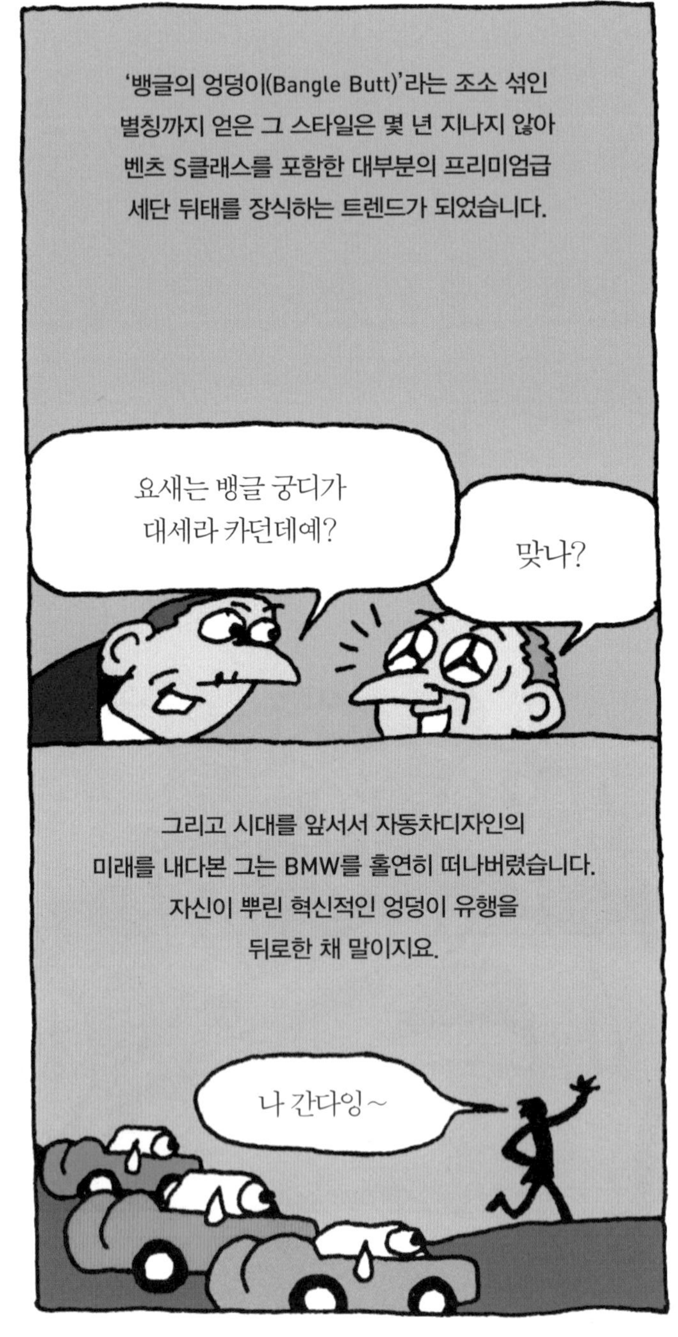
'뱅글의 엉덩이(Bangle Butt)'라는 조소 섞인
별칭까지 얻은 그 스타일은 몇 년 지나지 않아
벤츠 S클래스를 포함한 대부분의 프리미엄급
세단 뒤태를 장식하는 트렌드가 되었습니다.
요새는 뱅글 궁디가
대세라 카던데예?
맞나?
그리고 시대를 앞서서 자동차디자인의
미래를 내다본 그는 BMW를 홀연히 떠나버렸습니다.
자신이 뿌린 혁신적인 엉덩이 유행을
뒤로한 채 말이지요.
나 간다잉~

미국을 대표하는 스포츠카, 시보레 콜벳

스포츠카라고 다 같은 스포츠카가 아닙니다.
이탈리아의 페라리나 알파 로메오, 독일의 포르셰 같은
유럽의 스포츠카들에서 세련된 아름다움과
기능성을 살린 멋이 느껴진다면
미국의 스포츠카들은 거기에 더해
강력한 힘을 한껏 뽐내는 외형을 가졌습니다.
그래서 사람들은 거구의 근육질 몸매를 자랑하는
미국의 스포츠카를 일컬어 '머슬카'라고 부릅니다.

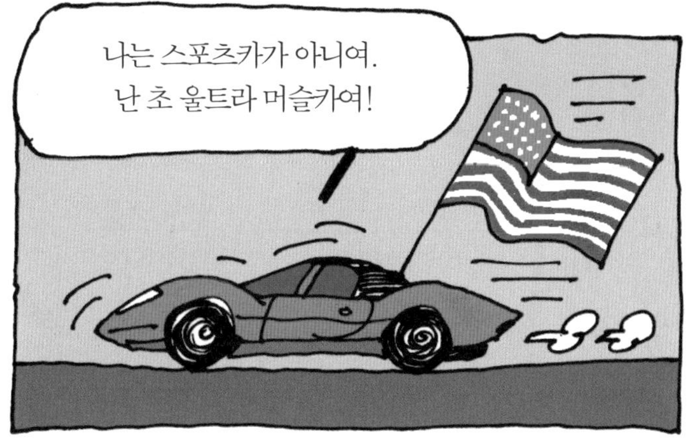

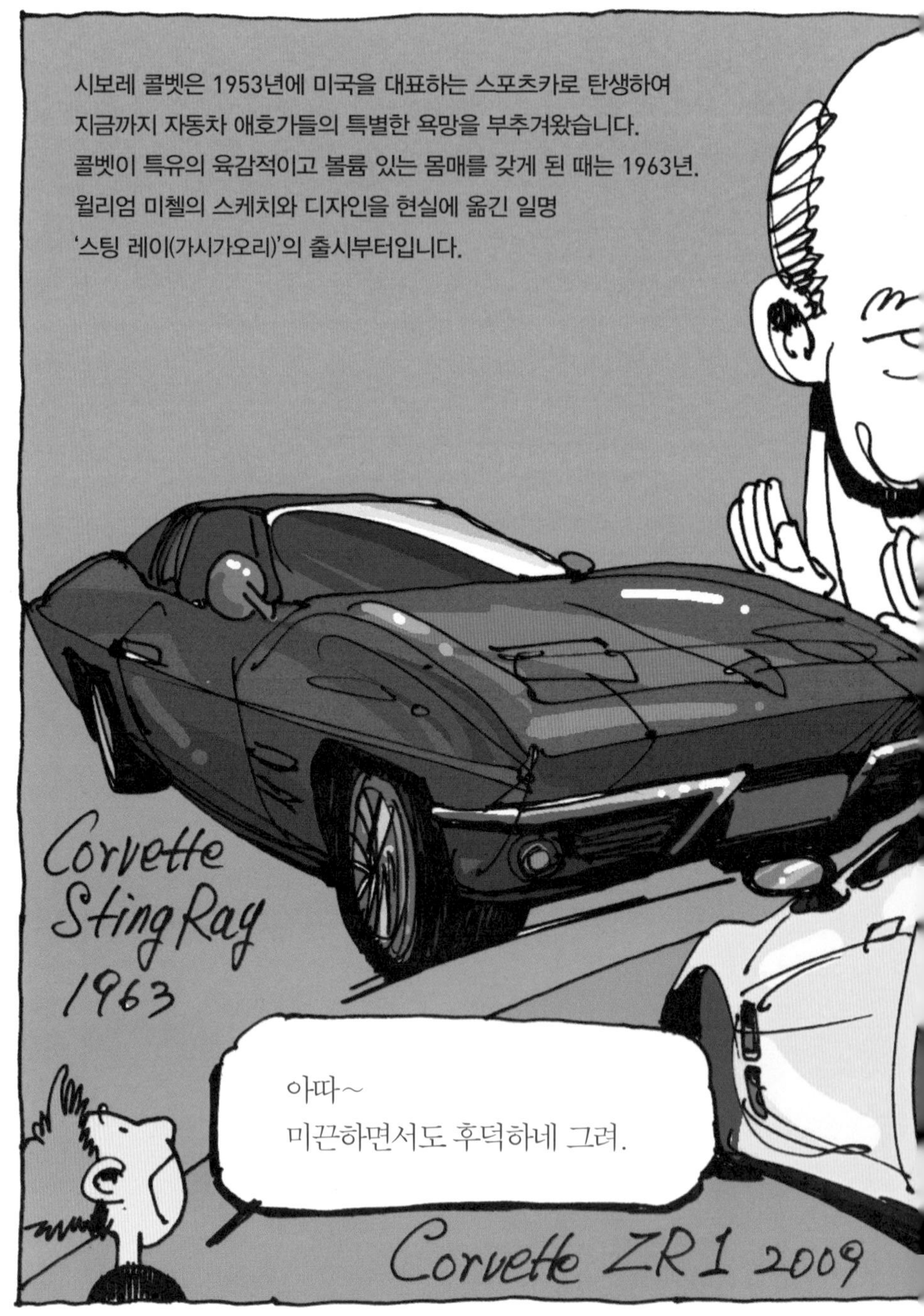
시보레 콜벳은 1953년에 미국을 대표하는 스포츠카로 탄생하여
지금까지 자동차 애호가들의 특별한 욕망을 부추겨왔습니다.
콜벳이 특유의 육감적이고 볼륨 있는 몸매를 갖게 된 때는 1963년.
윌리엄 미첼의 스케치와 디자인을 현실에 옮긴 일명
'스팅 레이(가시가오리)'의 출시부터입니다.
Corvette Sting Ray 1963
아따~
미끈하면서도 후덕하네 그려.
Corvette ZR1 2009

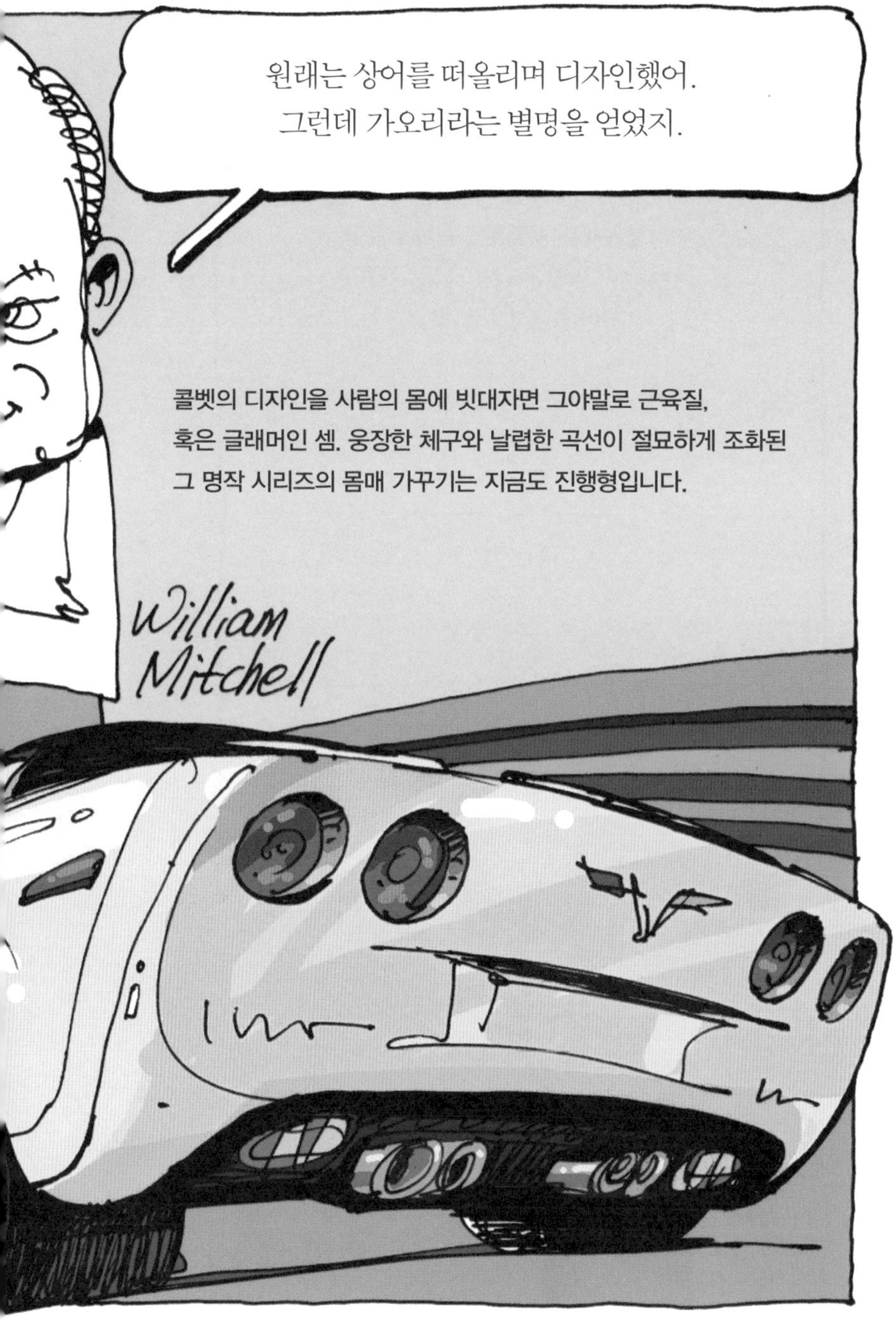

원래는 상어를 떠올리며 디자인했어.
그런데 가오리라는 별명을 얻었지.

콜벳의 디자인을 사람의 몸에 빗대자면 그야말로 근육질, 혹은 글래머인 셈. 웅장한 체구와 날렵한 곡선이 절묘하게 조화된 그 명작 시리즈의 몸매 가꾸기는 지금도 진행형입니다.

William Mitchell

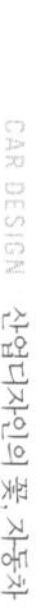

실제로는 경주 대회 전용이 아닌데도
값비싼 고성능 자동차를 흔히 스포츠카라고 부릅니다.
콜벳 역시 실제 경주용 자동차는 아니지만
거리를 누비며 사람들의 시선을 끌고
과시하기 위한 최고의 '스포츠카'로
널리 알려져 있습니다.

스포츠가 뭐유?
잘해서 관중들한테 박수 받는 거잖유?
결국 뽐내고 잘난 척하고 싶은 거 아니겠어유?

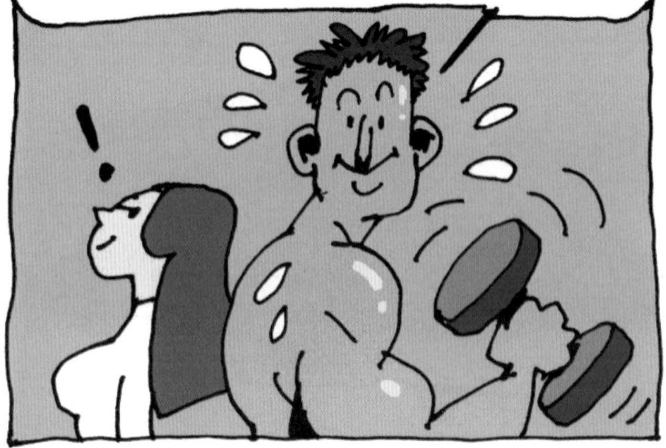

달리는 이탈리아, 베스파

영화 「로마의 휴일」의 주연 배우, 그레고리 펙과 오드리 헵번은
이제 우리의 기억 속에서만 살아 있지만,
또 하나의 주연 배우는 지금도 살아서
전 세계의 도시를 누비고 있습니다.
그 배우는 '베스파'라는 이름의 스쿠터죠.

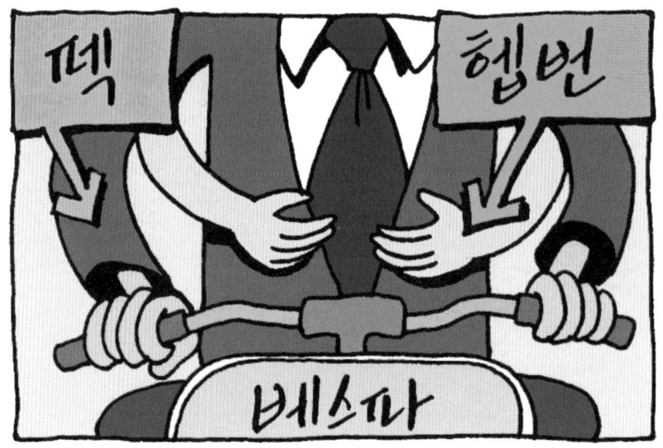

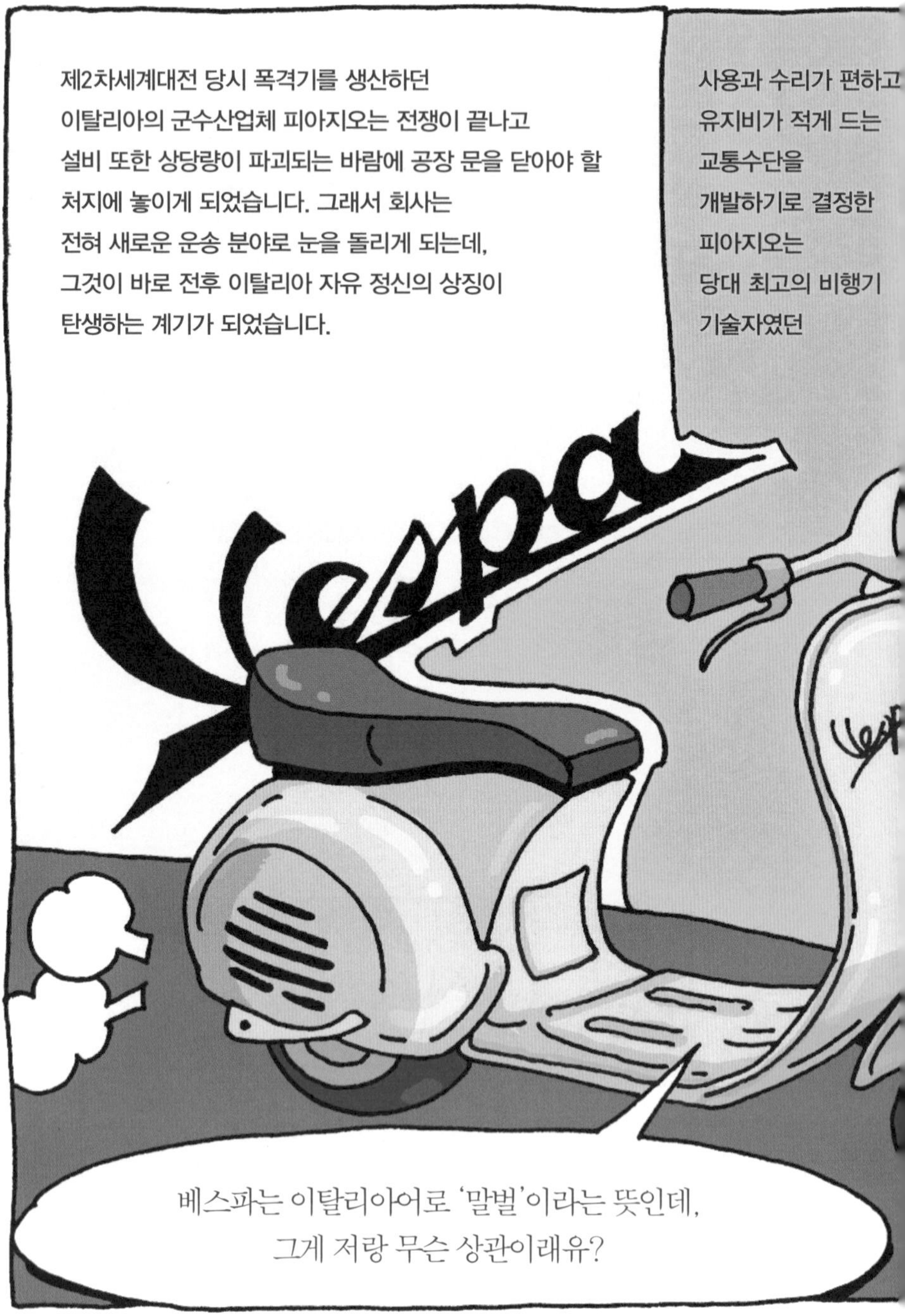

제2차세계대전 당시 폭격기를 생산하던 이탈리아의 군수산업체 피아지오는 전쟁이 끝나고 설비 또한 상당량이 파괴되는 바람에 공장 문을 닫아야 할 처지에 놓이게 되었습니다. 그래서 회사는 전혀 새로운 운송 분야로 눈을 돌리게 되는데, 그것이 바로 전후 이탈리아 자유 정신의 상징이 탄생하는 계기가 되었습니다.

사용과 수리가 편하고 유지비가 적게 드는 교통수단을 개발하기로 결정한 피아지오는 당대 최고의 비행기 기술자였던

베스파는 이탈리아어로 '말벌'이라는 뜻인데,
그게 저랑 무슨 상관이래유?

코라디노 다스카니오에게
그 임무를 맡겼고,
그는 세계에서 가장
깜찍한 멋을 가진
스쿠터를 만들어냈습니다.

사람 태우고 짐 싣고 다닐 만한
좋은 기계를 만들었더니 그게 이탈리아를
대표하고 자유로운 도시 생활을 상징하는
문화 상품이 돼버리고 말았네유.

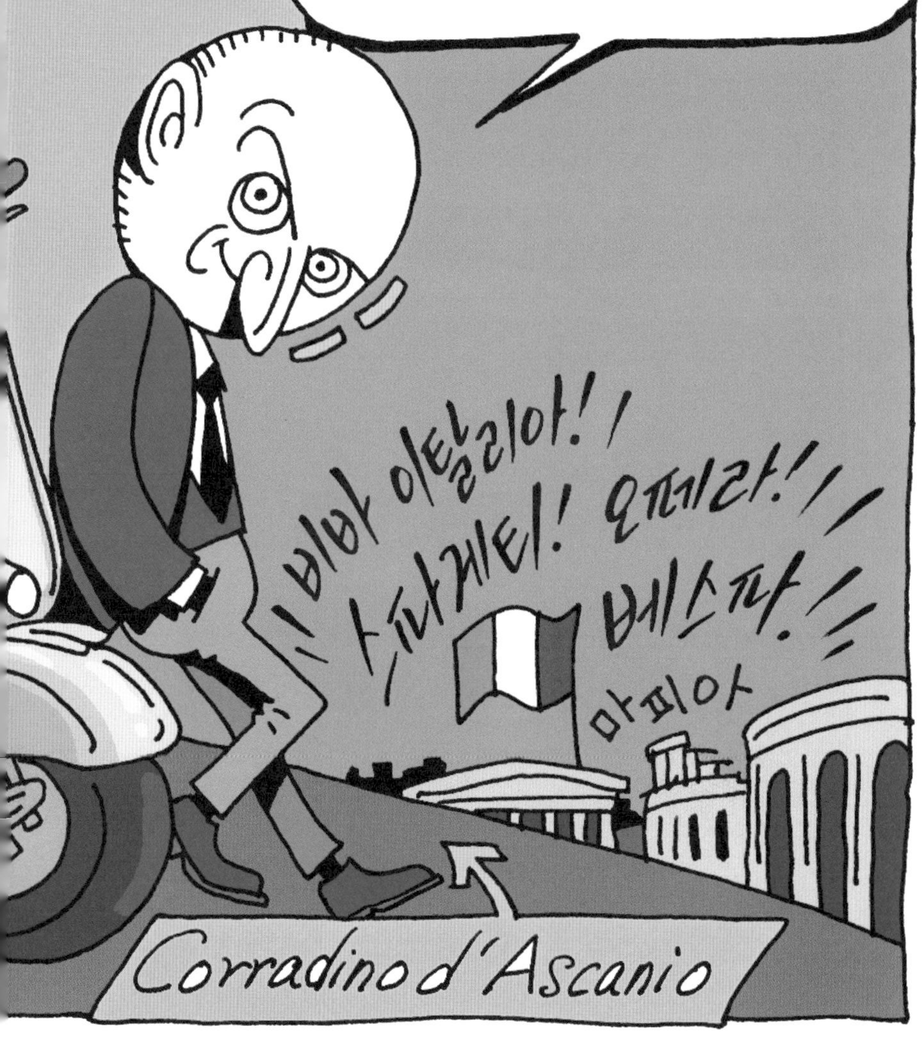

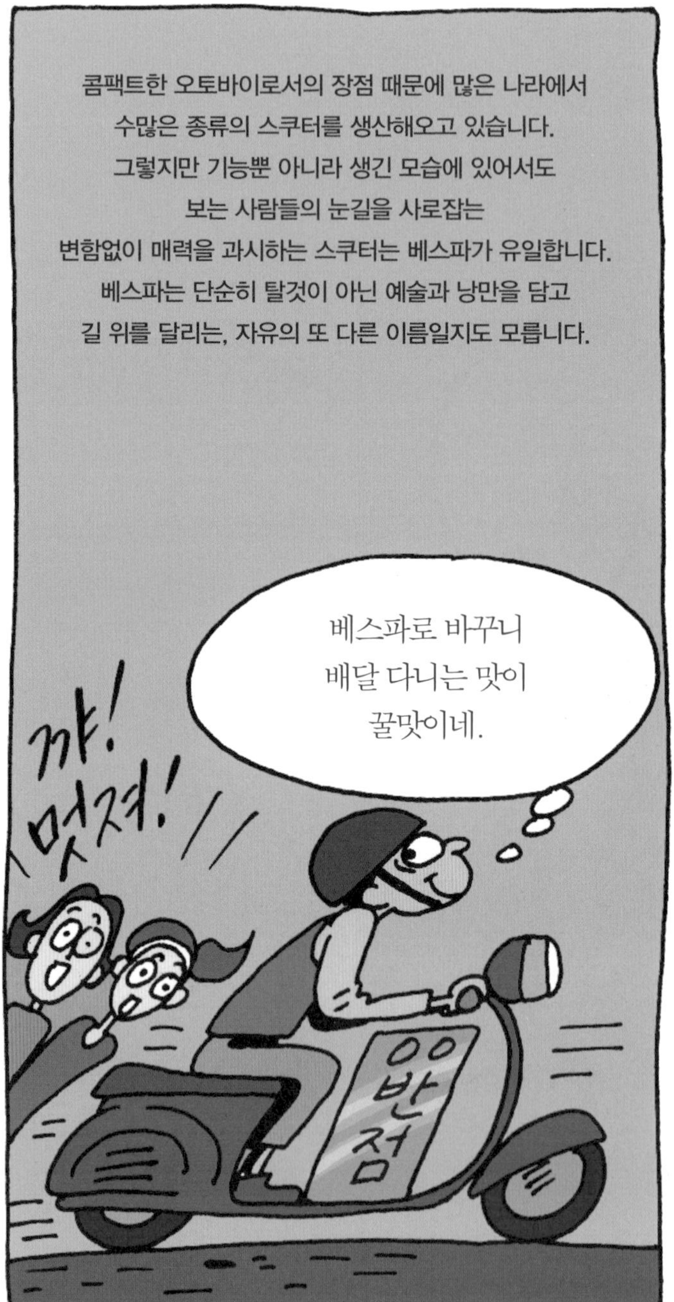

콤팩트한 오토바이로서의 장점 때문에 많은 나라에서
수많은 종류의 스쿠터를 생산해오고 있습니다.
그렇지만 기능뿐 아니라 생긴 모습에 있어서도
보는 사람들의 눈길을 사로잡는
변함없이 매력을 과시하는 스쿠터는 베스파가 유일합니다.
베스파는 단순히 탈것이 아닌 예술과 낭만을 담고
길 위를 달리는, 자유의 또 다른 이름일지도 모릅니다.

베스파로 바꾸니
배달 다니는 맛이
꿀맛이네.

꺄! 멋져!

○○반점

자동차디자인의 전설, 조르제토 주지아로

산업디자이너들에게
"20세기 최고의 자동차디자이너를 한 명만 꼽아보라"고
요구한다면 아마 이렇게 답변할 겁니다.

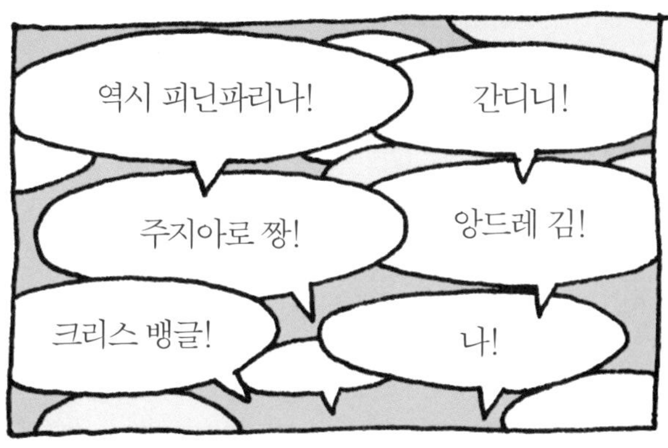

가장 빼어난 자동차디자이너가
누구인지에 대해서는 의견이 분분할지 몰라도
역사의 첫 줄에서 가장 밝은 빛을 내는 사람 중 하나가
조르제토 주지아로라는 사실엔
누구도 반박하지 못할 것입니다.

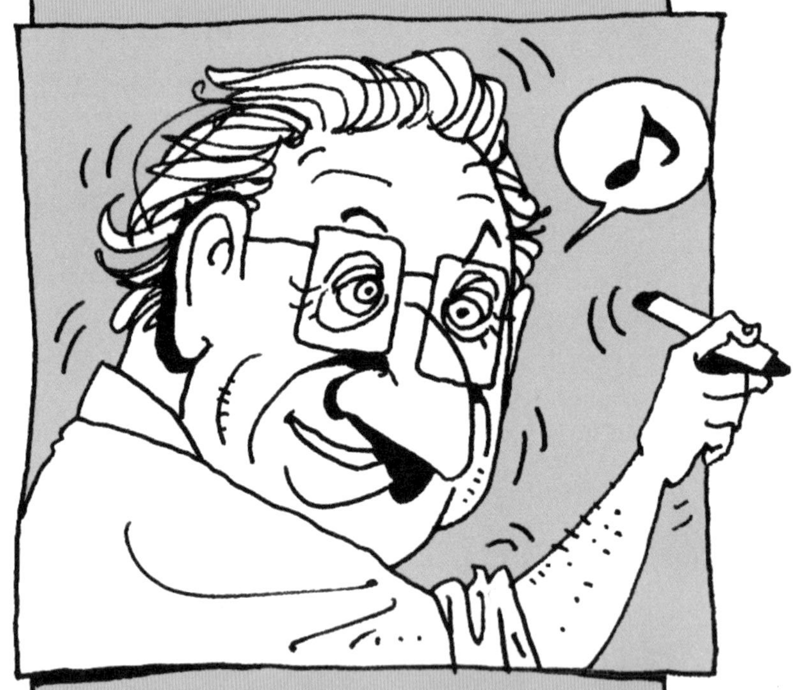

그는 1999년 라스베이거스에 모인
120여 명의 저널리스트가 선정한
'세기의 디자이너'로, 자동차디자인계의
살아 있는 전설입니다.

17살 때부터 이미 피아트에서
디자인 일을 시작했고 이탈리아 3대
자동차디자인 전문 스튜디오 중 하나인
베르토네 카로체리아의 수석 디자이너를 거쳐
디자인 명가 '이탈 디자인'을 설립한
그는 평생 100대가 넘는 양산 차들과
수많은 베스트셀러 자동차의 스타일을
만들어냈습니다.

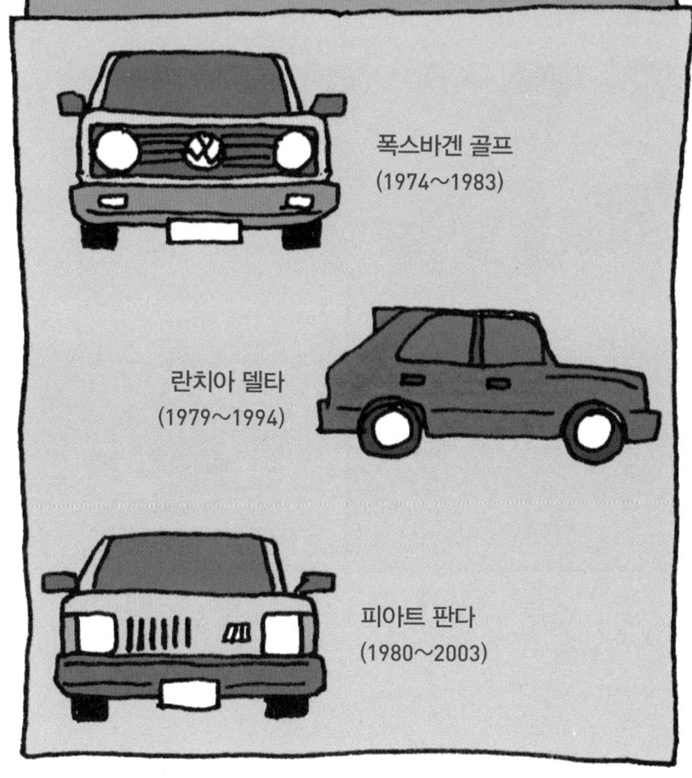

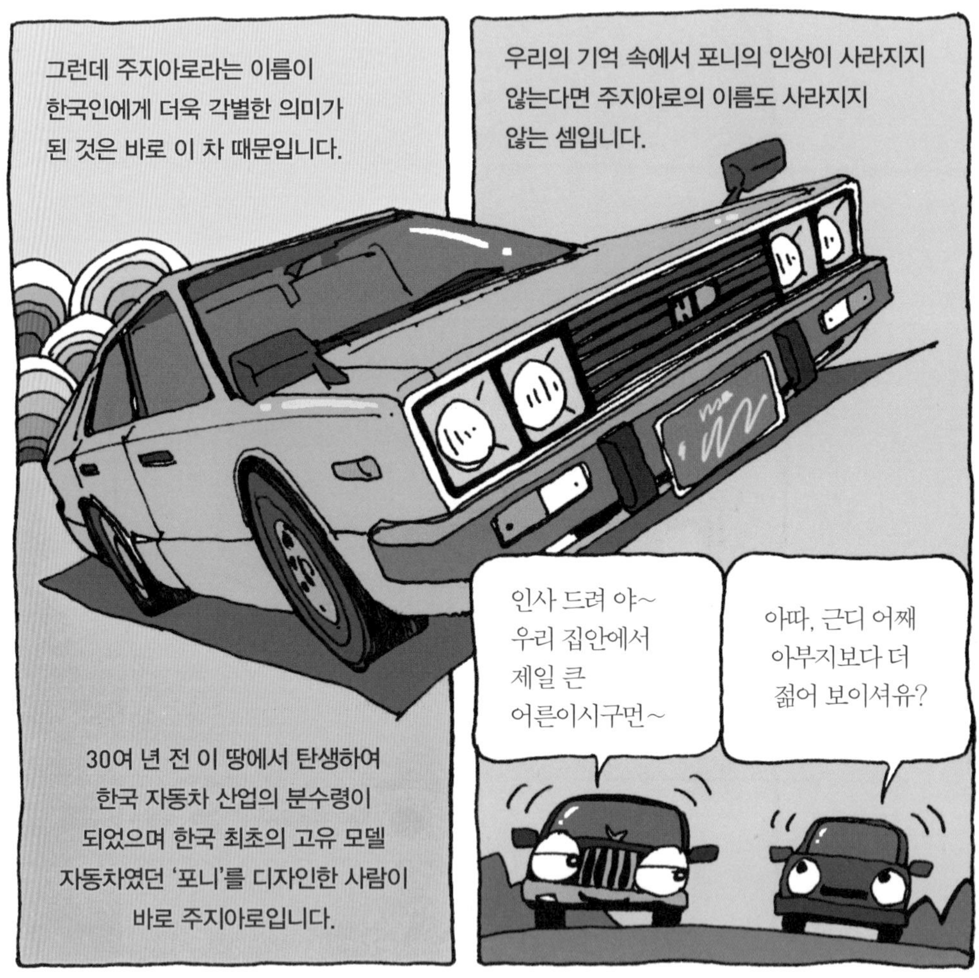
그런데 주지아로라는 이름이
한국인에게 더욱 각별한 의미가
된 것은 바로 이 차 때문입니다.
30여 년 전 이 땅에서 탄생하여
한국 자동차 산업의 분수령이
되었으며 한국 최초의 고유 모델
자동차였던 '포니'를 디자인한 사람이
바로 주지아로입니다.
우리의 기억 속에서 포니의 인상이 사라지지
않는다면 주지아로의 이름도 사라지지
않는 셈입니다.
인사 드려 야~
우리 집안에서
제일 큰
어른이시구먼~
아따, 근디 어째
아부지보다 더
젊어 보이셔유?

영화 「백 투 더 퓨처」의 숨겨진 주인공

1980년대 중반에 나온 영화 「백 투 더 퓨처」를 본 사람이라면
주인공이 시간 여행을 위해 탔던
멋진 자동차 한 대를 기억할 것입니다.
영화에서는 괴짜 박사가 그 차를 만들었지만, 실제로 시판된 적도 있는
그 자동차를 설계하고 디자인한 사람이 바로
조르제토 주지아로입니다.

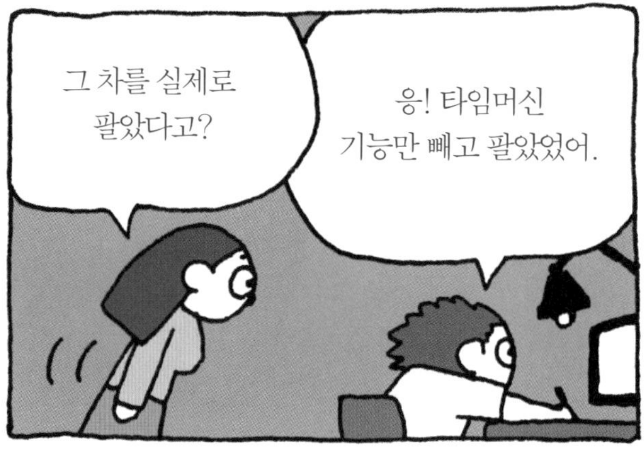

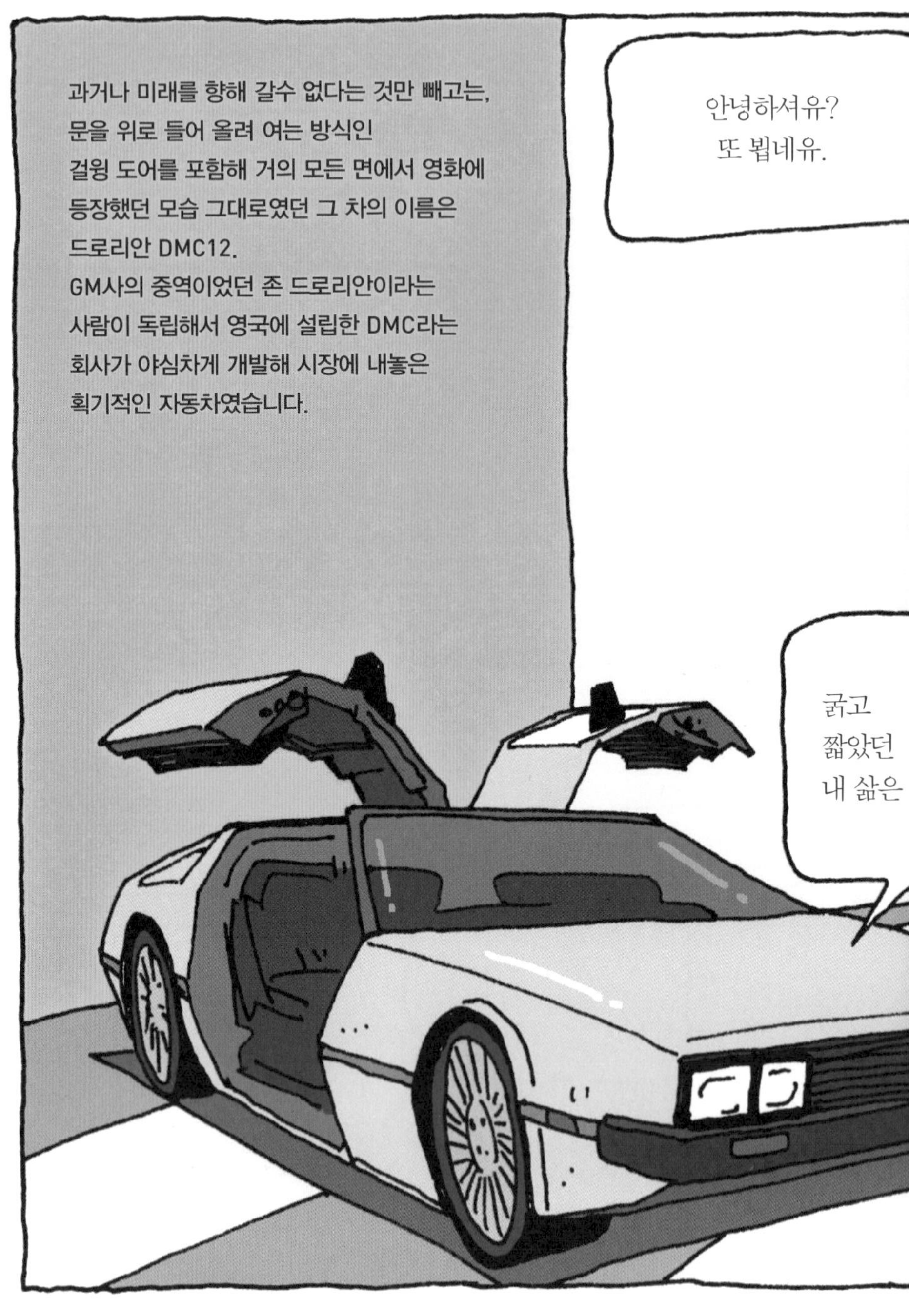
과거나 미래를 향해 갈수 없다는 것만 빼고는,
문을 위로 들어 올려 여는 방식인
걸윙 도어를 포함해 거의 모든 면에서 영화에
등장했던 모습 그대로였던 그 차의 이름은
드로리안 DMC12.
GM사의 중역이었던 존 드로리안이라는
사람이 독립해서 영국에 설립한 DMC라는
회사가 야심차게 개발해 시장에 내놓은
획기적인 자동차였습니다.
안녕하셔유?
또 뵙네유.
굵고
짧았던
내 삶은

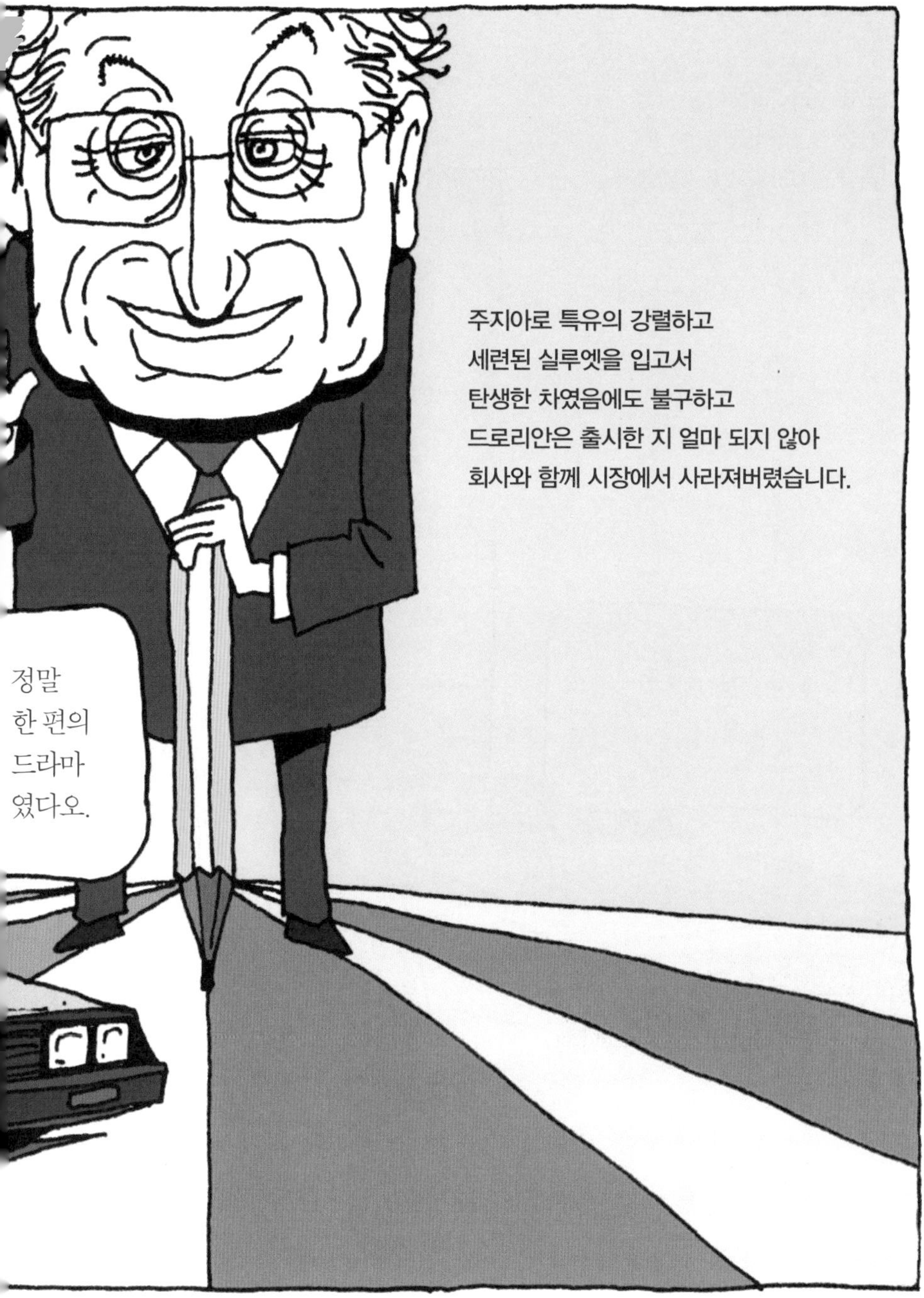

주지아로 특유의 강렬하고
세련된 실루엣을 입고서
탄생한 차였음에도 불구하고
드로리안은 출시한 지 얼마 되지 않아
회사와 함께 시장에서 사라져버렸습니다.

정말
한 편의
드라마
였다오.

그리고 우리나라에도 오래전
주지아로가 파격적이고
미래적인 스타일로 디자인했지만
단지 디자인으로만 그치고
세상 빛을 보지 못해
아쉬운 자동차가 한 대 있습니다.

바로 포니 쿠페.

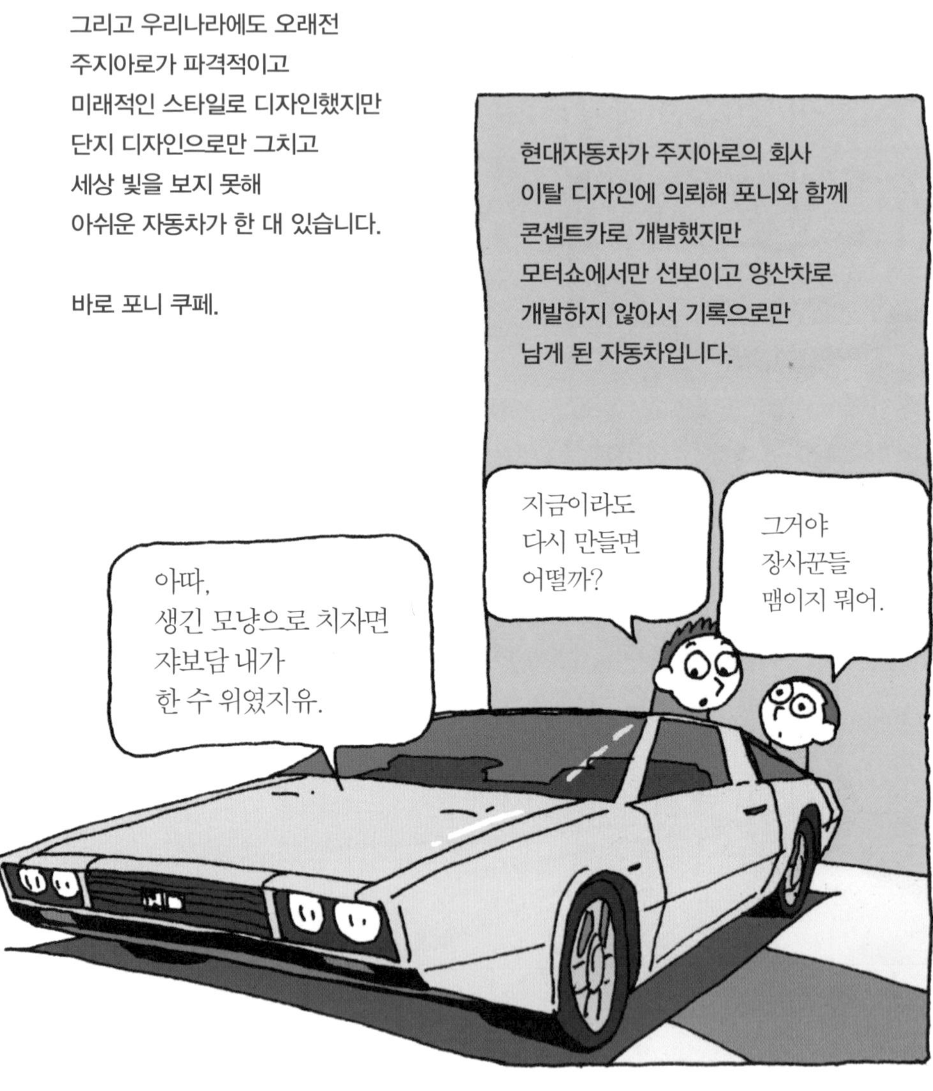

AIRCRAFT DESIGN

날아오르는 것은 아름답다

에펠탑에 버금가는 프랑스의 상징, 콩코드

어린 시절 누구나 한 번쯤 모형 비행기 날리기 대회에
참가하기 위해 직접 비행기를 만들어서 날려본 경험이 있을 것입니다.
세상에는 멋있는 모양의 비행기가 참 많지만 무릇 날개를 달고
유유히 창공을 날아오르는 모든 것은 그 자체로 아름답습니다.

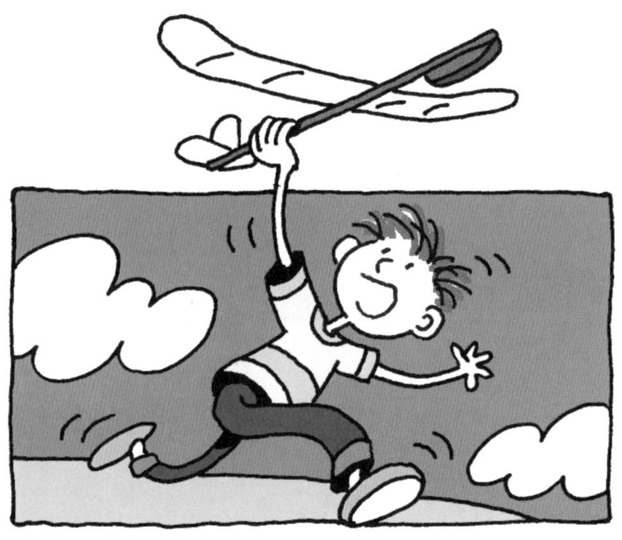

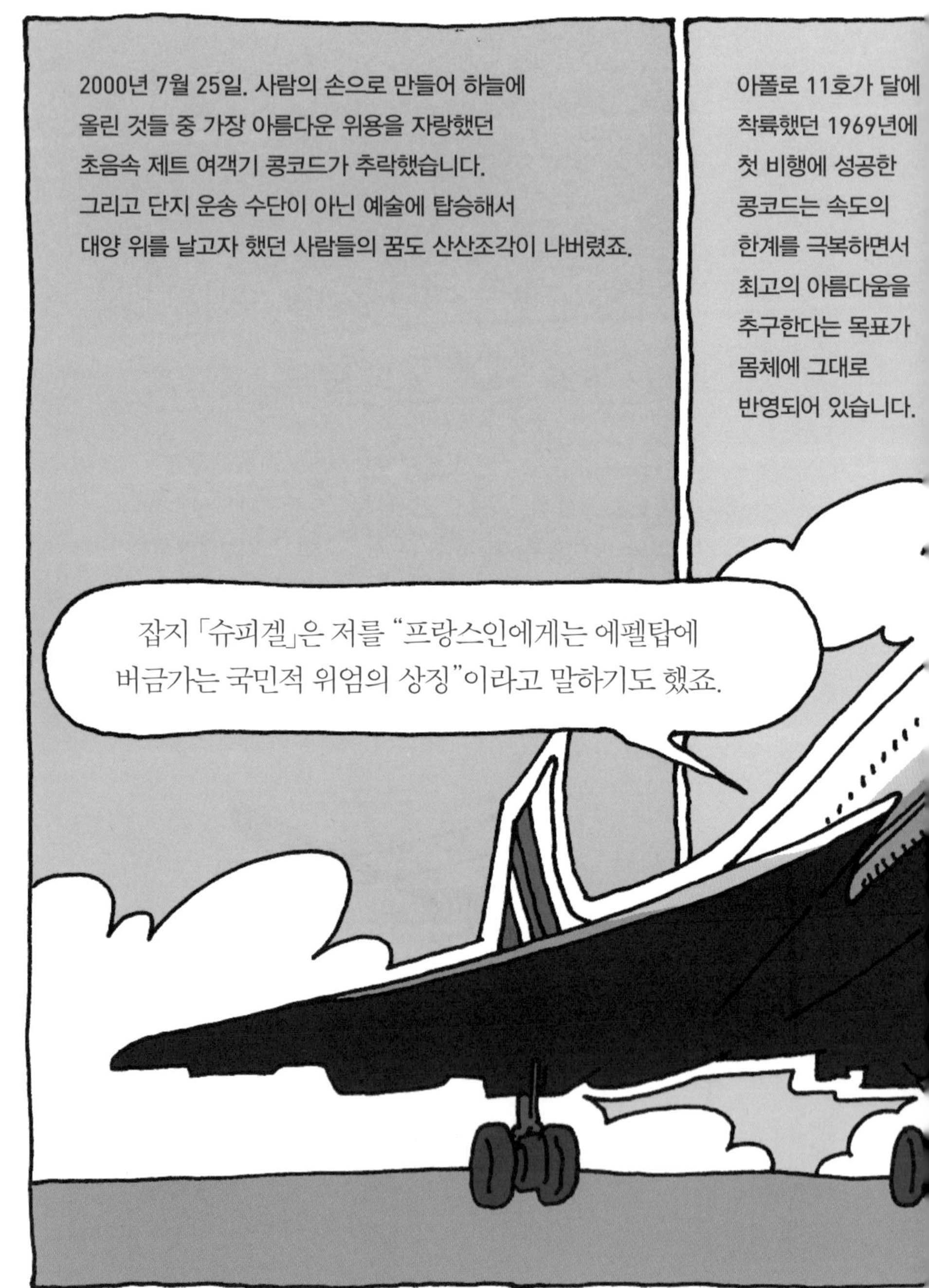
2000년 7월 25일. 사람의 손으로 만들어 하늘에
올린 것들 중 가장 아름다운 위용을 자랑했던
초음속 제트 여객기 콩코드가 추락했습니다.
그리고 단지 운송 수단이 아닌 예술에 탑승해서
대양 위를 날고자 했던 사람들의 꿈도 산산조각이 나버렸죠.
잡지 「슈피겔」은 저를 "프랑스인에게는 에펠탑에
버금가는 국민적 위엄의 상징"이라고 말하기도 했죠.
아폴로 11호가 달에
착륙했던 1969년에
첫 비행에 성공한
콩코드는 속도의
한계를 극복하면서
최고의 아름다움을
추구한다는 목표가
몸체에 그대로
반영되어 있습니다.

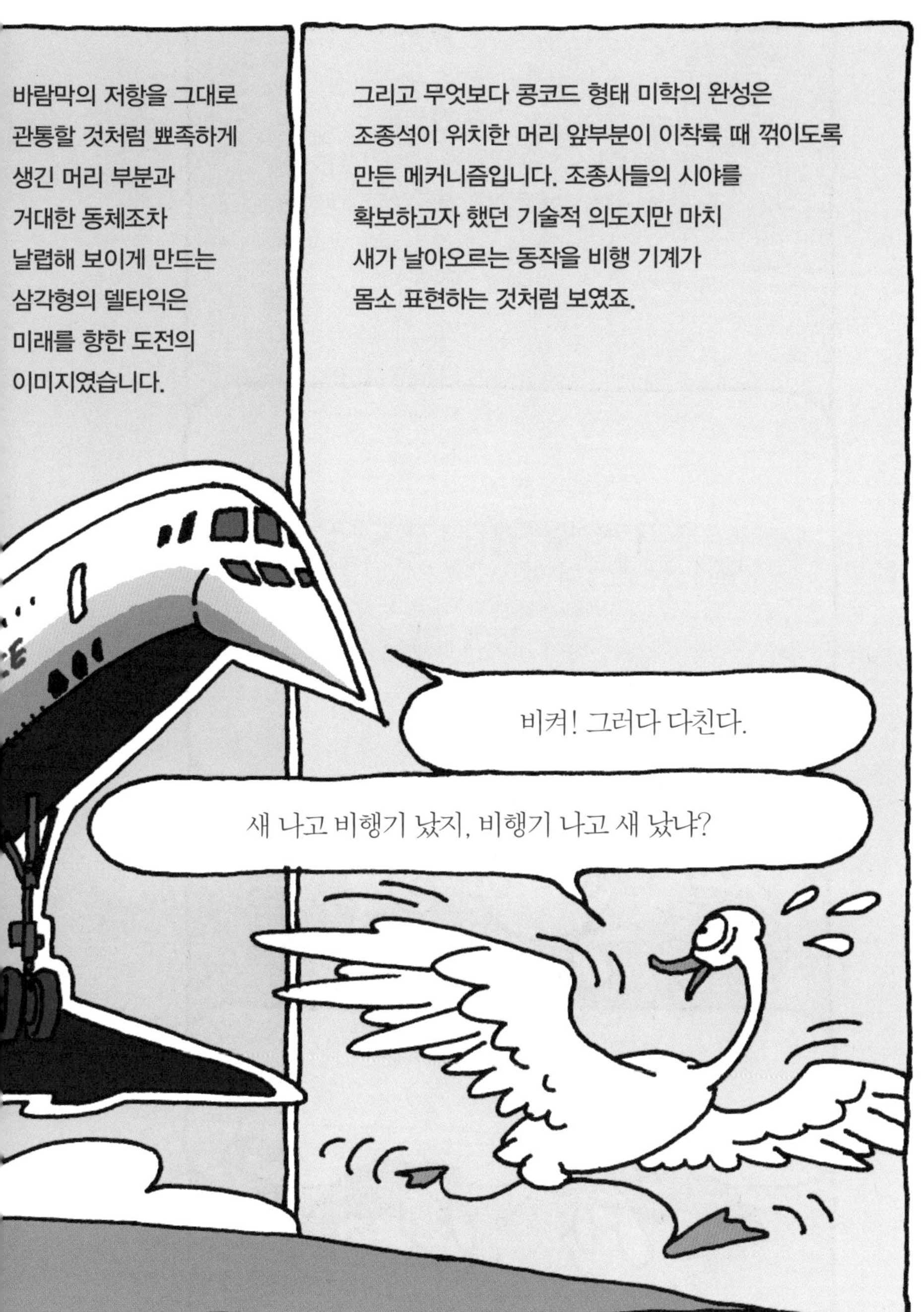
바람막의 저항을 그대로
관통할 것처럼 뾰족하게
생긴 머리 부분과
거대한 동체조차
날렵해 보이게 만드는
삼각형의 델타익은
미래를 향한 도전의
이미지였습니다.
그리고 무엇보다 콩코드 형태 미학의 완성은
조종석이 위치한 머리 앞부분이 이착륙 때 꺾이도록
만든 메커니즘입니다. 조종사들의 시야를
확보하고자 했던 기술적 의도지만 마치
새가 날아오르는 동작을 비행 기계가
몸소 표현하는 것처럼 보였죠.
비켜! 그러다 다친다.
새 나고 비행기 났지, 비행기 나고 새 났냐?

사실 웬만한 비행기들은 다 멋집니다.
아마 날개를 가지고 있기 때문일 겁니다.
대지가 잡아끄는 무거운 몸을 창공에 띄워 활강하게 해주는
자연의 원리. 그리고 꿈이 담겨 있는 날개 말이죠.

엔진의 힘으로 추진력을
얻기는 하지만 비행기가 나는 것은
날개 아래쪽에 모이는 힘이 있기 때문이야.
그게 양력이란 건데,
어때? 정말 아름답지 않아?

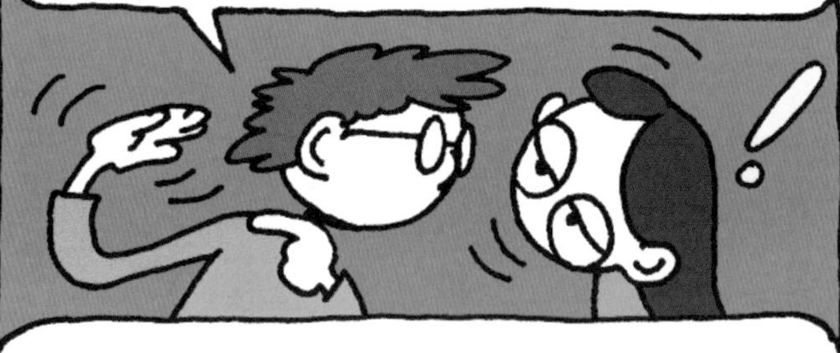

그래서! 양력이 더 예뻐? 내가 더 예뻐?

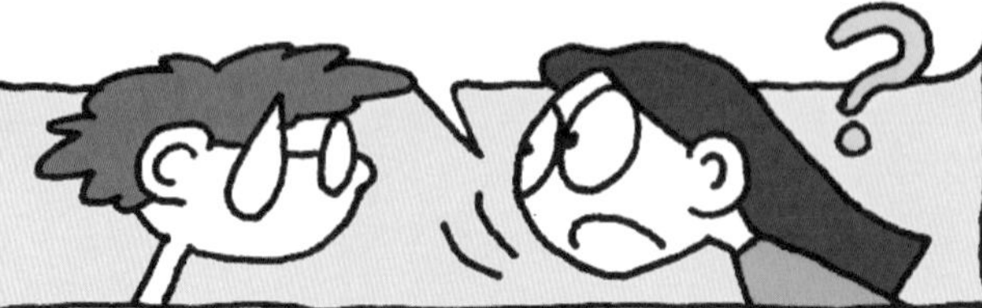

전시에 태어난 아름다운 전쟁 무기

1913년부터 1931년까지 2년에 한 번씩 개최되었던
슈나이더 배 항공기 대회는 부국강병의 기치 아래
군비 경쟁을 벌이던 강대국들이
자국의 항공기 개발 기술을 과시하려는
다분히 정치적인 목적을 가진 대회였습니다. 창공의 패권을 차지하려던
각국의 경쟁은 제2차세계대전으로 이어지게 됩니다.

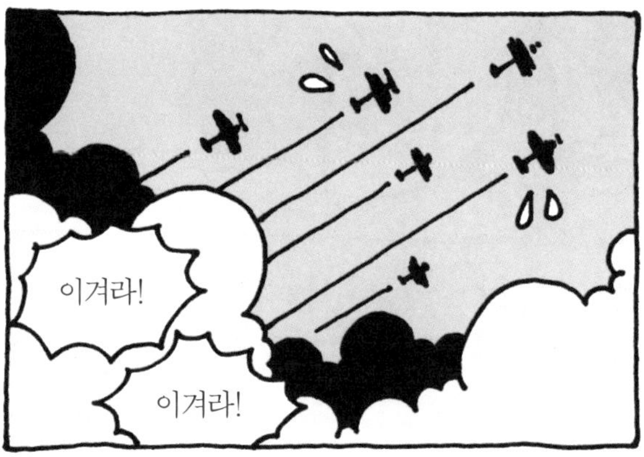

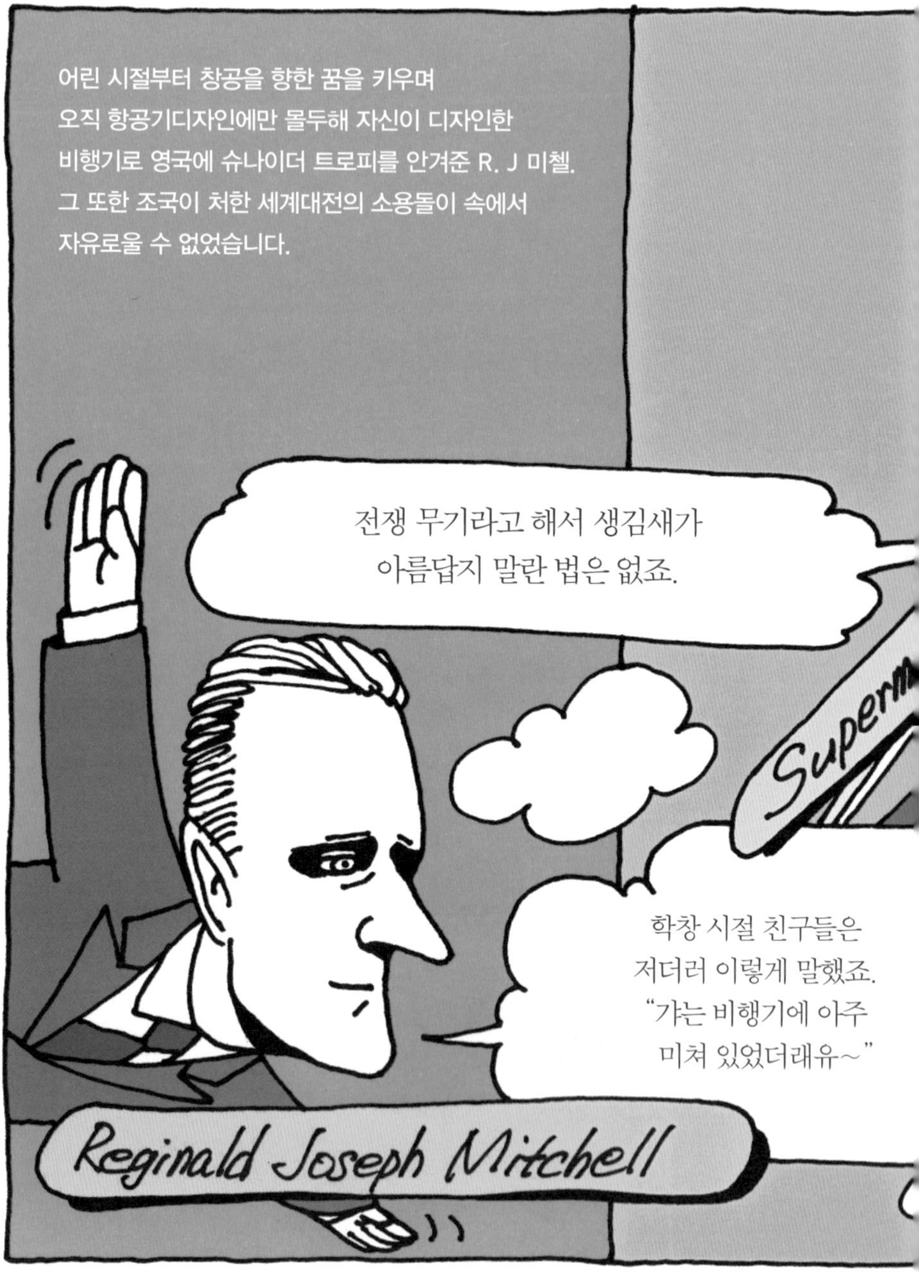

어린 시절부터 창공을 향한 꿈을 키우며
오직 항공기디자인에만 몰두해 자신이 디자인한
비행기로 영국에 슈나이더 트로피를 안겨준 R. J 미첼.
그 또한 조국이 처한 세계대전의 소용돌이 속에서
자유로울 수 없었습니다.

전쟁 무기라고 해서 생김새가 아름답지 말란 법은 없죠.

학창 시절 친구들은 저더러 이렇게 말했죠. "갸는 비행기에 아주 미쳐 있었더래유~"

Reginald Joseph Mitchell

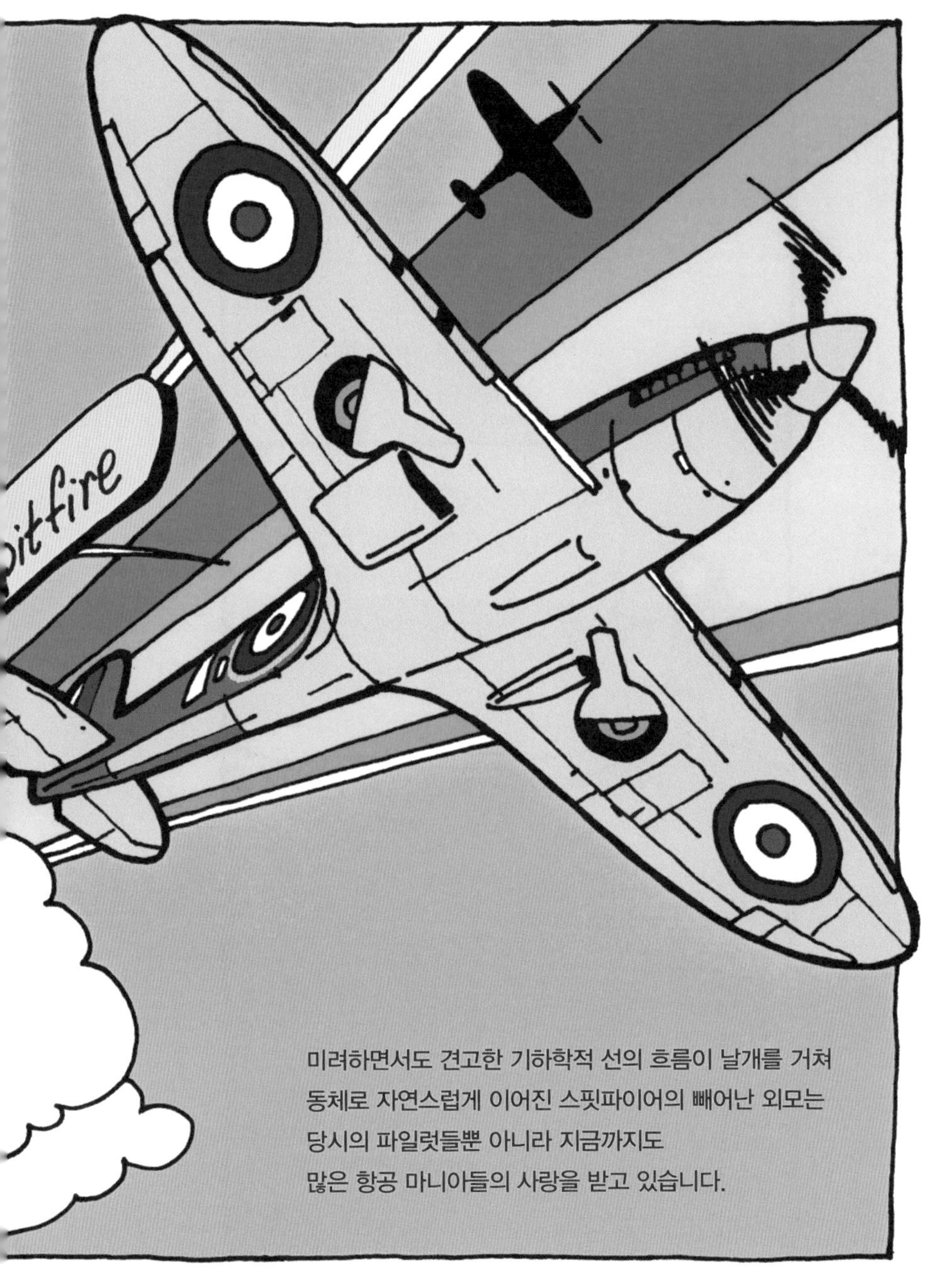

미려하면서도 견고한 기하학적 선의 흐름이 날개를 거쳐
동체로 자연스럽게 이어진 스핏파이어의 빼어난 외모는
당시의 파일럿들뿐 아니라 지금까지도
많은 항공 마니아들의 사랑을 받고 있습니다.

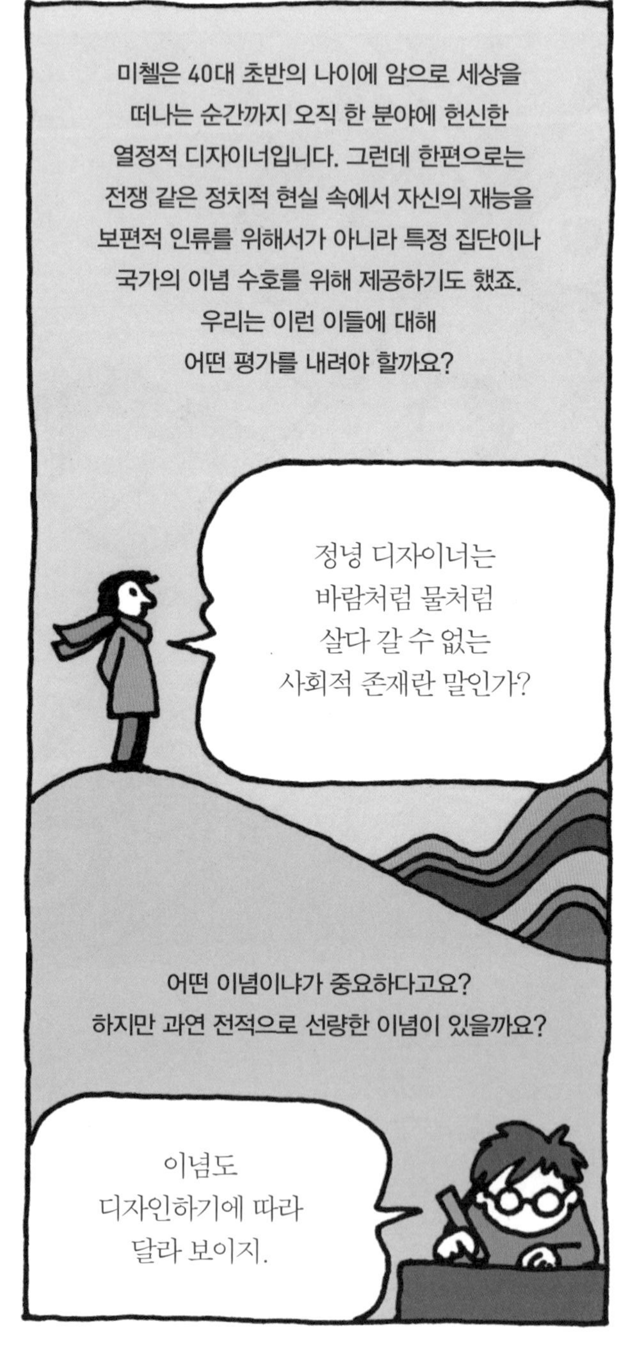
미첼은 40대 초반의 나이에 암으로 세상을
떠나는 순간까지 오직 한 분야에 헌신한
열정적 디자이너입니다. 그런데 한편으로는
전쟁 같은 정치적 현실 속에서 자신의 재능을
보편적 인류를 위해서가 아니라 특정 집단이나
국가의 이념 수호를 위해 제공하기도 했죠.
우리는 이런 이들에 대해
어떤 평가를 내려야 할까요?
정녕 디자이너는
바람처럼 물처럼
살다 갈 수 없는
사회적 존재란 말인가?
어떤 이념이냐가 중요하다고요?
하지만 과연 전적으로 선량한 이념이 있을까요?
이념도
디자인하기에 따라
달라 보이지.

독일을 대표하는 전투 기계, 메서슈미트

제2차세계대전 당시 영국 공군의 주력 전투기였던 스핏파이어가
하늘에서 마주쳐야 했던 최강의 적은 루프트바페,
즉 독일 공군이 자랑하던 BF109, 일명 메서슈미트였습니다.
경쟁 기종이었던 두 전투기의 외형이 판이하게 달라서
지상에서 육안으로 보는 사람들이
응원을 할 수 있을 정도였다고 합니다.

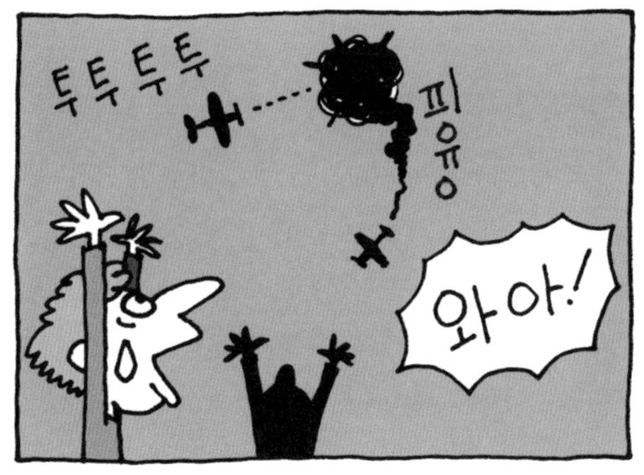

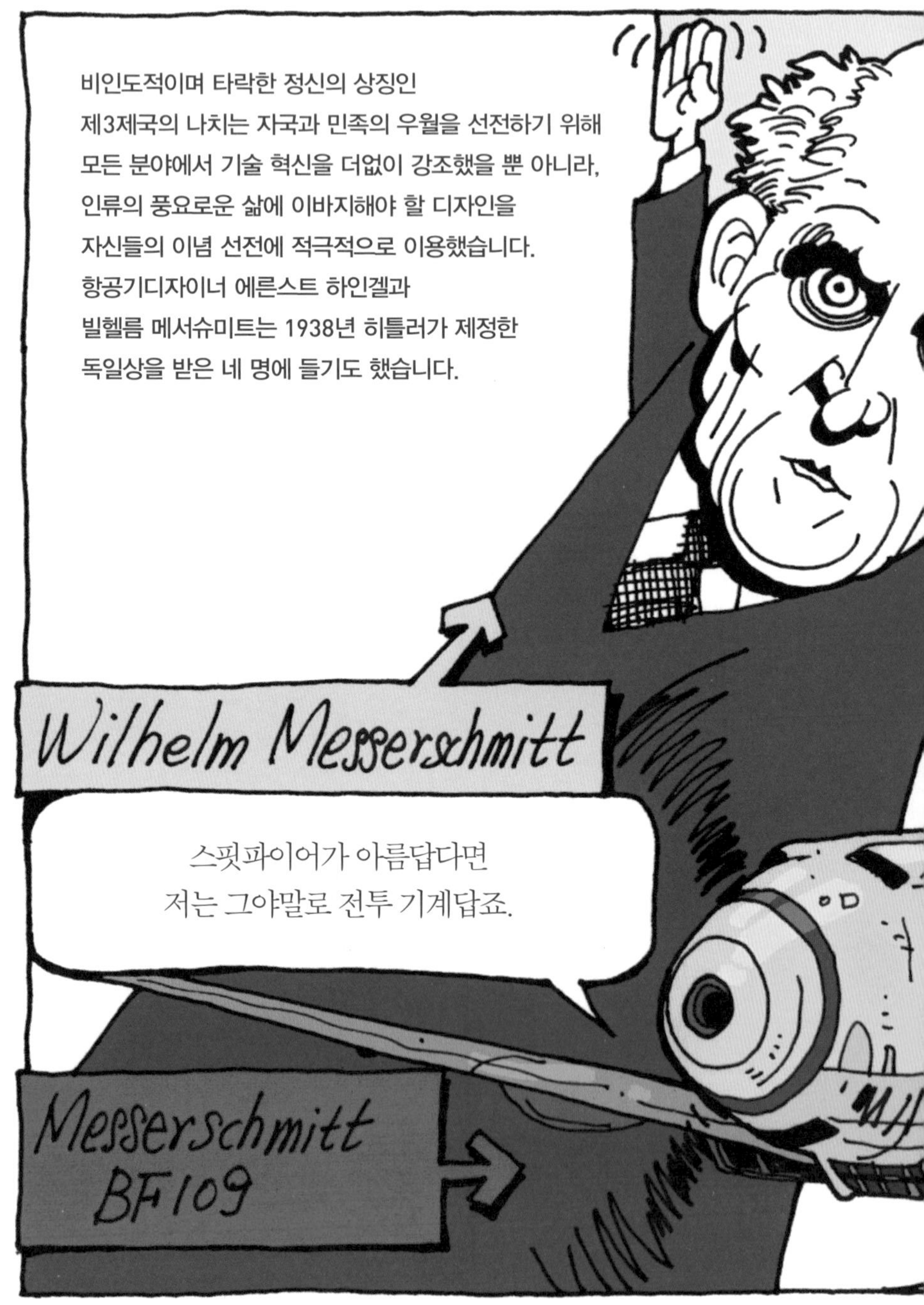
비인도적이며 타락한 정신의 상징인
제3제국의 나치는 자국과 민족의 우월을 선전하기 위해
모든 분야에서 기술 혁신을 더없이 강조했을 뿐 아니라,
인류의 풍요로운 삶에 이바지해야 할 디자인을
자신들의 이념 선전에 적극적으로 이용했습니다.
항공기디자이너 에른스트 하인켈과
빌헬름 메서슈미트는 1938년 히틀러가 제정한
독일상을 받은 네 명에 들기도 했습니다.
Wilhelm Messerschmitt
스핏파이어가 아름답다면
저는 그야말로 전투 기계답죠.
Messerschmitt BF109

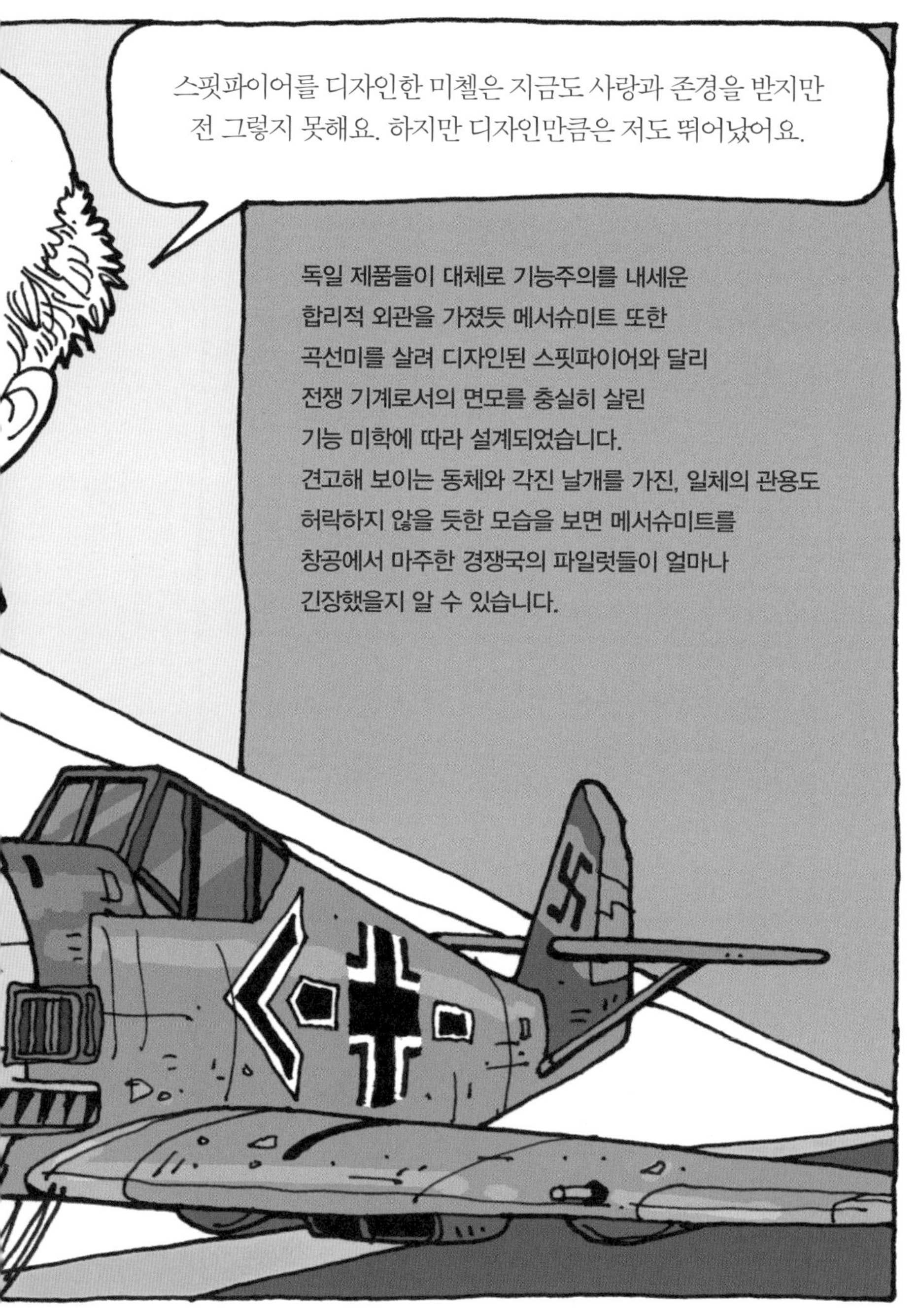
스핏파이어를 디자인한 미첼은 지금도 사랑과 존경을 받지만
전 그렇지 못해요. 하지만 디자인만큼은 저도 뛰어났어요.
독일 제품들이 대체로 기능주의를 내세운
합리적 외관을 가졌듯 메서슈미트 또한
곡선미를 살려 디자인된 스핏파이어와 달리
전쟁 기계로서의 면모를 충실히 살린
기능 미학에 따라 설계되었습니다.
견고해 보이는 동체와 각진 날개를 가진, 일체의 관용도
허락하지 않을 듯한 모습을 보면 메서슈미트를
창공에서 마주한 경쟁국의 파일럿들이 얼마나
긴장했을지 알 수 있습니다.

바이마르 시대에 이미 바우하우스를 중심으로
찬란하게 꽃피운 독일의 디자인 정신은
삶에 필요한 제품과 환경을 최적의 조건으로 맞춘다는
실사구시와 인간애에 바탕을 두고 있습니다.
이런 정신은 독일의 대표 항공사인 루프트한자를 타면
단번에 알아볼 수 있습니다. 기내가 첫눈에 아름답다라는
느낌을 주지는 않지만, 공간을 적절히 활용해
사용자를 배려한 디자인으로
특별한 편리함과 안도감을 줍니다.

어쩜 구석구석 이다지도 독일다울까?

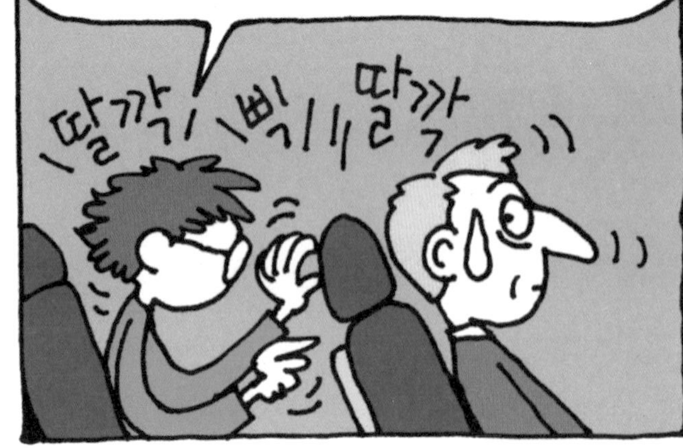

P.S 디자인

언젠가는 디자이너의 이름으로

주의 : 이 글은 해피 엔딩이 아님.

사례 1

잘나가는 디자이너가 한 명 있는데 교제 중인 여자친구의 부모님에게 인사를 하려고 한다. 그런데 자신이 꽤 밥벌이가 괜찮은 전문직 종사자라는 걸 알리고 싶은데 도통 설명할 길이 없다. 그래서 그가 택한 방법은 얼마 전에 자신이 작업한 삼성 냉장고 신문광고를 들고 가는 거였다. 그걸 보신 부모님들은 교제와 결혼을 허락하였다.

사례 2

졸업을 앞둔 디자인과 학생들이 그룹 과제의 주제를 정하기 위해 모여 있다. 최근에 대중들의 관심사와 취향은 어떠한지, 앞으로 어떤 일을 도모하는 것이 사회에 유익할지 등에 관해 머리를 맞대고 이런저런 토의를 하고 있다. 그때 홀연히 나타나신 교수님께서 경륜과 명성의 자부심이 가득한 목소리로 한마디 하신다.
"돈이 있는 곳에 디자인이 있는 거여."

사례 3

어떤 이를 붙잡고 "폴 랜드"라는 이름을 대었을 때, 그가 IBM의 로고를 떠올리면 그 사람은 디자인 관련 종사자임이 분명하다. 하지만 그 이름을 듣고도 알아듣지 못하면 그 사람은 그냥 시민이다. 그러나 그 시민도 레오나르도 다빈치라는 이름을 들으면 모나리자를 떠올릴 것이다.

이상은 디자이너의 사회적인 위치와 직업의 명분을 설명하는 사례이면서 동시에 디자이너의 비애가 느껴지는 예다. 미술 · 음악 · 대중예술 · 영화 · 문학 등 모든 문화 분야 종사자들 중 작업의 사회적 영향력과 업적에 비해 가장 이름이 덜 알려지는 일을 하는 사람이 아마도 디자이너일 것이다. 디자이너는 클라이언트라고 불리는 자본과 회사들이 소유한 브랜드의 이름을 띄우기 위해 존재하는 자이기 때문이다.

그래서 작업의 품질이 뛰어날수록, 업적이 탁월할수록 브랜드의 위상은 드높아지고 디자이너 개인의 이름은 더 사그라지게 마련이다. 하지만 애초에 순수예술로 향하는 모험이나 도박의 길을 걷지 않고 좀 더 많은 양의 자본이 움직이는 시장에서 비교적 안정된 진로를 택하자고 시작한 길이기에 디자이너는 자신이 만든 굿 디자인에 대한 대가를 지불하는 것으로 명성까지 가져가는 굿 비즈니스를 원망하지 않는다.

계약서에 서명하기 전 확인한 금액란에 자신과 가족들이 행복한 웃음을 띄울 수 있는 액수가 적혀 있다면 말이다. 그리고 디자이너는 일상을 윤택하게 만들어줄 더 많은 기회를 얻기 위해서 굿 비즈니스가 오랫동안 굿 상태를 유지하기를 바란다. 언젠가는 넉넉한 잔고가 자신의 작업에 자율성의 날개를 달아줄 것이라 희망하면서….

주의 : 그렇다고 모든 디자이너들이 굿 비즈니스의 은총만을 바라는 것은 아니다. 예외인 경우도 있다. 가령 밀턴 글레이저 정도?

아버지 왜 그러셔요?

중학생 때? 아니면 고교 시절이었던가? 아무튼 미술이나 디자인 분야로의 진로 계획이 전혀 없던 시절 우연히 손에 들었던 무슨 각종 로고와 상표 목록 같은 두꺼운 책. 그 책에서 나는 두 개의 심벌마크에 그야말로 꽂혀버렸다.

바로 웨스팅하우스(Westinghouse)와 유피에스(UPS)였다. 왕관이 연상되는 W자의 견고하면서도 유연한 선재의 신선함이 느껴지는 웨스팅하우스의 그것은 당시 우리나라 1등 텔레비전 메이커였던 금성, 즉 골드스타의 왕관과는 또 다른 이미지였고, 방패 형태에 리본 줄이 묶여 있는 유피에스의 심벌은 그게 무슨 회사를 표현하는 것인지는 몰라도 단지 그 형태에 마냥 끌렸다. 뒤늦게 대학에서 공예와 디자인을 전공하면서 그제야 그 두 개의 이미지가 한 사람의 디자인이라는 사실을 알게 되었으니, 폴 랜드는 오래 전에 이미 내 곁을 강하게 스쳐 지나며 인연을 맺었던 존재인 셈이다. 그리고 IBM, ABC, 넥스트 등, 그가 일군 업적의 진면목을 확인하면서 폴 랜드를 기업 디자인의 대부라고 부른 박효신 교수의 책 제목(『기업 디자인의 대부 폴 랜드』, 디자인하우스)에 완전히 동감했던 바다.

그런데 그 대부께서 미국 그래픽디자인 협회의 AIGA저널*에 기고한 글을 읽고 나는 이제 부자의 연을 끊어야 할지에 대해 심각하게 고민 중이다. '혼란과 혼돈, 현대 그래픽디자이너들을 향한 유혹'이라는 제목의 글을 통해 랜드는 오늘날 진취적 성향의 디자이너들이 새로운 사조를 만들어내고, 모더니즘 이후의 아방가르드를 모색하면서 벌이고 있는 일련의 디자인 실험들을 '손쉬운 대용물'인 컴퓨터 기술로 치장한 질 낮은 스타일을 내세우는 것들과 한데 묶어 혹독하게 질책하였다. 게다가 그는 디자인을 배우는 교실이 사회, 정치적 포럼의 장이 되는 현실을 개탄하며 쾌적하고 바람직한 디자인 교육을 위해서는 미학과 사회학이 친해지지 말 것을 요구하기도 하였다. 한마디로 "우리 아버지 나이 들어서 정말 왜 이러실까?"

물론 디자인을 위한 전통적인 토대 교육과 그것을 대하는 진지한 자세가 우선되어야 한다는 취지이며 혁신이 단지 스타일 변화를 뜻하는 것이 아님을 깨우쳐주고자 함이겠지만 그가 글을 통해 앞서간 우리의 모범적인 선배님들로 예우하는 베가 스테프, 말레비치, 베른하르트, 칸딘스키 등은 한결같이 당대의 관습을 부수면서 새 이미지의 시대를 연 사람들이며, 그가 아낌없는 찬사를 보내는 바우하우스나 독일 공작 연맹, 그리고 언제나 거론되는 위대한 이름, 다다이스트들을 얘기할 때, 시대 상황을 바라보는 정치적 시선과 사회의식을 어찌 빼놓을 수 있겠는가? 그것이야말로 진짜 알맹이가 빠진 스타일의 외피만 주목하는 것일 테니.

'하지만 그래도 아버지신데. 어린 시절 눈이 번쩍할 만큼 근사한 두 개의 장난감을 손수 만들어주셨던 아버지이신데, 그래! 아버지들이 원래 그러시잖아? 호탕하고 맘이 열려 있던 아버지들도 나이 들면서 한 가지 신문에 난 꼬장꼬장한 사실만 믿으시고, 아버지들이 원래 그러시잖아?' 그렇게 생각하고 싶다.

* AIGA 저널 : AIGA저널에서 직접 읽은 것은 아니다. 『디자이너의 문화 읽기』(스티븐 헬러 외 엮음, 장미경 역)라는 책에 실려 있다. 이 책, 참 좋은 책이다. 저명한 디자이너와 비평가들이 기고했던 명문들을 엮었는데, 밀턴 글레이저의 글도 여러 편 있다.

청바지는 원래 그렇게 태어났다?

1. 데님이라고 부르는 직물의 명칭은, 리바이 스트라우스가 광산 노동 현장에 팔아먹은 그 원단을 프랑스 남부의 님이라는 지방에서 수입해 들여온 데서 유래하였다.
2. 리바이스 청바지의 대명사인 501이라는 숫자는 단지 그 직물에 붙여졌던 일련번호였다.
3. 리바이스의 특허인 리벳 장식은 노동자들의 거친 활동에도 견디게 하기 위해 바지 주머니를 고정시켰던 못이다.

이상과 같은 리바이스의 주요 구성 요소들 어디를 봐도 청바지를 고급 상품으로 취급할 근거가 없다. 태생부터가 그럴 가능성을 전혀 갖고 있지 않았다.

그런데도 최근 청바지 한 장의 가격은 고급 원단을 소재로 한 바지와 필적할 만한 가격이고 또 어떤 것들은 아예 정장 한 벌의 가격을 훨씬 웃도는 것도 있다. 대체 어쩌다가 이렇게 된 걸까? 언제부터 청바지는 최초의 창안자도 예상하지 못했던 터무니없이 높은 가격 등급을 획득하게 된 것일까? 유명한 영화배우들과 빌 게이츠, 스티브 잡스 같은 명사들이 청바지를 즐겨 입으면서 문화 아이템이 되도록 상품 가치를 상승시킨 것에서 이유를 찾는다 하더라도 청바지는 여전히 저항과 자유의 정서를 지니고 있기에 세대와 지역, 그리고 이념을 초월한 광범위한 소비 촉진을 설명하기엔 역부족이다. 청바지는 늘 반전운동과 환경주의자들, 그리고 히피들이 애용하는 의류였지만 스킨헤드 족 같은 인종차별주의자들이나 사막에 폭풍을 일으키며 전쟁을 도발하는 국수주의자들도 자주 청바지를 입고 등장하지 않는가?
그렇다면 오랫동안 사회 비주류 반골들의 표현 이미지였던 청바지를 상류층 패션의 전당인 파리 오트쿠튀르의 무대에 처음으로 올린 1982년 칼 라거펠트의 공로에서 비롯한 것일까? 어쩌면 그럴 수도 있다. 대중들 사이에서 널리 유행하던 문화 아이템을 몸에 걸치고는 싶었지만 자신의 품위를 훼손시킬까 봐 머뭇거리던 상류층 사람들이 용단을 내릴 수 있도록 오트쿠튀르는 청바지에 품격 보증서를 달아준 셈이니까. 그러나 무엇보다 청바지의 폭넓은 소비 계층 확보로 인한 가격 다변화를 설명할 수 있는 요인은 역시 디자인에서 찾아야 하지 않을까?
청바지의 형태와 원단은 다양한 변형을 낳으면서도 원형의 모습을 잃지 않는 그야말로 질기고 튼튼한 이미지의 근간을 갖고 태어났으며 그 자체로 세월의 풍파를 견뎌낼 수 있는 우수한 장식 요소인 스티치를 포함하고 있을 뿐 아니라 새롭거나 생소한 어떤 장식과 액세서리들도 추가로 받아들일 수 있는 유연성을 갖고 있다. 게다가 때로는 찢고, 부식시키고, 바래게 하는 폭력마저도 태연히 허락하여 패션 이미지로 승화시키는 탁월한 창의력 또한 지녔다.
그런 청바지의 뿌리 깊은 디자인 생명력은 리바이 스트라우스의 상술에서 나온 것도 아니고, 내로라하는 패션디자이너들의 손끝에서 나온 것도 아니다. 그것을 정말 기막히게도 청바지가 그냥 가지고 태어난 것이라고 한다면 나는 청바지의 변천사에서 보여줬던 많은 사람들의 활동과 사회 상황들을 무시하는 신비론자 내지는 물신숭배자가 되는 걸까? 그럼 누가 설명을 좀 해주길. 어떤 사람이 양모나 혼방으로 된 정장 바지를 북북 찢어발겨 입고 거리에 나서면 노숙자가 되는데, 똑같은 그 사람이 청바지를 그 따위 마구잡이로 입으면 묘한 아우라를 풍기는 자발적 히피가 되거나 더 나아가 패션 리더까지 되는 그 신비한 현상을 말이다.

둘 다 필요하다

자동차디자인 시리즈를 그리기 시작하면서 알고 지내는 디자이너들에게 각자 좋아하는 자동차디자이너를 추천해달라는 설문을 했을 때, 가장 많이 거명된 두 사람이 주지아로와 피닌파리나다. 그런데 이 둘을 각기 추천한 자들이 일을 하고 있는 분야가 대체로 둘로 나뉜다. 주로 대기업 디자인 연구소에서 제품디자인을 하면서 실제로 출시할 상품의 하드웨어 설계를 다듬고 있는 디자이너들은 주지아로를 선호하는 반면, 게임 같은 가상의 판타지를 시각적으로 표현하는 버추얼컨셉디자이너들은 피닌파리나! 라고 소리 높이는 경향이 있었다.

그런데 재미있는 것은 주지아로라고 답한 이들에게 만약 가질 수 있다면 누가 디자인한 차를 원하냐는 질문을 했더니 그들이 이번에는 모두가 피닌파리나라고 답했다는 것이다. 물론 후자에 속한 디자이너들은 두 번째 질문에도 동일한 이름을 댔다. 달라진 점이라면 훨씬 더 큰 소리로 꽥꽥거리면서 대답했다는 것.

피닌파리나의 주 종목인 페라리의 차 값 때문에 당연한 거라고? 이왕이면 더 비싼 고급 자동차를 원하는 것이 당연한 것이긴 하지만 내가 흥미 있어 하는 점은 전자의 디자이너들은 설령 피닌파리나의 페라리를 소유하고 싶어 하면서도 자신이 종사하고 있는 디자인의 직업적 이념은 주지아로의 그것처럼 보다 많은 사람들에게 폭넓은 혜택을 줄 수 있는 것에 목표를 두고 있는데, 꽥! 하며 이래도저래도 피닌파리나족들은 취미 성향도 일에 대한 생각도 일관되게 자기만족에 더 비중을 두고 있다는 느낌을 받았다는 것이다. 그렇다고 내가 피닌파리나족들의 디자인 의식을 이기적이거나 비실용적이라고 평가 절하하는 것은 아니다. 오히려 그들이 변함없이 꿈꾸는 마음으로 스스로도 흐뭇해할 정도의 결과를 보기 위해 애쓰는 집요함과 그렇게 만들어낸 화려하고 명랑한 소프트웨어 콘텐츠를 통해 대중이 누리는 즐거움이 사회에 유익하다는 의견에 전적으로 동감한다. 그래서 둘 다 필요하다. 사회의 보편적인 삶의 질도 향상시키고, 권태로운 일상을 반복하는 대중들의 무료함도 달래기 위해서는, 개인의 선망과 현실을 구분하면서 이성적인 제품 설계를 하는 실용파 디자이너와 언제나 꿈을 쫓으면서 현실의 장벽을 가상으로나마 극복하는 마니아 취향의 디자이너가 모두 필요할 테다. 가족들과 차를 타고 나들이를 나서려면 이런저런 짐을 실어야 할 넉넉한 트렁크가 필요하지만 때로는 일상의 짐이 아닌 자유를 실은 엔진이 장착된 컨버터블 스포츠카를 타고 달리는 꿈도 꾸어야 하니까.

지하철 타고 의자 사러 가기

내가 좋아하는 편집디자이너 겸 일러스트레이터가 한 명 있다. 의자에 관해 관심 갖기 시작한 것은 나보다 그 친구가 훨씬 먼저인데 어느 날 "의자 사러 을지로 갈 건데 같이 가자"라는 말에 따라나섰다. 그런데 흥미로운 것은 그 친구가 면허는 있으나 운전은 말도 못하게 서툴러서 집에 있는 차로도 몇 차례 매우 평범하고 넓게 확보된 공간에서조차 몸체를 긁혀본 적이 있는지라 그 후로는 이 친구에게 운전대를 맡길 수 없다는 것. 그래서 물었다.

"차 없이 의자 사러 가면 배달 맡기는 거야?"

"아냐. 하나 사서 내가 들고 집에 가지."

걸어 다니는 걸 즐기는 친구이긴 하지만 의자 정도면 직접 지하철을 타고 운반하기엔 좀 불편하겠다는 생각을 했지만 자신이 처한 상황을 항상 색다른 행복으로 바꾸는 재주를 가진 친구는 내 염려를 눈치채고 요건 몰랐지? 하는 표정을 지으며 재미있는 얘길했다.

"의자를 사서 지하철을 타면 좋은 점이 있지. 뭐겠어? 생각해봐."

그 친구 이기섭*은 영락없는 크리에이터다. 복잡한 시내에 주차하느라 힘겨워할 필요 없이 홀가분하게 의자 쇼핑을 하고 앉을 자리 없는 공중 교통수단인 2호선 지하철을 탄 다음, 이제 막 구입한 자기 소유의 의자에 여유 있게 앉아서 가는 그의 모습을 상상했다. 자신이 의뢰받은 디자인 일을 항상 즐거워하면서 요리조리 매만져서 특유의 창의력을 보여주는 그의 디자인 결과물들이 오버랩되었다.

* **이기섭** : 애플 컴퓨터를 사용하는 전자 출판편집 분야의 1세대 디자이너. 출판편집디자인 프로그램인 인디자인 편집디자인에 관한 책을 비롯한 여러 권의 디자인 실무 지침서를 낸 바 있다. 디자인 서적 전문 서점 '땡스북스'의 대표다.

영화 속의 명비행기들

소년 시절에는 누구나 한 번씩 그런 꿈을 꾸었을 게다. 혼자 조종석에 앉는 비행기에 올라타서 창공을 누비는 꿈. 상상만으로도 가슴이 뭉클해지는 그 꿈을 안은 채 소년들은 모형 비행기를 들고 들판이나 운동장을 뛰어다닌다. 커다란 회전 반경으로 선회를 하면서. 물론 엔진 소리는 직접 입으로 낸다. 우오오오오오옹!!! 부오아아아아아!!!

상상으로 조종하는 비행기의 기종들이 다르기에 입으로 내는 굉음도 가지각색이다. 그런 정서를 가장 잘 표현했던 영화로는 단연 스필버그 감독이 오스카상을 겨냥해 작심하고 만들었던 「태양의 제국」을 꼽겠다. 영화에서 모형 비행기와 한몸이 되어 노을 지는 들판을 뛰었던 소년은 이제 다 자라서 배트맨 가죽을 쓰게 된 크리스천 베일이다. 비행기를 진심으로 사랑하는 마음을 지녔던 소년은 그 당시까지 나와 있던 각종 항공기들을 줄줄이 꿰면서 이것저것 설명을 늘어놓는다.

제2차세계대전은 그 소년이 흠모할 만한 항공기들이 하늘 위로 많이 떠올랐던 때였다. 어느 학자가 "전쟁은 예술적이다"라고 했던 것처럼 섬광과 포화가 만들어내는 불꽃 판타지가 펼쳐지지 않더라도 그 무렵 하늘 위에서 각축전을 벌였던 비행기들의 면면들에는 분명 미학적인 요소들이 있었던 것 같다. 영국과 독일 양대 진영의 대표 전투기로 스핏파이어와 메서슈미트를 소개하였지만, 내가 가장 좋아하는 당시 비행기는 독일의 급강하 폭격기 '슈투카'다. 역시 영화에서 출현한 예로 들자면, 미남 배우 주드 로가 러시아의 전설적인 저격수로 분했던 「에너미 앳 더 게이트」에서 러시아 군인들이 교전 지역을 향해 볼가강을

도하할 때 무시무시한 굉음을 내면서 하늘 위로부터 곤두박질치듯이 내려와서 폭탄을 떨어트리고 다시 날아오르던 공포스러운 기종이다. 때로는 아름다움을 느낄 만한 요소가 단 한 점도 남아 있지 않을 정도로 완벽하게 기능을 위한 모양만을 갖춘 사물이 오히려 매력적인 경우가 있다. 그 아이러니가 유발하는 페티시즘을 이야기할 때 나는 저 순결할 정도로 공포스러운 전쟁 기계 '슈투카'를 예로 든다. 상상해보면, 머리 꼭대기 위에서 돌진해 오는 그 섬뜩한 기계를 맞이해야 하는 땅 위의 나도 겁에 질리겠지만 자유낙하의 속도로 떨어지는 기체에 몸을 실은 조종사의 입장이 되어봐도 마찬가지의 충격일 듯하다. 뭔가 아주 마렵지 않겠는가?

지붕, 지붕, 그리고 하늘

프랭크 로이드 라이트의 건축을 향한 찬사는 한결같이 자연 친화적이라는 말을 포함하고 있다. 그러나 진짜 자연과 더불어 존재하는 건축물의 아름다움에 관해서라면 전통 기와지붕에 관한 내 경험과 개인적인 생각을 얘기하지 않을 수 없다. "한국의 전통 기와지붕이 가진 아름다움은 자연미의 극치다"라는 말을 자주 듣기는 했지만 솔직히 일본이나 중국의 기와지붕과 비교해서 뭐 그리 독보적으로 대단할까? 라는 생각을 했었다.

비슷비슷한 모양의 기와지붕을 하도 많이 봐와서 그런 것일까? 오히려 어떤 서양인이 "세 나라가 각기 달라. 그중에서도 한국 것이 단연 신비로워"라고 하기에 교토의 여러 사찰들, 쑤저우의 옛 가옥들, 그리고 경복궁의 지붕을 유심히 살폈다.

달랐다.

뭐랄까, 일본의 것은 균형을 맞추려고 기진맥진할 정도로 애를 쓴 티가 나는 확실히 인공적으로 정돈된 형태였고, 중국의 것은 웅장할 때까지 웅장해보자, 라고 작심하고 추켜올린 폼생폼사의 극치, 그리고 경복궁의 기와지붕은 뭐라고 설명해야할까, 우연히 어떻게 얹어 놓은 느낌이었다.

선으로 치자면 일본과 중국의 지붕이 기하학적인 선으로 설계된 느낌을 주는 반면, 한국의 지붕은 그야말로 매끈하게 이어지면서, 시작하고 끝나는 지점을 규정할 수 없는 자유 곡선이어서 한곳에서 바라보면 다른 시점에서 보일 모양까지 충분히 유추할 수 있을 정도로 전체가 예측 가능한 형태인 다른 나라의 것과는 달리 경복궁의 처마자락에서는 보는 자리를 이동할 때마다 전혀 예측하지 못했던 새로운 선이 나타났다.

정말 달랐다.

일본의 지붕은 자! 하늘은 여기까지라고 금을 그으면서 지붕은 하늘을 가로막기 위해 존재하는 조형물이었고, 중국의 지붕은 너 하늘? 어디 한번 찔러봐? 라는 식으로 하늘 향해 콧대를 치켜세우며 대적하고 있었지만, 한국의 지붕은 경계를 구분 짓거나 위용을 과시하지도 않은 채 하늘로 연결되는 지붕이 하늘을 쓰다듬고 또 하늘은 지붕을 포용하는 신비로운 자태였다. 달라도 너무 달랐다.

우리네 조상들은 자연과의 경계인 인간의 영역을 짓고 쌓아 올린 것이 아니었다. 그들은 자신들의 심상에 있는 또 하나의 자연을 커다란 자연 속에 그저 섞어놓으려 했던 것 같다. 그래서 나는 솔직히 요즘 내로라하는 건축가들이 설계하고 짓는 모뉴망들이 멋지기는 하지만 그들의 긴장감 넘치는 노고가 애처롭기도 하다.

저마다의 건축 철학과 미적 감성을 가지고 지금도 세계 곳곳에 스타일리시한 건물들을 올리고 있지만 하늘 지붕을 사뿐히 얹었던 옛 시절 우리네 목수들이 가졌던 것 같은 여유로움이 없는 한 한국 전통 기와지붕처럼 논리를 떠나 자연에 스며든 것 같은 건물의 끝자락을 어느 곳에서도 다시 보지는 못할 것이기에.

걸작 속에 담긴 것은?

프랭크 게리의 건축 인생에 관한 이야기를 소개하는 책에, 좌절된 리움 미술관 설계 프로젝트를 아쉬워하는 대목이 나온다. 만일 성사되었다면 우리 곁에도 거장의 작품을 하나 두게 되어 쇠락해 가던 도시 빌바오가 구겐하임 미술관을 통해 재건된 것처럼 우리 도시도 그의 획기적인 건축을 통해 재미 좀 보게 되었을까? 아니라고 본다.

세계적인 건축가가 설계한 건물이 그 자체만으로 사람들의 감성을 자극해 발걸음하게 만들 수 있는 거라면, 렘 콜하스, 도미니크 페로, 라파엘 비놀리, 마리오 보타, 벤 판베르컬 등은 어떤가? 그들의 명성이 게리에 못 미치는가? 천만에! 하나같이 동시대 최고의 명성을 구가하는 스타 건축가들이다. 그렇다면 왜 서울대 미술관, 이화여대 캠퍼스 플렉스, 종로 타워, 강남 교보 빌딩, 갤러리아 백화점 앞은 감격에 찬 표정으로 기념 촬영을 하는 관광객들로 북적이지 않는 걸까? 접근성의 차이나 관광 인프라의 부족, 혹은 해당 건물들의 용도나 특성 등 여러 요인이 있겠지만, 적어도 내 견해로는 빌바오를 향해 몰려드는 관광객들은 게리의 재기 넘치는 건축물과 함께 그 속에 담긴 구겐하임이라는 내용물의 역사성과 권위 혹은 그 가치의 풍요로움에도 이끌리는 것이다.

어떤 문화적 공간을 통해 일상의 목적이 다른 다양한 감성의 대중들이 친숙하게 접근해서 기쁜 마음으로 향유케 하려면 겉모습의 숭고만으로는 부족하다. 그래서 아무리 돈을 많이 들인 하드웨어의 외피에 유명한 디자이너의 이름으로 의미를 부여한다 해도 오랜 역사의 부침을 겪은 숨결이나 모두가 흡족해 할 만한 선량한 소프트웨어를 담고 있지 않다면 그것만으로 걸작이 되는 경우는 극히 드물다. 그 점에서는 차라리 역시 미완의 프로젝트로 끝나버린 통영의 윤이상 기념관과 게리의 만남이 실현되었다면 하는 아쉬움은 크다.

참! 근데 로이 릭턴스타인의 「행복한 눈물」은 요즘 어디에 있나?

부르주아와 디자인의 기원

법복귀족. 귀족은 귀족인데 법복은 뭘까? 법복귀족이라 함은 앙시앵레짐 그러니까 프랑스 절대왕정 시대에 왕권 강화와 세수 확대를 위해 왕실이 명목상 신분 상승 혜택을 준 신흥 귀족계급을 말한다. 관직을 돈으로 사서 신분의 경계선을 단번에 뛰어넘은 자들이었단 말이지.

그러다 보니 전통과 명예를 중히 여기던 기존의 봉건 모태 귀족들이 그 꼴을 고깝게 여기지 않을 수 없었을 터. 게다가 평민들도 옆집 살던 아무개 아버지가 돈 많이 벌었다고 하루아침에 귀족 행세를 하는 걸 두 눈 뜨고 바라보며 머리를 조아려야 하니, 속이 쓰려서 원. 느닷없이 진심으로 귀족이라 인정하지는 못하겠으니, 진짜 귀족과 무늬만 귀족을 구분하면서 벼락 귀족들을 좀 비꼬아서 불러줘야겠다, 생각했다. 전통적인 원래 귀족이라면 모름지기 허리춤에 칼을 차는 상전의 '가오'가 있었으니 그 님들은 대검 귀족이라 부르고, 신흥 귀족들이 매관으로 사들인 관직이 주로 사법 계통의 직위였던지라 그자들 걸치고 다니는 관복에서 착안해 법복귀족이라고 부르자 했던 것.

그렇다고 해서 조선 시대의 『양반전』에 나오는 꼴같잖은 벼락치기 학습 양반과 비슷했겠구나, 하고 생각해도 좋을 정도는 아니다. 이들은 비록 자본으로 신분을 상승시킨 자들이었지만 적어도 자신들이 맡은 사회적 역할에서는 프로페셔널했고 이후 실질적인 사회의 지도층으로 부상할 만큼 조직적으로 권력의 이동을 관철시켰으며 자신의 허울 좋은 관복에 실질적인 권력의 내실까지 채워 넣음으로써 대검 귀족들의 대검을 녹슬게 만들고 계급 혁명의 주도적 산실 역할을 했다.

그들은 근대 서양 역사의 명실상부한 주류 계급인 부르주아의 원조였다. 그리하여 정치, 사회, 경제, 권력을 모두 손안에 넣고 아! 이제 제대로 귀족적 삶을 한번 누려볼까? 하던 차에 한 가지 문제가 발생했다. 조선 시대 신양반들도 겪었던 원초적인 문제. 바로 문화적 아비투스의 한계에 봉착한 것이다.

정치력이든, 사회 권력이든 다 돈으로 해결할 수 있었지만 아무래도 제도권적 신분 상승을 달성하는 기간이 짧다 보니 문화적 습관과 자연스러운 취미의 우아함은 미처 체득하지 못했던 것. 거창하게는 고전적인 유화 작품에 깃든 미학적 가치나 도상학적 의미를 읽어내는 것부터 소박하게는 식탁에 가지런히 놓인, 음식 먹는 연장을 다루는 예법에 이르기까지. 그런 것들을 혈통과 가계의 습관으로 면면히 이어받지 못한 채 전통 귀족들이 누리던 환경에 어색한 신체를 들이밀었으니. 아, 자기네가 밀어낸 전통 귀족들의 문화사와 몸에 밴 습관, 그리고 우아한 귀족적 풍모라는 것이 프랑크족이 왕조를 세울 때부터 로마의 것들을 학습하기 시작해 신성로마제국과 유서 깊은 합스부르크 가문에 이르는 동안 오래오래, 차곡차곡 이 특별한 회원제 커뮤니티 내에서 혈통과 함께 전수하며 쌓아온 것이었구나, 하는 좌절감을 느끼지 않았을까?

귀족의 길이 그토록 멀고 험하다는 생각은 권력을 놓고 기성 주류 세력과 왕권을 상대로 처절하게 싸움을 벌일 때도 하지 않았는데 어처구니없게도 원대한 목표를 다 이루었다고 자축하기 위해 모인 밥상머리에서 아들 녀석이 엉뚱한 포크로 쇠고기 등심을 찍어 먹는 꼴을 보면서 비로소 깨달은 것이다. 빌어먹을 귀족들, 생활양식과 예법을 왜 이렇게 복잡다단하게 만들어놓은 거야? 게다가 예술이란 것들 앞에서는 대체 어떤 표정을 하고 서 있어야 하는 거야? 이 정도면 비약이 좀 지나치다 싶겠지만 어쨌든.

이미 귀족이 다 되었다고 여긴 마당에 봉건귀족이 짜놓은 문화 예술의 퍼즐을 풀기 위해 이제 또 얼마나 많은 시간을 공들여야 하나 고민하던 때에 부르주아들은 자신들이 이룩한 새로운 자본 계급사회에 어울리는 신문화의 필요를 절감했을까? 방법은 둘 중 하나였을 게다. 기존의 귀족들이 마련해놓은 문화생활을 이제부터라도 착실히 배우고 몸에 익혀서 자기 대에서는 다 완성하지 못하더라도 적어도 자식 세대부터라도 어떻게든 상류계급의 면모를 온전히 갖추게끔 하는 것. 아니면 주류 계급의 구성원이 바뀌었으니 새로운 문화를 창달해 구습을 타파하는 것.

부르주아들은 어떻게 했을까? 그들이 만약 후자의 방법에 전적으로 매진해서 보편적인 신사회의 문화를 조성했다면 아마 오늘날과 같은 특권층의 문화적 구별 짓기가 횡행하지는 않았을 것이다. 당시의 부르주아들은 문화의 혁신을 추구하기는 했다. 특히 종교개혁과 맞물려 신흥 주류 계급의 신앙적 삶의 바탕이었던 근검 정신이 일시적으로나마 유행처럼 주류 계급의 건전한 생활 방식과 신념으로 자리 잡았고, 과거의 낭만적 쾌락과 사치스러운 문화를 배격하는 듯했으니까.

그러나 배불러오기 시작한 인간이 어찌 한번 맛본 차별적 풍요와 사회의 다수 대중을 느긋하게 내려다보면서 우쭐거리고 싶어 하는 욕망을 버리고 보편적으로 균질적인 문화의 광장을 향해 자발적으로 계단을 내려갈 수 있었겠는가? 언감생심, 권력이 바뀌고 상류층 명부의 인적사항이 변해도 특권을 누리는 회원제 공간의 틀은 항구적으로 유지되어야 한다는 것이 부르주아들의 암묵적인 결론이었다. 시민법이 제정되고 왕의 권좌가 비어도 기득권·특권층·상류층이라는 용어가 존재하는 한 자신들의 특권을 미래에도 엄격하게 지켜내는 것이 여러모로 유익할 거라는 사실을, 자신들에게 신귀족의 칭호를 허락해준 왕실과 전통 귀족의 사례를 통해 교훈으로 얻었을 것이다.

하지만 부르주아들은 전통 귀족들이 문화 예술을 누리기 위해 예술가들을 고용하고 그들을 직접 후원하면서 재산을 탕진하는 방법을 답습하지는 않았다. 왜냐하면 그들은 훨씬 더 깍쟁이었기 때문이다. 또 그럴 수 있었던 것이 이미 수많은 예술가가 귀족들의 저택과 성에서 벗어나 자영업을 선언하고 시장에 나와 있었다. 역사라는 것이 부르주아를 축복하기로 미리 계획이라도 한 듯, 문화를 향유하기 위한 환경조차도 그들의 방식에 따라 필요한 게 있으면 그때마다 돈을 내고 사면 되는 쪽으로 조성되고 있었으니, 아름다운 시절에 그들은 저녁 식사 시간마다 감사의 기도를 드렸을 거다. "근대의 선민으로 저희 부르주아를 선택하여주시고 이토록 축복하여주시는 은혜가 충만한 역사와 순리를 향해 경배를!"

이제 무대를 옮겨 세월이 많이 흐른 유럽. 예술가들이 저마다의 예술혼을 불태우며 기량을 겨루는 문화 예술 시장에 디자이너라는 신종 예술가들이 등장한다. 보아하니 순수예술가는 아닌 것 같은데 적극적으로 근대성, 즉 모더니즘에 눈을 뜨게 된 자들이었다. 그런데 그 무리가 19세기를 거쳐 20세기를 맞이하는 동안 작정하고 설계하고 만들어 내놓는 작품이라는 것들이 예술품이라고 하기에는 '천재 예술가가 유일무이한 원본 가치를 지닌 작품을 제작한다'라는 예술품 생산의 기본 수칙에서 한참 어긋난 것들이었다. 게다가 상류층 사람들이 취미로 향유하기에는 멋보다 기능에 더 충실한 것들이 주종을 이루었으니 본격적으로 고품격 문화 예술 취향 이식 작업에 비로소 성과를 내고 있던 부르주아들의 고결한 미적 욕구를 충족시키지는 못했을 것이다.

그래도 그것은 부르주아들의 문화생활 다변화를 위해서는 안성맞춤이었다. 대검 귀족의 품위와 예술 감상 문화를 계승하는 회원제 클럽용으로는 순수예술을 취하면서, 또 한편으로는 장인의 수제품이 지닌 최고 가치의 권위는 없지만 그래도 근대라는 새로운 시대의 안목으로 볼 때는 꽤 세련미를 갖춘 디자인 제품으로 생활의 질을 높인다니, 이 얼마나 아름다운 예술과 생활 문화의 황금 비율이었겠는가?

그렇다면 그때 문화 예술의 새 이정표를 제안했던 디자인 문화 운동의 주인공들도 과연 부르주아의 이념과 욕망에 화답할 준비를 하고 있었을까? 오늘날 디자이너거나 혹은 디자인과 대중문화 예술에 관심 있는 자라면 신문화 창달을 향한 염원으로 함께 모여 사진을 찍은 바우하우스 창립 구성원들의 지적 자부심 가득한 표정에 익숙해져 있을 것이다.

디자인의 역사에서 알려진 바에 따르자면 그들이 사진 속에서 짓고 있는 표정에 담긴 염원은 자신들이 진행하는 연구의 성과가 대중에게 보편적인 혜택으로 돌아갈 것이라는 희망이었다는 것이 디자인계의 정설이다. 때문에 디자이너들은 부르주아의 신문화 독점 요청에 순순히 응할 생각이 없었다고 보는 것이 당연한 상식이다.

그럼에도 돌이켜 보면 언제나 디자이너들이 만든 상품은 부르주아 계급의 문화생활을 윤택하게 만드는 데 일조했으며 오늘날 디자이너들이 가장 중요하게 여기는 클라이언트가 자본의 규칙이 지배하는 시장이라는 점, 그리고 부르주아의 은총을 고대하는 디자이너들의 연모의 정이 갈수록 더 깊어지고 있다는 점을 감안해서 우리는 애초에 운동을 주도한 원조 디자이너들의 저의를 의심해야 하는 걸까? 디자인의 이상과 디자이너들이 일을 하고 밥벌이를 하는 현실이 순조롭게 공감하지 못하는 역사의 비극을 제대로 파악하기 위해서는 몇 가지 오해를 풀어야 한다.

예나 지금이나 디자이너들의 의도가, 구매력이 가장 탁월한 계급을 주 고객으로 삼아 한몫 단단히 벌어보려는 것이 아니었다는 사실에 대해 의심의 여지는 없다. 그러나 우리는 당시 디자이너들이 자신의 작품을 구매하는 대상을 어느 정도의 계급으로 보았는지 냉정하게 볼 필요가 있다. 근대 디자인운동의 표면적인 윤리 강령에 보편적 대중의 삶에 기여한다는 선의가 있었던 것은 분명하지만 그들이 내세운 '보편'이 결코 농민이나 프롤레타리아를 겨냥하지 않았을 거라는 사실은 작업 결과물들만 보아도 자명하다. 중산층이라는 또 다른 계급이 출현하기 전까지 사회의 절대 다수이자 가장 보편적인 계급이었던 프롤레타리아 중 과연 누가 마르셀 브로이어나 미스 반 데어 로에가 디자인한 의자를 들여놓을 만한 거실 딸린 주택에서 살았겠는가?

디자이너들이 말하는 보편이라 함은 새로 등장해서 사회의 주류가 된 부르주아 계급의 근대적 시민 의식을 의미했다. 왕조와 봉건을 타파하고 새로운 사회적 그리드 시스템을 마련한 부르주아들의 균질적 사고 체계를 뜻하는 것이었다. 그리고 디자이너의 사회적 위상과 작업에 대한 경제적 평가와 가치 또한 부르주아 계급의 사회적 권력 강화 여부와 밀접한 관련을 맺는다. 그 운명적 결속 상태는 모던이라는 용어의 오랜 유효기간 속에서 변함없이 지속되고 있다.

결국 근대의 시민계급 혁명을 이룬 부르주아와 근대적 미학의 광범위한 성과를 거둔 디자이너는 태생적으로 같은 운명을 가졌다고 해야 한다. 문제는 부르주아 계급이 애초에 가졌던 이념의 변질이다. 몰락한 귀족, 주류 부르주아, 가련한 프롤레타리아로 단순하게 판별할 수 있었던 계급의 층위는 세분화되고 기본적인 지성을 갖춘 중류층이 늘어나면서 부르주아 계급의 선명성이 희석되는 사회가 도래했다. 그들은 이미 성취한 이상을 과거를 기념하는 액자에 넣어두거나 부르주아 헌장의 주요 조항을 변경해야 했을 것이다.

자신들이 능동적으로 누리고자 내세웠던 '보편'의 문화를 누릴 수 있는 계층이 최소한의 지적 소양을 갖춘 중산층으로 확대되는 상황에서 부르주아 중의 부르주아는 끝내 화합보다는 구별을 선택했다. 노블레스의 건재함을 과시하고 다수와 공유하지 않는 귀족 풍미의 부활을 원하는 폐쇄적 성향의 부르주아들은 권위와 품격을 독점한 채 지성만 보편 사회에 흘려놓고 팰리스·파크·가든 같은 현대의 성채 안으로 들어가버린 것이다. 그들이 버리고 간 지성을 연마해 무장한 중류 보편 계층의 비판자들에게 배부른 돼지가 되는 길을 스스로 선택한 자들이라는 비아냥거림을 듣기는 하겠지만 상관하지 않겠단다.

그리고 아울러 우리나라처럼 문화적 아비투스를 누적할 겨를도 없이 부의 축적을 통해 높은 신분을 얻은 후기 변종 부르주아계급의 문화와 디자인에 대한 무지와 오해 또한 문제가 된다. 이쯤 되면 오늘날 디자이너들의 기획이 자주 특권 상류층의 소비 욕구에 초점을 맞추고 대중이 가상의 미래 소비를 부러워하도록 조장하는 자본주의 프로파간다에 이용되는 현상을 의아해할 필요가 없어진다.

또 스칸디나비아의 일반 계급 사람들이 친환경적이고 소탈한 생활을 위해 제작한 의자와 식탁의 기능과 형태에서 명품 디자인의 잠재력을 발굴해, 미니멀 에코 빈티지 유행의 진열대 맨 앞줄에 놓아 화려한 장식으로 세공한 가구보다 비싼 값에 팔고 있는 현상도 납득이 가게 되는 것이다.

이제 계층을 구분하는 두 개의 선이 위아래로 격차를 크게 벌리면서 위대한 봉건귀족들의 칭호가 되살아났다. 거대한 중류층 사람들은 정확한 신분의 좌표를 찾지 못한 채 각종 미디어에 유혹당해 결코 도달할 수 없는 부가가치 소비문화의 허상에서 눈을 떼지 못한다. 이런 빈곤한 계층 사람들은 더욱 소외된 자리로 내몰리고 있다. 이런 현대를 살면서 근대가 낳은 '디자인'이라는 문화 분야에서 활동하는 '디자이너'라는 전문직 종사자들은 어떤 방식으로든 자신의 직업에 대한 소명을 밝혀야 하고 사회와 문화에 대한 견해를 가져야 하며 무엇보다 누구를 주된 클라이언트로 삼을 것인지 선택해야 할 것이다.

물론 선택은 자율이다. 그런데 참! 앞에서 이야기한 바우하우스에서 한자리에 모였던 디자인의 조상들 있잖은가? 그들의 단체 사진. 그 사진 속 선배들의 표정은 꼭 한번 다시 볼 필요가 있다.

아방가르드와 디자인의 윤리

아방가르드, 프랑스어로 Avantgarde는 기성의 체계와 예술 문법을 혁파해야 할 구태로 간주하고 오랜 검증을 거친 안전한 유행을 내부의 적으로 여기는 문화 예술 분야의 혁신 운동을 일컫는 용어인데, 원래는 군대에서 적진을 향해 앞서 돌격하는 전위부대를 칭하는 말이기도 하다. 즉, 아방가르드는 동시대의 주류 문화와 권위자들이 예상치 못하고 방심하는 틈을 노려 새로 개발한 예술 무기를 실험하는 전략인 것이다.

그런데 그 신무기 실험 작전이 미리 잘 짜인 기획이나 사전 검증 과정 없이, 동참하는 아군도 별로 없는 가운데 홀로 적진 한복판에 무기만 달랑 들고 뛰어들어야 하는 가난한 병사일 때, 그 외로운 돌격 작전은 아무래도 성공보다는 실패할 확률이 높으며 임무를 수행하는 예술가의 처지를 여러모로 곤궁한 상태에 머무르게 만들 수도 있는 위험천만한 행위가 되겠다.

그런데도 왜 많은 예술가들이 기존에 성행하는 문화 유행을 따르지 않고 대중이 생소해하고 예술 기득권층의 위기감을 촉발할 수 있는 아방가르드 행보를 선택하는 걸까? 성공했을 때 얻어지는 전리품이 너무나 값지고 과실의 맛이 너무나 달아서? 아니다. 그건 20세기 초에나 해당되는 얘기이고 오늘날 현대미술의 장에서는 그런 실험적 행위조차 이미 관행이 되어버렸고 아방가르드는 현대미술의 주류 문법으로 자리매김한 지 오래다.

새로움, 충격, 혁신 같은 단어가 현대미술을 구성하는 주요 성분일 정도로 아방가르드는 예술가라면 마땅히 지녀야 할 덕목이며, 아방가르드 그 자체가 곧 예술이라는 해석도 가능해진 마당이다. 그렇다면 예술의 한 분과이자 상업의 광장으로 가는 길목에서 펼쳐지는 퍼레이드인 디자인에서 아방가르드는 어떤 의미일까? 순수예술의 장에서 전위예술이 태동할 무렵 예술 실험이 높은 신선도를 자랑했던 것처럼 디자인계에서 가끔 출현하는 아방가르드는 대중이 체감하는 파격의 수치가 현재에도 매우 높다. 디자인은 엄연한 고객을 대상으로 결과물을 납품하는 행위이거나 잠정 고객인 대중이 이미 보여준 취향과 선호도를 기준으로 삼아 결과물의 미학적 수준조차 유행의 평균치에 맞추면서 흥행을 고려해야 하는 작업이기 때문이다. 그런 사정을 무시하고 수요와 공감대를 외면한 채 정반대 진영에 홀로 깃발을 세우고 "주목!"을 외친다는 것이 말이 좋아 파격이지 디자이너로서는 웬만한 '깡'이 아니면 엄두도 못 낼, 밥줄 담보대출 창업이나 다름없는 것이다.

그런데 디자인계에도 어김없이 그런 사람들이 있다. 죽어서 가죽보다는 이름을 남기고 싶어 하는 사람, 자녀와 가족에게 종신보험증서나 적당한 동산과 아담한 부동산보다 친필 서명으로 통하는 저작의 권리를 물려주고 싶어 하는 사람. 그리고 무엇보다 디자인계가 순수예술 분야의 지난 길을 반세기 정도 거리를 둔 채 뒤쫓아 답습하고 있다는 사실을 간파하고 자기 업무의 취지와 방향을 어디로 트는지에 따라 향후 분야의 선구자 명단에 능히 자기 이름도 올릴 수도 있다는 야심을 품은 사람(이 대목에서 자꾸 웃음이 나오려고 하지만 참아야 한다. 물질적인 인생의 풍요를 위해 의료나 사법이나 금융 같은 분야가 아닌 디자인이라는 진로를 택하는 자가 설마 있으랴마는 만약에 그런 자가 있다면 그 가련한 오판에 자꾸만 웃음이 나오려고 하는 걸).

하지만 행여 뭔가 튀는 것을 모색함으로서 디자인 업계에서 명성을 얻으려고 하는 신출 디자이너가 있다면 생각을 달리 먹어야 할 게다. 디자이너가 밟고 선 땅은 순수예술가들이 공중 부양하고 있는 곳과

명백하게 다른 현실 공간이다. 그래서 단지 혼자 품은 야심만으로 업적을 무한정 쌓을 수 있는 곳이 아니며 무엇보다 디자인이라는 것 자체가 혼자 하는 것이 아닌 함께 필요로 하고 함께 모색하고 함께 뿌듯해하는 것이기 때문이다.

물론 모더니즘의 굴레를 벗고 혁신을 추구하는 디자이너가 있긴 하다. 그러나 그들은 애초부터 자신의 이름을 빛내려고 영리한 수를 쓰는 자들이 아니다. 우리가 흔히 혁신적이고 비범한 디자인의 사례로 꼽은 몇몇을 보자. 인간의 삶과 도구의 조화를 교리로 삼는 산업디자인의 선량하고 지엄한 성수에 불순한 해학과 음탕한 에로스를 빠뜨린 필립 스탁이나 오래도록 전승되어온 배운 자들의 디자인 규범에 없는, 못 배워 먹은 파격 디자인을 들고 나와 일약 업계의 기린아가 된 데이비드 카슨 같은 디자이너들이 일신의 영달을 위해 튀는 짓거리를 시도하는 수작을 부렸다고 보지 않는다. 그들은 단지 한 세기 정도 일관된 원칙과 강령이 주도해온 주류 디자인계의 노후한 모습에 스스로 혹은 무엇보다 대중이 싫증을 느꼈고 좀 더 새로운 것을 통해 일상의 즐거움을 얻을 수 있을 거라 생각했거나 아니면 카슨의 경우처럼 뭘 몰랐던 탓에, (아니 덕에) 혁신을 일궈낸 것이다.

중요한 것은 디자인 분야의 의미 있는 진보나 혁신에는 새로운 즐거움과 활력소는 있으되 눈살을 찌푸리는 충격은 없다는 점이다. 보편적인 취미판단을 훌쩍 앞서거나 아예 다른 세계의 감성 소재를 발굴해 대중을 섬뜩하게 놀래거나 불쾌를 야기해 더 주목받고 대접받는 순수예술의 아방가르드 전장과 달리 디자이너들이 대중과 비슷한 마음과 태도로 편리와 쾌를 만드는 일을 하고 있는 곳은 여전히 일상과 가까운 곳이며 함께 느끼고 누린다는 원칙이 폐기 처분되지 않았기에 그곳은 아직 예측을 불허하고 서민들의 삶을 아랑곳하지 않고 튀는 경쟁만을 일삼는 전쟁터가 되지 않는 것이라고 나는 생각한다.

그것은 디자인이라는 개념이 생활예술 분야의 특성으로 대중의 시선과 쉬운 판단에서 결코 멀리 떨어지지 않는다, 라는 대전제가 있기에 가능한 일이다. 나는 이처럼 디자인 분야의 비교적 안전하고 이해하기 쉬운 취미판단의 상태가 지속되기를 바란다. 많이 배워 지적 수준이 높은 자들이나 세련된 교양을 미처 갖추지 못한 자들 모두에게 이해와 누림의 문이 열려 있으며, 부유한 자들이나 현실이 풍요롭지 못해 아쉬운 자들을 차별하지 않고 고르게 혜택을 주는 보편적 공감의 상태 말이다.

균등한 즐거움을 폭넓게 나누려는 의지로 디자인해야 한다는 대전제는 디자이너들의 선택 사항이 아니다. 그것은 매우 원초적인 윤리에 해당된다. 왜냐하면 디자이너라는 직종을 택해 그 행위를 통해 경제활동을 하는 자는 그 행위를 하기 위한 토대를 대중과 사회에서 빌려 쓰기 때문이다. 디자이너의 직업적 삶은 내면의 불안정한 리비도의 승화를 예술 작품으로 연결시키는 순수예술가들의 지극히 개인적인 인생사와는 엄연히 구분되는 사회적 행위라는 약속에서 출발했으며, 디자이너들에게 짐 지워진 직업의 윤리는 완전히 홀가분하게 벗어던질 수 있는 것이 아니다. 그래서 여러 분야에서 윤리라는 용어의 권위가 한없이 실추되고 있는 현대사회라 할지라도 나는 디자인의 윤리는 유효기간이 아직도 한참 더 연장되어야 하며 디자인의 아방가르드는 사회와 대중의 보편적 이해가 허락하는 범위로 제한되어야 한다고 본다.

그리고 또 나는 바란다. 이름을 남기려 애쓰기보다 누구나 부담 없이 누릴 수 있는 디자인을 하나라도 더 하려고 노력하는 디자이너. 일확천금을 꿈꾸기보다 합당한 대가에 감사와 보람을 느끼며 주어진 일이 좋은 성과를 거둘 때마다 기뻐할 줄 아는 디자이너, 남들과 차별되는 멋을 위해 아낌없이 거금을 투척하는 특별한 소수의 취향을 위해 재주를 헌납하기보다 작은 희망을 절실히 필요로 하는 절대 다수의 대중에게 도움이 되어주는 디자이너. 그런 디자이너들이 앞으로도 계속 사람들과 함께 직업의 터전을 꾸리면서 자칫 불순한 의도를 지닌 자의 아방가르드 전략이 생활디자인의 공간을 혼탁하게 만들지 못하도록 대중과 함께 보편적인 감성으로 상식의 방패를 마련해주기를.

아방가르드로 살아남기

싸움에서 지지 않기 위해서는 무엇이 필요할까? 앞뒤 재지 않는 마음가짐이다. 상대의 신체에 치명적인 상해를 입히는 것에 대해 이후에 일어날 일을 전혀 염려하지 않을 수만 있다면 체구가 작고 무술로 단련되지 않은 사람도 거구와 맞붙어서 주위에 널린 아무거라도 연장으로 삼아 죽기 살기로 싸울 수 있다. 그러나 거의 대부분의 사람들은 시비가 발생해서 물리적인 분쟁이 예고되면 항상 일을 벌이고 난 후에 다가올 수 있는 온갖 상황들을 파노라마처럼 머릿속에 떠올린다.

상대에 대한 두려움보다 그처럼 심경을 어지럽히는 뒷감당에 대한 공포가 오히려 더 행동을 제약하고 머뭇거리게 만든다. 그러는 동안 더 몹쓸 품행으로 무장한 상대의 너절한 욕설을 듣다 보면 괜한 마음고생만 하는 거다.

뒷일을 고려하지 않는다는 것은 둘 중 하나이다. 어떠한 일이 발생해도 법적으로든 윤리적으로든 사건을 무마하고 일신과 장래에 걸림돌을 만들지 않아도 될 정도의 배경이 든든하거나, 그따위 것들은 애초에 기대하지도 않을 만큼 더 이상 잃을 것이 없는 경우다.

아방가르드도 그렇다. 예술에서 제의적 가치나 기록과 알림의 용도가 사라지고 귀족과 고위층의 특별한 문화 취향과 소유를 위해 봉사하던 예술가들이 자유 시장으로 일터를 옮기고, 세계를 바라보고 이해하는 주체의 시선에 대한 반성이 예술 분야를 강타해 어지간한 고전 예술의 규범이 모두 치명상을 입고 일관된 권위를 세우지 못하게 된 때부터 예술이 생산·유통되는 곳은 이전투구의 장이 되었다. 정해진 규칙이 없는 건 아니지만 규칙에 얽매이며 눈앞의 일상과 장래를 염려하는 일반보다 관습과 유행의 틀을 무시하고 색다른 타격 기술과 보기에도 섬뜩한 신무기를 들고 나타나는 자가 일순간 갈채를 받으며 큐레이터라고 명명된 프로모터들의 주목을 얻는 싸움터. 그곳은 언제라도 획기적이고 치명적인 무기를 아무렇게나 휘두르는 아방가르드 전사가 기괴한 모습, 우스꽝스러운 모습, 뻔뻔한 모습, 역겨운 꼴, 벌거벗은 꼴 등을 하고 등장할 수 있다는 은근한 기대감이 서려 있는 싸움터인 것이다.

오늘날 예술에서 혁신이라는 것은 기존의 관행이나 유행의 규율을 철저히 거부하고, 예술계와 대중 속에서 예측하지 못한 충격과 일종의 불쾌감을 유발할수록 더 약발이 있는 법이고, 그런 시도가 단숨에 통하지 않더라도 자기가 소신을 갖고 배설하는 예술적 소화의 결과물이 세상에서 경제적 이윤으로 이어지는 주목을 받을 때까지 포기하지 말아야 한다. 그런데 그 세월 동안의 소모적인 자기 행동을 감내하기 위해서는 어딘가에 불쾌를 쾌로 탈바꿈시켜줄 정도의 사회 문화적 지위와 인프라를 갖고 느긋하게 미소를 보내는 측근이 계시거나, 넉넉한 돈줄이 있거나, 이도 저도 아니라면 근심 걱정도 두려움도 없는 순수 나그네여야 한다.

전자의 경우는 경제적으로든 상징적으로든 든든하고 여유 있는 후원이 있어서 많은 비용이 소요되는 수련 과정을 오래 겪으면서 어떠한 종류의 소모적인 예술 행위도 성과를 얻을 때까지 지속할 수 있는 '엄친아' 예술가들이다. 장래에 자신이 거할 예술 장내에서의 처지를 염려하지 않아도 되는 그들은 어떤 무모한 시도를 계속하더라도 결국에는 평균 이상의 높은 감정가를 받아낼 수 있다는 확신이 있기 때문에 파격의 실험을 중도에 포기하지 않아도 된다. 작품이 뿜어내는 파격의 이미지와 선정성이 크면 클수록 우호적인 전문 감정인들에게 현대미술의 아방가르드로 인정받기가 더욱 쉽기에 예술적 성취의 가능성에 대한 암묵적인 기다림의 거래가 성사되고 있는 것이다. 그리고 보장되어 있는 입지를 위한 가계약으로 해당 예술가는 여유와 대범함을 가질 수 있게 되고, 실제로 작품의 예술성에 더욱 몰입할 수도 있게 되니 그들 작품의 평가에 비상식적인 거품이 끼었다고 단조롭게 치부해버릴 일도 아니다.

그리고 후자의 경우, 그들은 제도권 내의 안위와 일상을 깔보는 보헤미안들이다. 그들은 가졌기에 용기 있는 것이 아니라 손에 쥔 것이 없기에 무모하고, 많이 배우거나 알아서 콧대가 높은 것이 아니라 몰라서 용감하고, 힘 있는 측근들이 있어서 우쭐한 것이 아니라 홀로 맨몸이라서 대범한 무자본, 무규정, 탈거점인, 요즘 인문예술계에서 많이 하는 말로 이른바 유목민에 해당된다.

그런데 그 보헤미안들은 그야말로 자연산인 거다. 자본으로 배양해 정교하게 다듬은 기술의 총아인 '엄친아' 예술가가 아니라 교본이나 숙련된 자질 따위는 안중에도 없고 불리한 판정이나 혹독한 평가에도 아랑곳하지 않고 마음 가는 대로, 손 가는 대로 궤적을 그려대며 질주하는 위험한 눈빛을 지닌 거친 예술가들인 것이다. 그래서 그들이 하는 예술 행위들은 대부분 미숙한 실험으로 끝나는 경우가 태반이지만 큐레이터들은 늘 이 유목민의 이동 경로를 예의 주시해야만 한다. 왜냐하면 그곳에서 가끔씩 괄목할 만한 무엇인가가 배출되기 때문이다. 그리고 그 자연산 파격의 산물을 제도권 내로 진입시키는 데 성공만 한다면 그 결과는 '엄친아' 예술가들의 장기적으로 계획된 혁신과는 비교되지 않을 정도로 큰 파문을 일으킬 것이다. 예술 장에서 새로운 화두로 등극해 경제적으로도 어마어마한 부가가치를 창출할 수 있다. 그러니 어찌 자질이 우수한 감정인일수록 광야나 도시의 후미진 곳에서 감지되는 척박한 예술가들의 동태를 살피지 않을 수가 있겠는가?

그렇다면 전자가 제도권 내에서 착실한 기획으로 성공시키는 예술 혁신인 반면에 후자의 경우는 전적으로 자연 발생적인 예술혼이 시장에서 잠재되어 있던 가치를 비로소 인정받는 것인가? 아니다. 현대미술, 특히 대중을 수요로 삼는다고 자처하는 팝을 예로 들자면 기획이 아닌 것은 없다. 그 경우에 스타 예술가의 명성이 생겨나는 과정은 선 발굴 후 기획이다. 현대미술의 장에서 새로운 모습의 예술이 곧바로 작품의 자격을 부여받거나 막 세상에 나온 작품이 직거래로 구매자의 목전에 다가서는 일은 결코 일어나지 않는다. 오늘날 미술계에서 새로우면서 모호한 형태로 나타나는 작품들이 과연 미학적인 가치가 있는가 또 어느 정도의 구매 유발 효과가 있는가를 판별하는 업무와 권한은 대중의 관심과 취향에 앞서 큐레이터 같은 전문 감정인들이 독점적으로 행사하고 있는 구조다. 그런 현상은 미술계가 과격한 충격과 신선한 소재를 끝없이 요구하는 아방가르드 선호 경향이 짙으면 짙을수록 더 공고해질 것이 자명하다.

전문가 집단과 독점적 네트워크가 판단의 독재를 유지하기 위해서는 작품의 외형과 성질이 더욱더 상식의 범위를 벗어나야 하고 작품과 대중의 괴리감은 더 커져야 하며, 대중이 현대미술에 관해 학습하는 속도를 늘 앞질러야 한다. 대단히 반동적이고 보수적인 구조의 영속을 위해 가장 급진적인 혁신을 자양분으로 삼는 참으로 아이러니한 광경이 펼쳐지고 있는 것이다.

바로 그 웃기지만 웃지 못할 풍경 속에서 자본의 은총을 향해 경배하는 전문가 집단의 기획에 상처받는 맨몸의 예술가들이 늘어가고 대중은 능동적이고 자율적인 취미의 권리를 박탈당하고 있지만 순수함을 잃고 변질된 아방가르드의 싸움터는 예술 기득권층을 위해 마련된 기획전이 난무하고 그 사이사이에 지루함을 덜기 위해 자연산 아방가르드 전사가 발탁되어 진기한 격투기를 선보이는 다채로운 이벤트가 펼쳐지고 있다.

내가 디자인 분야에서 아방가르드를 경계해야 한다고 생각하는 이유가 바로 여기에 있다. 디자인이 지금까지 짧은 역사이지만 대중의 삶에 대체로 좋은 영향을 끼치며 선량한 이미지로 가까이 다가설 수 있었던 것은 많은 이유가 있겠지만 무엇보다 상식과 보편을 지향하는 소통의 준칙 때문이라고 생각한다. 앞서간 근대 디자인의 위대한 선현들은 우리에게 남긴 소중한 정신과 디자인의 유산에 일상의 모든 기능과 삶의 모습을 조화롭게 하라는 강령을 담은 바 있지 않은가? 그리고 지금까지 수많은 착한 디자이너들의 노력과 봉사에 힘입어 대중의 감성과 교류하는 이해의 장을 넓혀오지 않았는가?

이처럼 건전한 상식과 보편적인 판단의 준칙이 살아 있는 쾌적한 민주의 문화 공간이 난해하고 예측을 불허하는 전위대의 광기가 난장을 부리는 가운데 대중과 디자인 생산자들 사이의 공감을 가로막는 장막이 쳐지는 사태가 도래할지도 모른다는 염려가 기우에 지나지 않을까? 쓸데없는 걱정이라면 뭐, 좋다. 그걸로 다행인 것이다.

더 디자인 인명사전

가브리엘 샤넬 Gabrielle Chanel (1883~1971)
남성들의 전유물이던 저지 옷감을 이용한 여성 의복을 처음 디자인하고 장식이 없는 리틀 블랙 드레스를 선보이는 등 답답한 코르셋이나 장식성이 많은 옷에서 여성을 해방시켰다.

데이비드 카슨 David Carson (1952~)
파도타기 선수이자 미국 고등학교의 교사였던 그는 1990년대 세계 디자인계를 발칵 뒤흔든 해체주의 디자이너다. 우연히 그래픽디자인 워크숍 참여를 계기로 디자인을 시작해 얼터너티브 음악 잡지인 『레이건』의 파격적인 아트 디렉팅으로 논란과 화제의 중심에 섰다.

레이 임스 Ray Eames (1912~1988)
미국의 가구디자이너. 무용 공부를 하던 중 진로를 틀어 그림을 공부하기 시작했다. 임스 오피스를 열고 본격적으로 의자디자인을 시작했으며, 레이 임스는 외관 디자인 등 예술적 측면을 담당했다.

레지널드 조제프 미첼 Reginald Joseph Mitchell (1895~1937)
항공기 설계자. 수퍼마린 항공회사에 재직 당시 '수퍼마린 S-6B'를 디자인하였다. 이는 후에 가장 유명한 전투기 중 하나인 스핏파이어의 모태가 된다.

루돌프 울렌하우트 Rudolf Uhlenhaut (1906~1986)
1930년대와 50년대에 메르세데스의 레이싱 팀을 이끄는 레이서였다가 고성능 로드카 개발에 참여하며 전문 분야를 바꾼 자동차 엔지니어다. 메르세데스-벤츠 W125 실버 애로를 설계했다.

루트비히 미스 반 데어 로에 Ludwig Mies Van Der Rohe (1886~1969)
20세기를 대표하는 독일의 건축가. 명확하고 단순한 건축 양식을 선호하였고 유리와 철강을 단골 소재로 이용하였다. 시그램 빌딩, 바르셀로나 파빌리온 등의 유명 건축물을 남겼다.

르 코르뷔지에 Le Corbusier (1887~1965)
현대 건축의 거장으로 불리는 르코르뷔지에는 스위스에서 태어나 프랑스를 기반으로 활동했다. '현대 건축의 5원칙'을 확립해 주택 건축에 적용했다. 인간을 위한 건축가로도 알려져 있다.

리바이 스트라우스 Levi Strauss (1829~1902)
청바지를 생산하는 공장을 세계 최초로 설립한 사람. 1853년 텐트나 천막에 사용하는 천으로 광부들의 바지를 만들어 파는 청바지 브랜드 리바이스를 만들었다.

리하르트 자퍼 Lichard Sapper (1932~)
산업디자인의 거장. 자동차, 의자, 컴퓨터, 조명 등 다양한 분야에서 혁신적 디자인을 선보였다. 티치오 램프는 형태를 조절할 수 있을 뿐 아니라 자동차 전구를 조명 기구에 사용해 통념을 깨트렸다.

마가레테 쉬테-리호츠키 Margarete Schutte-Lihotzky (1897~2000)
'건축디자인계의 코코 샤넬'이라고도 불린다. 프랑크푸르트 주방의 설계자. 여성의 불편함을 최소화하는 주방을 설계해 여성이 부엌일에 할애하는 시간을 대폭 줄여주었다.

마르셀 브로이어 Marcel Breuer (1902~1981)
건축가이자 가구디자이너. 바우하우스의 창시자인 월터 그로피우스의 수제자라고도 불린다. 스틸파이프를 소재로 한 바실리 의자를 디자인했고 파리 유네스코 본부, 뉴욕 휘트니 미술관 등의 건축디자인을 담당했다.

마르첼로 간디니 Marcello Gandini (1938~)

이탈리아 토리노 출생. 오케스트라 지휘자였던 아버지의 영향으로 어려서부터 예술 감각을 익혔다. 인테리어디자이너로 활약하다가 1965년 카로체리아(자동차 공방) '베르토네'의 치프 디자이너가 된다. 그의 대표작은 람보르기니 미우라, 쿤타치 등이다.

미켈레 데 루키 Michele De Lucchi (1951~)

카라바트, 알키미아 스튜디오, 멤피스 그룹 등 실험적이고 급진적인 디자인운동의 설립 멤버. 자유롭고 혁신적 디자인으로 아방가르드디자인의 선두주자가 된다.

미하엘 토네트 Michael Tohnet (1796~1871)

독일 출신의 목재 기술자이자 가구디자이너. 최초의 조립형 의자를 만들어 판매했다. 근현대 디자이너들에게 많은 영향을 주었으며 근대 디자인운동의 포문을 연 것으로 평가받는다.

밀턴 글레이저 Milton Glaser (1926~)

I♥NY으로 더 잘 알려진 디자이너. 그래픽디자인, 일러스트레이션, 인테리어, 건축 등 여러 장르를 넘나들며 방대한 족적을 남기고 있다.

바티스타 피닌파리나 Battista Pininfarina (1893~1966)

이탈리아를 대표하는 자동차디자이너. 페라리212를 시작으로 대부분의 페라리 모델을 디자인했다.

베르너 팬톤 Verner Panton (1926~1998)

덴마크 출신으로 덴마크 왕립대학에서 건축학을 전공했다. 색채 사용을 중요하게 여겼으며 플라스틱을 소재로 한 디자인으로 유명하다. 20세기의 가장 영향력 있는 건축가이자 인테리어디자이너로 손꼽힌다.

빌헬름 메서슈미트 Wilhelm Messerschmitt (1898~1978)
독일 프랑크푸르트 출신. 뮌헨 공과대학을 졸업하고 글라이더 조종사로 활약했다. 오늘날까지도 역사상 가장 많이 생산된 전투기 중 하나인 메서슈미트 시리즈의 디자이너다. 제2차세계대전 이후 나치 정권에 협력하였음이 인정되어 유죄 판정을 받았다.

빌헬름 바겐펠트 Wilhelm Wagenfeld (1900~1990)
독일 출신. 바겐펠드 공방을 설립한 뒤 600개가 넘는 제품디자인을 했다. 기능적이고 아름다운 디자인 제품들을 만든 20세기를 대표하는 산업디자이너다.

살바도르 달리 Salvador Dali (1904~1989)
초현실주의 화가. 마드리드의 산페르난도 미술 아카데미에서 공부하며 아방가르드 모임에 참가했다. 파격적인 옷차림과 독창성 등으로 유명하다. 20세기 미술사에 큰 족적을 남겼다.

스티브 잡스 Steve Jobs (1955~2011)
애플사의 창업자. 매킨토시를 출시해 크게 성공했으나 회사 내부에서의 반목과 불화로 회사에서 쫓겨난다. 이후 넥스트사를 세운다. 1996년 애플이 넥스트사를 인수하며 다시 애플로 돌아온 스티브 잡스는 2011년 사망하기 직전까지 애플의 CEO를 역임하며 아이팟, 아이폰, 아이패드 등 세계를 선도하는 제품을 선보였다.

안도 다다오 安藤 忠雄 (1941~)
일본 오사카에서 태어났다. 르 코르뷔지에의 영향을 받아 독학으로 건축을 배웠다. 기하학적이면서도 자연과 조화를 이룬 건축물로 이름을 알렸다.

알렉산드로 멘디니 Alessandro Mendini (1931~2019)
이탈리아 출신의 건축가이자 디자이너. 스튜디오 알키미아, 멤피스 같은 진보적 디자인 그룹의 일원으로 활동하며 현대 디자인의 흐름을 바꾸었다는 평가를 받는다.

알바르 알토 Alvar Aalto (1898~1976)

핀란드의 건축가이자 디자이너. 금속 대신 나무를 이용해 모던한 의자를 만들어 스칸디나비아 곡목 의자 전통을 확립하는 데 큰 영향을 미쳤다. 소박하고 단순한 디자인의 스툴60과 파이미오 의자가 유명하다.

에토레 소트사트 Ettore Sottsass (1917~2007)

이탈리아의 건축가이자 디자이너. 이탈리아 산업디자인의 르네상스를 손수 이끌었다고 평해진다. 디자인 그룹 멤피스를 창립해 포스트모더니즘 운동을 불러일으키는 촉발제가 된다.

예른 웃손 Jørn Utzon (1918~2008)

덴마크 출신으로 코펜하겐건축학교를 나왔다. 시드니 오페라하우스 설계 공모전에 당선되어 국제적 명성을 얻었다. 그가 설계한 오페라하우스는 호주의 대표 건축물이 되었다.

잉고 마우러 Ingo Maurer (1932~)

조명으로 세계적 명성을 획득한 디자이너. 상업과 실용의 경계에 걸쳐 있는 디자인의 영역에서 독보적인 예술 세계를 추구하며 수많은 문제작들을 선보였다.

잉바르 캄프라드 Ingvar Kamprad (1926~2018)

스웨덴의 대표 가구 체인점인 이케아의 설립자. 저렴한 가격으로 실용적이고 좋은 디자인의 가구를 제공하는 브랜드로 알려진 뒤 이케아는 세계적 브랜드가 되었다.

조너선 아이브 Jonathan Ive (1967~)

애플의 디자인 총괄 수석 부사장. 스티브 잡스가 애플을 혁신할 때 파트너가 되어 활약하였다. 애플을 디자인 명가로 만든 일등 공신으로 아이팟을 흰색으로 만든 것도 그의 아이디어다.

조르제토 주지아로 Giorgetto Giugiaro (1938~)

20세기의 대표적 자동차디자이너. 우리나라에서는 현대자동차의 포니를 디자인했던 디자이너로도 알려져 있다. 사용자의 접근성을 중요하게 생각하여 형태와 기능을 모두 만족시키는 디자인을 추구한다. 해치백과 날카로운 에지 라인이 특징.

찰스 레니 매킨토시 Charles Rennie Mackintosh (1868~1928)

근대 건축의 선구적 역할을 하였다. 식물을 모티프로 한 곡선 양식을 건축디자인에 접목시켜 높이 평가받았고 미술공예운동을 주도할 정도로 조예가 깊은 미술가이기도 했다.

찰스 임스 Charles Eames (1907~1978)

미국의 가구디자이너. 1941년 뉴욕근대미술관이 주최한 '오르가닉 디자인 설계 공모전'에 아내인 레이 임스와 함께 출품한 의자가 대상을 받은 후부터 의자디자인에 몰두했다. '기능적으로 편한 의자'를 추구하며 실용주의 미학의 진수를 보여주었다.

톰 딕슨 Tom Dixon (1959~)

S-의자로 화려하게 데뷔한 뒤, 실험적이고 독창적인 디자인으로 세계적인 디자이너의 반열에 올랐다. 기술과 재료를 섞어 만드는 작업 스타일을 고수하며 이에 대해 고민을 많이 하는 것으로 유명하다.

코라디노 다스카니오 Corradino D'Ascanio (1891~1981)

이탈리아의 항공기술자. 최초의 현대식 헬리콥터를 디자인한 사람이자 모터 스쿠터 베스파의 설계자다. 베스파 스쿠터는 전 세계에서 가장 유명한 브랜드디자인 중 하나가 되었다.

크리스 뱅글 Chris Bangle (1956~)

미국 오하이오주에서 태어났다. 피아트의 디자인 총괄로 일하다가 1992년 BMW의 수석 디자이너가 된다. 세계 3대 자동차디자이너로도 불리지만 다양한 문제작을 디자인하며 논란의 중심에 서기도 했다.

페터 슈라이어 Peter Schreyer (1953~)

독일 출신의 자동차디자이너. 폭스바겐-아우디의 디자이너로 일하다가 2006년 기아자동차의 디자인 최고 책임자가 되었고 2013년 현대자동차그룹의 디자인 총괄 사장이 되었다.

폴 랜드 Paul Rand (1914~1996)

현대 그래픽디자인계에 큰 획을 그은 인물이다. 23세의 나이에 「에스콰이어」의 아트 디렉터가 된 것을 시작으로 수많은 광고디자인과 표지디자인, 로고디자인 등을 담당하며 기념비적인 결과물들을 남겼다.

포울 헤닝센 Poul Henningsen (1894~1967)

근대 조명디자인의 아버지라 불리는 덴마크의 디자이너. 전기가 발명되자 수요 전통적 형태와 재료로 경제적이고 아름다운 조명을 디자인했다.

프랭크 게리 Frank Gehry (1929~)

캐나다 출생으로 하버드대학교에서 건축과 도시계획을 전공하였다. 기하학적이고 실험적이며 통념을 깨는 파격적인 건축으로 유명하다. 대표 건축물로 구겐하임 미술관이 있다.

프랭크 로이드 라이트 Frank Lloyd Wright (1867~1959)

미국의 주택 건축가. L.H.설리번의 설계사무소에서 일했고 '프레리하우스' 시리즈, 뉴욕 구겐하임 미술관, 낙수장 등 걸작을 다수 만들었다. 20세기의 위대한 건축가 중 한명으로 손꼽힌다.

하르트무트 에슬링거 Hartmut Esslinger (1944~)

매킨토시 컴퓨터의 본체 디자인을 주도한 프로그사의 창립자. 소니, 루이뷔통, 애플, 마이크로소프트, 올림푸스, HP 같은 세계적 기업과 작업하며 디자인사에 발자취를 남겼다.

KI신서 8133

더 디자인 1

1판 1쇄 인쇄 2019년 5월 8일
1판 1쇄 발행 2019년 5월 21일

지은이 김재훈
펴낸이 김영곤 박선영
펴낸곳 ㈜북이십일 21세기북스

콘텐츠개발2본부 4팀장 최유진
책임편집 위윤녕 **디자인** 석운디자인

마케팅1팀 왕인정 나은경 김보희 한경화 정유진 박화민
마케팅2팀 배상현 김윤희 이현진 **마케팅3팀** 한충희 김수현 최명열
홍보기획팀 이혜연 최수아 박혜림 문소라 전효은 염진아 김선아 양다솔
해외기획팀 임세은 이윤경 장수연 **제작팀** 이영민 권경민

출판등록 2000년 5월 6일 제406-2003-061호
주소 (10881) 경기도 파주시 회동길 201(문발동)
대표전화 031-955-2100 **팩스** 031-955-2151 **이메일** book21@book21.co.kr

ISBN 978-89-509-8090-0 04600
978-89-509-8092-4 (세트)